가고 싶다, 빈

디테일이 살아 있는 색다른 지식 여행

가고 싶다, 빈

1판 1쇄 펴냄 2019년 4월 25일

지은이	신양란(글), 오형권(사진)
펴낸이	정현순
디자인	김보라
인쇄	(주)한산프린팅

펴낸곳	(주)북핀
등록	제2016-000041호(2016. 6. 3)
주소	서울시 광진구 천호대로 572, 5층 505호
연락처	TEL : 070-4242-0525 / FAX : 02-6969-9737

ISBN	979-11-87616-62-7 13920
값	17,500원

이 책은 저작권법에 따라 보호받는 저작물이므로 무단전재와 무단복제를 금합니다.
파본이나 잘못 만들어진 책은 구입하신 서점에서 바꾸어 드립니다.

Copyright © 2019 by (주)북핀

All rights reserved. No part of this publication may be reproduced,
stored in a retrieval system, or transmitted in any form or by any means,
without the prior written permission of the publishers.

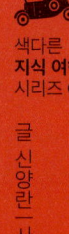

색다른
지식 여행
시리즈 7

글 신양란 · 사진 오형권

가고 싶다, 빈

디테일이 살아 있는 색다른 지식 여행

*

빈에서 꼭 가봐야 할 장소를 꼼꼼하게
파헤친 색다른 지식 가이드

지혜정원

Prologue

가만히 눈을 감고 빈을 생각하면, 먼저 '따각따각' 말발굽 소리가 들립니다. 빈에 갈 때마다 벨베데레 근처의 호텔서 묵곤 했는데, 그곳에서는 아침저녁으로 마차를 끄는 말들의 말발굽 소리를 들을 수 있었습니다. 그 소리를 들으며, '아, 벌써 말들이 출근하는구나.', '아, 말들이 지금 퇴근하는구나.' 하는 생각을 했지요. 그런 경험은 21세기를 사는 사람으로서 다른 도시에서는 맛보기 어려운 특별한 즐거움이 아닐까 합니다.

창밖을 내다보면 따각따각 소리를 내는 말들이 끄는 마차가 트램과 나란히 가는 모습이 보입니다. 트램은 21세기의 도시를 오가는 교통수단이라는 것이 믿어지지 않을 정도로 느긋하게 제 갈 길을 가지요.

창틀에 턱을 괸 채 하염없이 그 모습을 내려다보고 있노라면, 문득 19세기쯤으로 돌아간 듯한 착각이 들곤 했습니다. 도로변의 바로크 양식 건물들도 그런 착각을 부추겼지요. 나는 빈이 주는 그런 달콤한 착각이 좋기만 했습니다.

호텔 방에서 내려다본 거리 풍경. 마차와 트램이 도로의 주인 노릇을 하는 순간을 만나면, 19세기쯤으로 시간을 거슬러 올라간 듯한 착각을 하게 된다.

호텔 앞에서 71번 트램을 타고 시내 쪽으로 나가면 링슈트라세를 따라 오페라 하우스, 케른트너 거리, 호프부르크, 미술사박물관과 자연사박물관, 국회의사당, 시청사, 부르크 극장, 빈 대학교, 보티프 교회 등이 차례로 모습을 드러냅니다. 링슈트라세는 느린 속도의 트램을 타고 돌아다니는 것도 좋지만, 사실은 천천히 걸어 다니며 보는 것이 더 좋습니다. 빈은 한 나라의 수도이면서도 걸어서 대부분의 관광 명소에 갈 수 있는 아담한 도시이지요.

빈은 달콤한 목소리로 사랑을 속삭여주는 상냥한 여인 같은 도시는 아닙니다. 체면을 차리느라 말수를 줄인, 점잖은 신사 같은 도시라고 할 수 있습니다. 그러나 그 점잖은 신사는 뼈대 있는 가문 출신으로 예술에 대한 조예가 깊으며, 속정 깊은 온화한 인품을 지녔지요.

만약 당신이 빈을 처음 방문한다면, 알록달록 찬란하지 않다 보니 한눈에 흠뻑 반하지는 않을지도 모릅니다. 그러나 가랑비에 옷 젖듯 도시의 분위기에 천천히 젖어 들어 급기야는 차마 두고 떠나오기 어려운 애틋한 심정이 될 게 분명합니다.

가만히 눈을 감고 다시금 빈을 생각해 봅니다. 따각따각 말발굽 소리가 들립니다. 느릿느릿 제 길을 가는 트램이 보입니다. 아, 그곳에 다시 가고 싶습니다. 정말로 '가고 싶다, 빈'입니다.

저자 신양란

Contents

먼저 읽는 역사 이야기 ❶ 간략히 정리한 오스트리아의 역사 · 12
먼저 읽는 역사 이야기 ❷ 합스부르크 제국의 번영과 몰락 · 15
먼저 읽는 역사 이야기 ❸ 합스부르크 제국과 오스만튀르크의 악연 · 19

Part 1. 빈의 궁전

1장. 호프부르크

1. 제국의 왕궁, 호프부르크 · 25
2. 헬덴플라츠 · 27
3. 노이어 부르크 · 32
   카이저포룸과 링슈트라세 · 33
   지식 충전 아르누보 건축의 대가, 오토 바그너 · 35
   정면 인물 조각상들 · 38
   고대 유물이 살아 있는 에페소스 박물관 · 42
4. 알테 부르크 · 58
   부르크플라츠의 프란츠 1세 기념상 · 60
   호프부르크에서 가장 오래된 스위스 궁 · 62
   합스부르크 제국의 보물들이 전시된 제국 보물실 · 64
   지식 충전 신성로마제국, 국가인가 연맹체인가 · 68
   지식 충전 정략결혼으로 이룬 거대 제국, 합스부르크 · 82
   왕실예배당 · 87
5. 미하엘 동 · 89
   알테 부르크의 입구, 미하엘 문 · 91
   미하엘 교회 · 93
   지식 충전 오스트리아의 연인 시시, 그녀는 누구인가 · 97
6. 요제프 광장 · 99
7. 왕궁도서관 · 103
8. 아우구스틴 교회 · 105
9. 부르크가르텐 · 109

2장. 쇤브룬 궁전

1. 황실의 여름 별궁, 쇤브룬 궁전 · 116
2. 쇤브룬 궁전의 방들 · 120
3. 쇤브룬 궁전에서 만나는 역사 속 인물들 · 134
   프란츠 요제프 1세의 파란만장한 삶 · 135   마리아 테레지아의 자녀들 · 139
   쇤브룬 궁전과 나폴레옹 · 143   제국의 마지막 황제, 카를 1세 · 147
4. 쇤브룬의 정원 · 151
   대정원의 조각상들 · 153   글로리에테 · 166
   넵투누스 분수 · 169   로마의 폐허 · 171
   에게리아 조각상 · 173

3장. 벨베데레 궁전

1. 오이겐 공자의 여름 별궁, 벨베데레 · 177
   지식 충전 오스트리아의 영웅, 사보이의 오이겐 공자 · 180
   지식 충전 제1차 세계대전의 원인이 된 황태자 암살 사건 · 182
2. 벨베데레의 공간과 작품들 · 184
   대리석의 방 · 186   생 베르나르의 나폴레옹 · 188
   오스트리아의 3대 화가 · 190   하 벨베데레 · 196

Part 2. 빈의 성당

1장. 슈테판 대성당

1. 빈의 심장, 슈테판 대성당 · 200
   지식 충전 고딕 양식 건축물의 특징 · 203
2. 슈테판 대성당의 외부 · 207
   서쪽 면의 탑과 외부 조각들 · 209
   남쪽 면의 탑과 외부 조각들 · 219
   동쪽 면의 외부 조각들 · 233
   북쪽 면의 탑과 외부 조각들 · 237

Contents

3. 슈테판 성당의 내부 · 245
　오른쪽(남쪽) 네이브 쪽 제단과 예배당들 · 247
　중앙 제단과 그 앞의 제단들 · 269
　왼쪽(북쪽) 네이브 쪽 제단과 예배당들 · 274

2장. 그 밖의 성당들

1. 카를 교회 · 299
　정면의 원기둥과 천사상 · 301
　중앙 제단 · 305
　프레스코 천장화 · 307
2. 카푸친 성당 · 314
3. 보티프 교회 · 318
　`지식 충전` 막시밀리안 1세는 누구인가 · 321

Part 3. 빈의 박물관과 미술관

1장. 미술사박물관

1. 마리아 테레지아 광장과 마리아 테레지아 여제 기념상 · 326
　`지식 충전` 마리아 테레지아의 등극과 통치 · 332
2. 미술사박물관 외관 · 334
　미술사박물관 전면의 조각들 · 335
　미술사박물관 후면의 조각들 · 343
3. 미술사박물관 중앙 홀 · 348
4. 미술사박물관 소장품 · 357

2장. 그 밖의 박물관과 미술관

1. 빈 자연사박물관 · 400
    자연사박물관 전면의 조각들 · 402
    자연사박물관 후면의 조각들 · 405
    자연사박물관의 주요 소장품 · 408
2. 제체시온 · 410
3. 훈데르트바서하우스와 쿤스트하우스 빈 · 414

Part 4. 그 밖의 장소

1장. 국회의사당

1. 링슈트라세의 랜드마크 중 하나인 국회의사당 · 421
2. 그리스 신전을 닮은 국회의사당 외부 · 422
3. 국회의사당 내부의 회의실과 방들 · 431

2장. 빈 중앙묘지

1. 빈의 유명 인사들이 잠들다 · 436
2. 중앙묘지에서 가장 큰 관심을 받는 음악가 묘역 · 438
3. 카를 뤼거 기념 교회 · 445

3장. 함께 보면 좋은 곳

1. 빈 시청사 · 450   **2. 부르크 극장** · 453
3. 국립 오페라극장 · 456   **4. 그라벤 거리와 페스트 기념탑** · 463
    `지식 충전` 빈을 사랑한 음악가,
    구스타프 말러 · 461
5. 앙커 시계 · 466   **6. 시립공원** · 470

참고 그림 목록 · 477

인덱스 · 478

먼저 읽는
역사 이야기

간략히 정리한 오스트리아의 역사 ❶

빈을 소개하는 이 책에는 오스트리아의 역사 이야기가 중간중간에 나올 것입니다. 예를 들면 호프부르크에서는 합스부르크 제국에 대해 이야기하지 않을 수 없고, 벨데베레에서는 오스트리아의 근·현대사를 언급할 수밖에 없는 것입니다. 그렇게 해당되는 장소에서 필요한 역사 이야기를 하게 되겠지만, 전체적인 역사의 흐름을 아는 것이 필요할 듯하여 먼저 오스트리아의 역사를 간략하게 정리해 보겠습니다.

자연사박물관에 소장된 '갈겐베르크의 비너스(오스트리아 갈겐베르크에서 발견된 소형 여인상)'와 '빌렌도르프의 비너스(오스트리아 빌렌도르프에서 발견된 소형 여인상)'는 오스트리아 땅에 구석기 시대부터 사람이 살았다는 것을 말해줍니다. 그러나 BC 30000~BC 20000년경에 살았던 그들이 어떤 사람들이었으며 어떤 생활을 했는지는 정확히 알 수 없습니다.

미하엘 광장에서 발굴된 로마 제국 시절의 건물터 유적

오스트리아 땅이 로마 제국의 일부가 된 것은 BC 15년 무렵의 일로, 로마 군대는 이곳에 주둔하면서 빈도보나Vindobona(현재의 빈)를 건설했습니다. 우리는 그 당시 흔적을 미하엘 광장에서 볼 수 있습니다. 또한 그라벤Graben('파낸 곳'이라는 뜻으로 군대의 참호가 있던 곳을 가리키는 말로 짐작됨)이란 지명에서도 로마 군대가 주둔했던 사실을 알 수 있습니다.

620년경에는 게르만족과 슬라브족이 힘을 합쳐 이곳에 나라를 세웠는데 오래가지는 못했고, 다만 그들이 자신들의 땅을 베니아wenia로 바꿔 부른 것이 빈Wien의 어원이 되었다고 봅니다.

976년에는 바벤베르크Babenberg 가문의 레오폴트 1세가 빈 지역의 변경백邊境伯(타국의 영토와 맞닿은 곳을 지배하는 영주)으로 임명되었다는 기록이 있으므로 빈 사람들은 그 기록을 근거로 자신들이 1,000년이 넘는 오랜 역사를 가졌다고 자랑스럽게 생각합니다.

996년 신성로마제국의 황제 오토 3세가 프라이징 주교에게 빈 지역을 봉토封土로 수여하면서 발행한 증서에 처음으로 '오스타리치Ostarrichi'라는 명칭이 등장합니다. '오스트'는 동쪽을 뜻하고 '리치'는 격리된 지역을 말하는데, 오스트리아라는 나라 이름이 여기서 비롯된 것입니다. 이때까지만 해도 빈은 유럽 변방의 작은 도시에 불과했지요.

빈의 번영기는 합스부르크 가문의 번영기와 궤를 같이합니다. 1273년에 합스부르크 가문의 루돌프 1세가 신성로마제국의 황제로 등극하면서 시작된 합스부르크 제국의 영광과 몰락의 역사는 뒤에서 다시 설명하도록 하겠습니다.

최후의 종교 전쟁이자 최초의 국제 전쟁이라고 불리는 30년 전쟁Thirty Years' War은 합스부르크 제국의 종교 정책 때문에 빚어진 비극이었습니다.
신성로마제국의 황제이자 합스부르크 제국의 황제였던 카를로스 5세는 '하나의 제국에는 하나의 신앙이 있을 뿐'이라는 주장을 굽히지 않아 개신교(프로테스탄트) 신자들의 저항을 받았습니다. 합스부르크 제국은 전통적으로 가톨릭 신앙이 강했으므로, 그의 정책은 개신교 박해로 나타날 수밖에 없었습니다.

종교 갈등이 심각해지자 문제를 해결하기 위해 1555년에 아우크스부르크 화의Augsburger Religionsfrieden(가톨릭과 개신교의 종교 갈등을 해소하기 위해 독일 바이에른주의 아우크스부르크에서 소집된 제국 회의)가 열렸습니다. 그 회의에서 가톨릭과 개신교가 동등한 권리를 인정했으므로 두 종교의 갈등이 극단으로 치닫는 것은 막았지만, '각 지역 주민의 신앙은 지역 통치자의 신앙에 따른다cuius regio, eius religio.'는 단서 조항을 붙였기 때문에 완전한 종교의 자유

1555년 아우크스부르크 화의

를 인정한 것은 아니었습니다. 종교를 선택할 자유가 있는 것은 영주뿐이었고, 나머지 사람들은 영주의 종교를 강제적으로 따라야 했기 때문입니다. 또 협의 속 개신교는 루터파를 일컫는 것으로, 칼뱅파는 논의에서 제외되었으므로 그들의 불만이 팽배했지요. 종교 전쟁의 여지가 남아 있는 상태로 봉합된 것입니다.

1617년 합스부르크 가문의 페르디난트 2세가 보헤미아의 왕이 되자 그 지역의 개신교도들이 불안해합니다. 독실한 가톨릭 신자인 그가 개신교에 대한 적대적 입장을 드러냈기 때문입니다. 그래서 그에 대한 저항 움직임이 일어났고, 1년 뒤인 1618년 5월 23일에 유명한 '프라하 창밖 투척 사건(개신교도들이 두 명의 가톨릭 섭정관을 창문 밖으로 내던진 사건)'이 일어납니다. 이 사건은 장차 일어날 30년 전쟁의 실마리가 되었지요.

30년 동안 치열하게 진행된 전쟁(1618~1648년)은 종교적인 문제로 시작되었지만, 점차 영토 분쟁으로 비화되어 중부 유럽에 막대한 피해를 주었습니다. 결국 1648년에 체결된 베스트팔렌 조약으로 전쟁은 멎었지만, 특히 전쟁터가 되었던 독일이 입은 피해는 이루 말할 수 없이 큰 것이었습니다. 합스부르크 제국으로서도 종교 측면이든 영토 측면이든 얻은 것이 없는 전쟁이었지요.

합스부르크 가문에서 대대로 황제를 배출하던 신성로마제국은 프란츠 2세 때인 1806년에 나폴레옹의 강압으로 해체되고, 합스부르크 제국도 점차 국운이 쇠퇴하기 시작합니다. 프란츠 요제프 1세 Franz Joseph I 때 오스트리아-헝가리 이중 왕국을 구성하며 제국을 유지하려고 안간힘을 썼지만, '사라예보에서의 황태자 암살 사건'을 빌미로 일으킨 제1차 세계대전에서 패전한 뒤 마지막 황제인 카를 1세가 퇴위당하며 제국이 사라지게 되지요.

1938년에 나치 독일에 합병된 오스트리아는 독일이 일으킨 제2차 세계대전에 참전하였다가 패전국이 되었고, 종전 후 연합국(영국, 프랑스, 미국, 소련)의 분할 통치를 받는 신세가 되고 맙니다. 그로부터 10년 뒤인 1955년에 오스트리아 국가 조약이 체결되어 완전한 독립을 얻은 오스트리아는 영세중립국을 선언하였고, 1995년에 유럽 연합에 가입하여 현재에 이르고 있습니다.

먼저 읽는 역사 이야기

합스부르크 제국의 번영과 몰락 ❷

오스트리아의 역사는 합스부르크 제국의 역사와 불가분의 관계가 있고, 빈의 명승지는 대부분 합스부르크 제국 시절의 것이라고 할 수 있습니다. 그렇기 때문에 빈을 여행하는 여행자는 합스부르크 제국에 대해 이해할 필요가 있습니다.

합스부르크 가문의 역사는 10세기까지 거슬러 올라갑니다. 군트람Guntram이란 이름의 하급 귀족이 가문을 열었으며, 그의 손자인 라트보트 백작이 11세기에 스위스 산악 지역에 합스부르크('매의 성'이란 뜻)를 축성한 뒤 그 주변을 다스렸다고 합니다. 합스부르크 가문이란 명칭은 그들의 근거지에서 이름을 따온 것이며, 초기에는 백작의 지위를 가졌던 것으로 보입니다. 가문의 세력이 컸다고 보기는 어렵지요.

주변 제후국들에 비해 한미한 세력에 불과하던 합스부르크 백작령은 1273년에 놀라운 전기를 맞게 됩니다. 가문을 이끌던 루돌프 1세Rudolf I가 신성로마제국의 황제로 선출된 것입니다. 이것은 합스부르크 가문의 세력이 커져서 얻어낸 결과가 아니라, 오히려 존재감이 미미하였기 때문에 얻은 것이었습니다.

스위스 산악 지역에 위치한, 합스부르크 가문의 기원이 된 '합스부르크(매의 성)'

신성로마제국의 황제가 된 합스부르크 가문의 루돌프 1세

당시 신성로마제국의 황제는 독일의 제후들 중에서 선출하였는데, 야심만만한 제후들이 서로를 견제하다 보니 가장 세력이 약한 루돌프 1세가 어부지리로 황제의 관을 받게 된 것입니다. 비록 만만하게 보인 까닭에 황제로 선출되었다지만, 이 일은 합스부르크 가문이 장차 번영을 누릴 수 있는 기초가 되었습니다.

루돌프 1세가 합스부르크 가문이 번영할 수 있는 기틀을 닦았다면, 그의 6대손인 막시밀리안 1세 Maximilian I는 그 기틀을 더욱 탄탄하게 구축해 놓았습니다. 자신이 부유한 상속녀 부르고뉴의 마리 Marie de Bourgogne와 결혼하여 경제적 안정을 누린 것에 그치지 않고, 자녀들을 정략결혼 시켜 합스부르크 가문이 대제국으로 발전할 수 있는 계기를 마련한 것입니다. 그는 아들 펠리페 1세 Felipe I를 스페인의 공주 후아나 Juana와 결혼시켰는데, 그녀가 카스티야-아라곤 연합 왕조의 통치자인 부

Bernhard Strigel,
'신성로마제국의 황제 막시밀리안 1세와 그의 가족'

왼쪽부터 막시밀리안 1세, 페르디난트 1세, 신성로마제국 황제 카를로스 5세, 펠리페 1세, 부르고뉴의 마리, 헝가리의 루이 2세

모(카스티야 왕국의 이사벨 1세와 아라곤 왕국의 페르난도 2세)로부터 스페인과 스페인의 식민지를 모두 상속받는 행운을 잡은 것입니다. 후아나는 자신이 상속받은 것을 아들 카를로스에게 다시 물려주었으니, 결과적으로 막시밀리안 1세의 손자가 합법적으로 스페인을 차지하게 된 것이지요. 이로써 합스부르크 가문은 오스트리아뿐만 아니라 스페인까지 다스리는 제국으로 성장합니다. 이에 관한 이야기는 호프부르크의 '정략결혼으로 이룬 거대 제국, 합스부르크' 편(82쪽)에서 자세히 다룰 예정입니다.

아버지 펠리페 1세로부터는 오스트리아를, 어머니 후아나로부터는 스페인을 물려받은 카를로스 1세Carlos I(신성로마제국의 황제로서는 카를로스 5세 혹은 카를 5세Karl V)는 세상을 떠나면서 신성로마제국의 황제위와 오스트리아의 왕위는 동생 페르디난트 1세Ferdinand I에게 물려주고, 스페인의 왕위는 아들 펠리페 2세Felipe II에게 물려주었습니다. 이때부터 합스부르크 가문은 '오스트리아 합스부르크'와 '스페인 합스부르크'로 나뉘며, 두 가문은 결혼을 통해 유대 관계를 지속하게 됩니다.

두 가문의 정략결혼이 어느 정도 철저했는지를 알 수 있는 사례가 있습니다.

스페인의 국왕 펠리페 4세Felipe IV에게는 발타사르 카를로스Baltasar Carlos de Austria란 아들이 있었습니다. 장남이었으므로, 장차 아버지의 뒤를 이어 국왕이 될 인물이었지요. 왕세자는 선대로부터의 관례대로, 오스트리아 합스부르크 가문의 마리아나 공주Mariana de Austria와 약혼을 했습니다. 그런데 불행히도 왕세자가 갑작스럽게 세상을 떠난 것입니다.

두 가문의 유대 관계를 위해 결혼 동맹은 꼭 필요한데, 유감스럽게도 펠리페 4세에게는 다른 아들이 없었습니다. 참 난감한 상황이었지요. 그러면 이 문제를 그는 어떻게 해결했을까요.

펠리페 4세는 며느리가 될 뻔한 여자와 자신이 결혼하는 것으로 문제를 해결했습니다. 마침 2년 전에 상처하고 홀아비가 되어 있었기 때문에 가능한 일이기는 했습니다만.

그들 사이에서 태어난 장녀가 바로 마르가리타Margarita Teresa 공주로, 미술사박물관에서 그녀의 초상화를 보게 될 것입니다.

마르가리타 공주 또한 정략결혼을 피할 수 없었지요. 그녀는 두 살 때 오스트리아 합스부르크 왕가의 레오폴트 1세와 약혼을 하는데, 이에 관한 이야기는 미술사박물관에서 다시 할 것입니다. 오스트리아 합스부르크 가문과 스페인 합스부르크 가문은 결국 한 핏줄이었기에 근친결혼의 폐해가 갈수록 심해져 심각한 유전병에 시달린 것은 잘 알려진 사실입니다.

스페인 합스부르크 가문은 카를로스 2세Carlos II가 후사 없이 세상을 떠난 후 왕위 계승 전쟁을 치르며 프랑스 부르봉 왕조의 펠리페 5세Felipe V(루이 14세의 손자)에게 왕위가 넘어갔으므로 합스부르크 가문과는 관계가 멀어지고, 오스트리아 합스부르크 가문만이 지속됩니다.

합스부르크 가문의 후계자는 오직 아들만으로 이어지다가 마리아 테레지아Maria Theresia의 아버지인 카를 6세Karl VI 때 국사조칙이 반포되면서 변화를 맞게 됩니다. 국사조칙의 제일 중요한 조항은 '아들을 후계자로 삼는 원칙을 지키되, 부득이 아들이 없다면 딸도 후계자가 될 수 있다.'는 것이었습니다. 결과적으로 마리아 테레지아가 국사 조칙의 수혜자가 된 것은 사실이지만, 국사 조칙은 카를 6세가 마리아 테레지아에게 제위를 물려주기 위해 제정한 것은 아닙니다. 국사 조칙은 그녀가 태어나기 이전에 발표되었고, 카를 6세는 말년에도 아들이 태어나기를 바라, 장녀인 마리아 테레지아에게 통치에 관한 교육을 하지 않았다고 합니다.

마리아 테레지아가 로트링겐 공작 프란츠 슈테판Franz Stefan(신성로마제국 황제 프란츠 1세Franz I)과 결혼함으로써 합스부르크 가문은 이제 합스부르크-로트링겐 가문으로 명칭이 바뀝니다. 합스부르크 제국은 변함없이 유지되었지만, 남성 우위의 당시 관습으로 보면 혈통에 변화가 생긴 것입니다.

마리아 테레지아 여제 때 전성기를 누린 합스부르크 제국은 이후 점차 내리막길을 걷다가 나폴레옹의 간섭으로 프란츠 2세Franz II 때인 1806년에 신성로마제국이 해체되고, 제1차 세계대전의 패전 책임을 물어 1918년에 카를 1세Karl I를 폐위함으로써 역사의 뒤안길로 사라집니다.

합스부르크 제국과 오스만튀르크의 악연 ❸

현재도 기독교와 이슬람교 사이는 매우 험악합니다. 두 종교는 아브라함이라고 하는 공동의 조상을 갖고 있으므로 공감대가 넓을 것 같지만, 실제로는 다른 어느 종교와의 사이보다도 더 심각한 갈등 관계에 있는 것입니다.

유럽의 경우, 1492년에 스페인 그라나다에서 이슬람교도들이 추방된 이후 종교 측면에서는 기독교로 통일되었다고 할 수 있습니다. 16세기 초에 종교 개혁이 일어나면서 가톨릭과 프로테스탄트(개신교)가 분열하기는 하지만, 큰 틀에서 보면 두 종교는 기독교라는 같은 뿌리를 갖는 것입니다.

한때 이베리아반도를 지배했던 이슬람교도들에게는 유럽으로 다시 진출하고 싶은 욕망이 늘 가슴에 남아 있었지요. 그래서 이슬람교도들의 나라인 오스만튀르크는 유럽 진출의 뜻을 이루고자 1529년에 빈을 공격한 적이 있었습니다. 이때 빈의 방어력은 취약한 상태였지만, 역병과 추위라는 복병을 만난 오스만튀르크 군대는 맥없이 후퇴하고 말았지요. 제1차 빈 공격은 특별한 전투 없이 흐지부지 끝나고 말았습니다.

빈 공격이 실패했음에도 유럽 진출의 꿈을 버릴 수 없었던 오스만튀르크는 1571년에 다시 전쟁을 일으킵니다. 이번에는 자신들이 장악하고 있던 지중해를 통해 유럽으로 진출하려고 한 것입니다. 오스만튀르크는 베네치아 공화국이 지배하고 있던 키프로스를 점령하며 기선을 제압했

지만, 교황청의 요청으로 결성된 신성동맹 함대(기독교를 믿는 나라들인 베네치아 공화국, 제노바 공화국, 스페인 등이 연합한 함대)에게 격파당하고 맙니다. 이것이 1571년 10월에 있었던 레판토 해전 Battle of Lepanto 이지요.

작자 미상, '1571년의 레판토 해전'

레판토 해전의 참패로 해상 장악력을 잃은 오스만튀르크가 유럽으로 진출하기 위해서는 오스트리아를 통과할 수밖에 없었습니다. 빈은 사실상 유럽을 방어하기 위한 마지막 보루 같았지요.

오스만튀르크의 제2차 빈 공격은 1683년에 있었습니다. 그러나 빈은 제1차 빈 공격을 겪은 후 새로운 성벽을 쌓고 해자를 만드는 등의 대비를 철저히 해두었으므로 오스만튀르크의 거센 공격에도 두 달 넘게 버틸 수 있었지요. 그러나 적군의 포위로 성안 사정이 악화되어 더는 견디기 어렵겠다 싶을 때 폴란드-리투아니아의 얀 3세 소비에스키John III Sobieski 왕이 구원군을 이끌고 달려왔습니다. 군사적 능력이 탁월했다고 알려진 그는 기독교 세계를 구원한다는 명분으로 참전하여 오스만튀르크를 격퇴하는 성과를 거둡니다. 그로 인해 그는 '유럽을 이교도의 침략으로부터 구해낸 수호자'라는 별칭을 얻었고, 심지어 오스만튀르크에게조차 경외의 대상이 되었다고 하니 그의 위대함을 짐작할 수 있습니다.

Daniel Schultz, '얀 3세 소비에스키의 초상'

두 차례나 오스만튀르크의 공격을 받았던 빈이 많은 피해를 입었음은 물론이지만, 그래도 이교도의 침략을 막아냈다는 자부심을 가질 수 있었음에 반해 두 번의 원정을 모두 실패한 오스만튀르크는 큰 타격을 받게 됩니다. 비잔틴 제국을 정복하고 대제국을 건설했던 오스만튀르크가 서서히 내리막길을 걷게 된 계기가 바로 빈 공격 실패였던 것입니다.

두 나라의 악연으로 끝난 두 차례의 전쟁은, 그러나 예상치 못한 선물을 오스트리아 사람들에게 전해준 셈이 되었습니다. 바로 커피가 이때 전해진 것입니다.

에티오피아가 원산인 커피는 아라비아 지역에 전해진 후, 잠을 쫓는 효능 때문에 이슬람교 사제들에게 사랑받았다고 합니다. 밤늦게까지 코란을 공부할 수 있도록 도와주었기 때문이지요. 커피는 점차 이슬람교도들에게 널리 퍼졌는데, 빈을 공격할 때 병사들이 군수 물자로 가져갔던 모양입니다.

빈 공격에 실패하고 후퇴하던 오스만튀르크 병사들은 커피 자루를 버리고 갔고, 그것을 획득한 빈 사람들이 자신들의 입맛에 맞게 끓여 먹기 시작한 것이 오스트리아에서 최초로 커피를 즐기게 된 사연이라고 하는군요. 원두를 갈아 끓인 커피의 맛이 너무 써서 우유와 꿀을 넣어 마시기 시작했는데, 그 색깔이 마치 카푸친 수도회 수도사들의 옷과 비슷한 갈색이라 카푸치노 커피라고 했다는 설이 있습니다. 카푸친 수도회 수도사들이 즐겨 마셨기 때문에 카푸치노 커피라고 했다는 설도 있고요.

어쨌든 이때부터 빈에서는 커피가 대중적으로 유행하게 되었으며, 커피를 파는 커피 하우스는 많은 예술가들의 사랑방 노릇을 하였으니 오스만튀르크가 빈에 남긴 긍정적인 흔적이라고 할 수 있습니다.

크루아상이라는 빵도 오스만튀르크의 빈 공격과 관련 있다는 이야기가 있습니다. '크루아상 croissant'은 프랑스어로 초승달을 의미하며, '회교도의 깃발'을 가리키는 말로도 쓰입니다. 이슬람권 국가의 국기에는 공통적으로 초승달 문양이 들어가기 때문에 그런 뜻을 갖는 것으로 보입니다.

크루아상이란 빵은 그 생김새가 초승달 같아서 그렇게 부르기 시작한 것인데, 최초로 그 빵을 만든 제빵사가 오스만튀르크를 상징하는 초승달 모양으로 빵을 만들었다는 것입니다. 초승달을 닮은 빵을 씹어 먹으며 오스만튀르크를 퇴치하는 기분을 느끼도록 하려 했다는 것이지요. 이 빵을 프랑스 왕비가 된 마리 앙투아네트가 궁정에 전파시켰고, 그 후로 반이슬람 정서가 강한 유럽 사람들에게 호응을 받으며 유럽 전역으로 퍼졌다는 것인데, 근거가 확실한 주장은 아닙니다.

Part 1.
빈의 궁전

1장

호프부르크
Hofburg

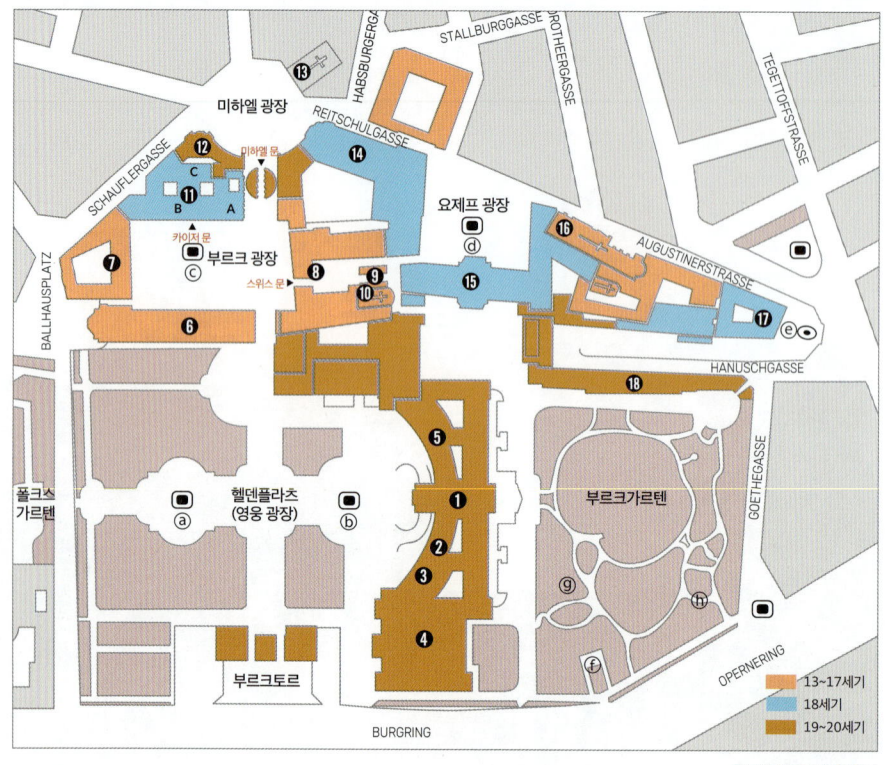

호프부르크 평면도

노이어 부르크

❶ 에페소스 박물관
❷ 악기 박물관
❸ 무기 박물관
❹ 민속 박물관
❺ 파피루스 박물관

알테 부르크

❻ 레오폴트 동
❼ 아말리엔부르크
❽ 스위스 동
❾ 제국 보물실
❿ 왕실예배당

⓫ 제국 수상 동
 (A) 시시 박물관
 (B) 황제의 아파트
 (C) 은식기 박물관

⓬ 미하엘 동
⓭ 미하엘 교회
⓮ 스페인 승마학교
⓯ 국립(왕궁) 도서관
⓰ 아우구스틴 교회
⓱ 알베르티나
⓲ 유리(나비) 온실

ⓐ 카를 대공 기마상
ⓑ 오이겐 공자 기마상
ⓒ 프란츠 1세 동상
ⓓ 요제프 2세 기마상
ⓔ 알브레히트 대공 기마상
ⓕ 모차르트 기념비
ⓖ 프란츠 1세 기마상
ⓗ 프란츠 요제프 1세 동상

제국의 왕궁, 호프부르크 ①

호프부르크Hofburg는 신성로마제국 및 합스부르크 제국의 황제와 그의 가족들이 거주하던 왕궁을 말합니다. 현재는 대통령 관저와 수상 관저가 호프부르크 안에 있으니, 예나 이제나 정치 1번지라고 할 수 있는 곳입니다. 빈을 여행하면서 빠뜨릴 수 없는 핵심 명소인 것이지요.

그런데도 호프부르크를 제대로 다 보기는 어려운데, 규모가 너무 방대하기 때문입니다. 게다가 왕궁이라고 하여 황실 가족의 주거 공간만 있는 것이 아니라 박물관, 도서관, 미술관, 교회, 정원, 극장, 승마학교, 광장, 식물원 등이 포함되어 볼거리가 너무 많은 것도 여행자의 발목을 잡는 요인이 됩니다. 아마 호프부르크만 제대로 보려 해도 사나흘은 족히 걸릴 듯합니다.

호프부르크에 속하는 박물관만 해도 노이어 부르크에 에페소스 박물관·악기 박물관·무기 박물관·파피루스 박물관이 있고, 스위스 궁에는 제국 보물실이 있습니다. 그리고 시시 박물관·은식기 박물관도 호프부르크에 속한 박물관이며, 링슈트라세 건너편에 있는 미술사박물관과 자연사박물관도 따지고 보면 호프부르크의 일부였습니다. 교회는 왕실예배당, 미하엘 교회, 아우구스틴 교회 등이 호프부르크의 부속 시설이었지요. 사정이 이렇다 보니 호프부르크는 단순한 궁전이라기보다는

1장 호프부르크 025

작은 도시와 같은 느낌을 줍니다.

스위스 동Schweizertrakt이 최초로 들어선 이후 필요에 따라 개축과 증축이 거듭되면서 호프부르크의 규모는 점차 확대되었습니다. 가장 나중에 완성된 건물은 노이어 부르크Neue Burg로, 1881년에 건축을 시작하여 제1차 세계대전이 일어나기 직전인 1913년에 완성되었으니 유서 깊은 도시 빈에서는 비교적 새 건물인 셈입니다.

호프부르크만 제대로 알고 보아도 오스트리아의 역사와 문화를 이해할 수 있을 것입니다.

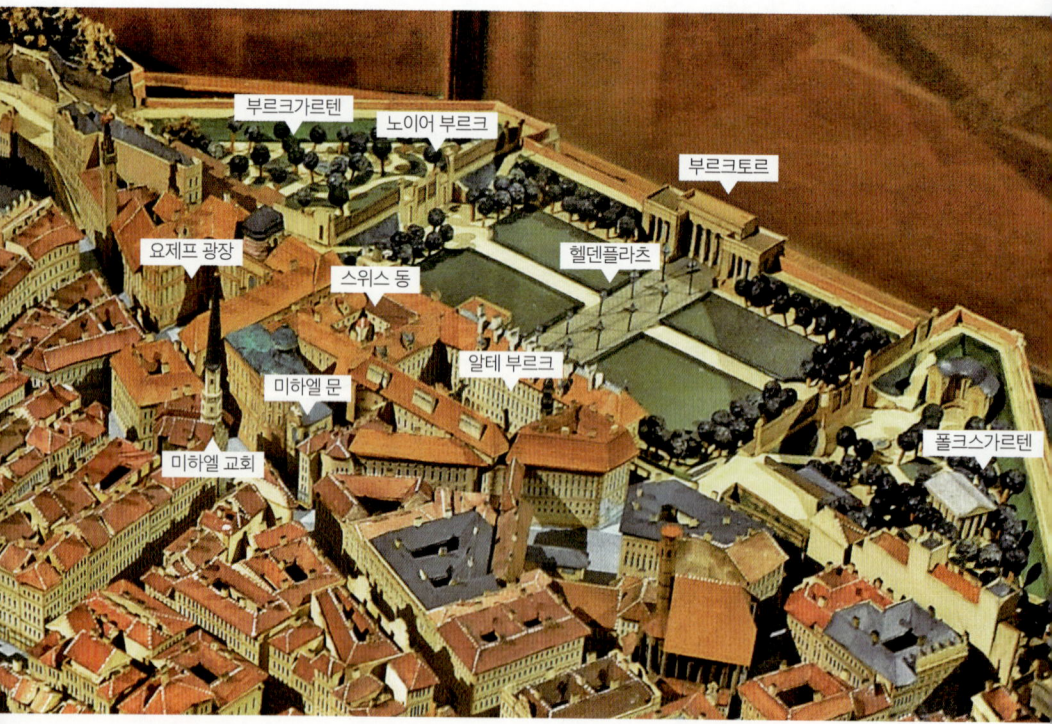

호프부르크 미니어처

헬덴플라츠 Heldenplatz ②

미술사박물관과 자연사박물관이 있는 쪽에서 호프부르크로 들어가려면 부르크토르Burgtor를 지나게 됩니다. 독일어로 Burg는 '성, 왕궁'을 뜻하고, Tor는 '성문, 대문'을 뜻하니 Burgtor는 '왕궁의 대문'이라는 뜻이 됩니다. 우람한 도리아식 기둥들이 지붕을 떠받치고 있는 다섯 개의 아치문을 통해 헬덴플라츠Heldenplatz로 들어가도록 설계되었습니다.

부르크토르를 들어서면 눈앞에 드넓은 광장이 펼쳐집니다. 헬덴플라츠입니다. 오른쪽으로 보이는 웅장한 건물이 노이어 부르크이며, 카이저포룸Kaiserforum(프란츠 요제프 1세의 도시 정비 계획. 노이어 부르크 편에서 설명)에 의하면 맞은편에 그에 버금가는 건물이 들어설 예정이었습니다.

미술사박물관 쪽에서 바라본 부르크토르   헬덴플라츠 쪽에서 바라본 부르크토르

헬덴플라츠와 노이어 부르크

1938년 3월 15일의
독일-오스트리아 합병 선포식

  그러나 건설 계획이 무산되면서 그 자리가 공터로 남았기 때문에 광장의 규모가 보는 이를 압도합니다. 지금도 대규모 군중이 모이는 중요한 행사는 주로 헬덴플라츠에서 열리곤 합니다.
  제2차 세계대전 당시에 빈은 히틀러의 침공을 받아 함락되었는데, 1938년에 히틀러는 노이어 부르크의 2층 발코니에서 헬덴플라츠에 모인 수만 명의 군중을 향해 독일과 오스트리아의 합병을 선포했습니다. 나치에 굴복한 역사는 오스트리아의 입장으로서는 아픈 상처일 것입니다.

  독일어로 'Held'는 영웅을 말합니다. 그러니까 헬덴플라츠(Heldenplatz)는 '영웅 광장'으로 번역할 수 있겠습니다.

Johann Peter Krafft, '아슈페른의 승자'

그렇다면 여기서의 영웅은 누구를 말하는 것일까요.

1809년 5월에 오스트리아군은 빈 근교의 아슈페른-에쓸링Aspern-Essling에서 나폴레옹 군대를 맞아 치열한 전투를 벌입니다. 이때 오스트리아군은 장병들이 목숨을 걸고 싸운 덕분에 나폴레옹의 군대를 물리치는 성과를 거둡니다. 비록 오스트리아군의 피해도 막심했지만, 당시 대적할 상대가 없던 나폴레옹을 상대로 승리를 거둔 것은 오스트리아의 입장에서 볼 때 대단히 자랑스러운 일이었습니다. 그래서 그 승리를 기리고, 그때 전사한 병사들을 위로할 목적으로 호프부르크에서 가장 넓은 광장에 '헬덴플라츠'라는 이름을 붙인 것입니다.

광장에 멋진 기마상으로 서 있는 카를 대공은 바로 그때의 전투에서 승리를 거둔 주역이었습니다. 오스트리아 사람들이 그를 영웅으로 기억하는 중요한 업적이지요.

카를 대공의 기마상   오이겐 공자의 기마상

  헬덴플라츠에는 카를 대공과 오이겐 공자의 기마상이 있는데, 오이겐 공자에 대해서는 벨베데레 궁전(180쪽)에서 이야기할 것이므로 여기서는 카를 대공에 대해서만 설명하겠습니다.

  먼저, 두 기마상의 생김새를 비교하면 카를 대공의 기마상이 단연 압권입니다. 앞발을 높이든 채 뒷발만으로 전체를 지탱하고 서 있는 아슬아슬한 자세는 보는 이의 감탄을 자아내지요. 오스트리아의 조각가인 안톤 도미니크 페른코른Anton Dominik Fernkorn의 작품입니다.

  카를 대공Erzherzog Karl von Osterreich은 신성로마제국의 황제 레오폴트 2세의 아들이며, 오스트리아의 육군 원수였습니다. 그는 나폴레옹과의 대결에서 여러 차례 승리를 거둠으로써 자신의 군사적 역량을 세상에

드러냈습니다. 영국의 웰링턴 장군이 워털루 전투에서 나폴레옹을 격퇴한 일로 명성을 얻었는데, 단 한 차례 승리를 거둔 웰링턴에 비하면 여러 차례 승리를 거둔 카를 대공이 더욱 뛰어난 장수일 것입니다. 실제로 나폴레옹은 카를 대공을 자신의 '위대한 적수'로 여겼다고 합니다.

카를 대공이 나폴레옹을 상대로 거둔 승리 중에서 가장 중요한 것이 '아슈페른-에쓸링 전투'의 승리이고, '헬덴플라츠'라는 이름은 그때 전사한 오스트리아 병사들과 승리의 주역인 카를 대공을 기리기 위한 것이니, 카를 대공이야말로 헬덴플라츠의 주인이라고 할 수 있습니다.

카를 대공의 기마상은 요한 페터 크라프트가 그린 '아슈페른-에쓸링 전투에서의 카를 대공' 속 모습과 흡사합니다.

Johann Peter Krafft, '아슈페른-에쓸링 전투에서의 카를 대공'

노이어 부르크 Neue Burg

호프부르크에서 가장 늦게 지어졌기 때문에 노이어 부르크Neue Burg(신 왕궁)라고 불리는 이 건물은 1881년에 건축이 시작되었습니다. 카를 폰 하제나우어Carl von Hasenauer와 고트프리트 젬퍼Gottfried Semper가 공사를 맡아 1913년에 네오바로크 양식으로 완공했지만, 이때는 이미 합스부르크 제국이 기울 대로 기운 뒤라서 황실 사람들은 새 왕궁을 사용도 못 해보고 제국이 몰락하는 걸 지켜봐야 했습니다.

노이어 부르크

카이저포룸과 링슈트라세

노이어 부르크와 관련해서는 먼저 '카이저포룸Kaiserforum'을 이해하는 게 필요합니다. 1857년, 프란츠 요제프 1세Franz Josef I는 빈을 새롭게 정비하려는 계획을 담은 카이저포룸을 발표합니다. 로마 제국 시절의 포룸처럼 넓은 광장을 중심으로 주요 건물을 배치하려는 계획이었는데, 특히 호프부르크를 확장하여 화려하고 장엄하게 꾸미는 내용이 핵심이었습니다. 아마도 나날이 쇠약해지는 합스부르크 제국의 고단한 현실을 잊고 과거의 영화를 되살리려고 한 것 같습니다. 카이저포룸에 따르면 헬덴플라츠 양쪽에 웅장한 궁전 건물이 대칭으로 세워지도록 되어 있었습니다. 그중에서 먼저 건설된 것이 노이어 부르크이고, 맞은편에 같은 규모의 건물을 지으려 했는데 재정 문제로 무산되어 현재의 모습으로

카이저포룸에 따른 호프부르크 상상도

남아 있는 것입니다. 카이저포룸의 계획을 담은 그림과 현재의 모습을 비교해 보면 어떤 차이가 있는지를 알 수 있습니다.

카이저포룸은 결국 링슈트라세Ringstraße 건설과 관련됩니다. 황제가 명령한 도시 정비 계획에 따라 19세기까지 남아 있던 호프부르크 주변 성곽을 헐어내고 그 자리에 현대적 도로를 건설했는데, 그것이 바로 링슈트라세이기 때문입니다. 그러니까 당시로서는 링슈트라세가 현대적으로 변화하는 빈의 상징이었지요. 물론 권위적이고 위압적인 규모의 노이어 부르크, 고딕 양식의 시청, 고대 그리스 양식의 국회의사당, 바로크 양식의 부르크 극장, 르네상스 양식의 빈 대학교 등이 링슈트라세 주변에 포진하고 있어 현대적인 이미지는 희석되었을 테지만 말입니다.

어쨌든 빈의 중심 권역을 둥글게 감싸는 환상環狀 도로인 링슈트라세는 합스부르크 제국 시절부터 현재에 이르기까지 빈에서 가장 중요한 도로입니다. 빈의 주요 시설은 링슈트라세 주변에 밀집해 있으므로 여행자는 그곳을 중심으로 빈을 이해하게 됩니다.

지식 충전

아르누보 건축의 대가, 오토 바그너

프란츠 요제프 1세가 추진한 링슈트라세 건설 프로젝트에 참여했던 건축가들 중에서 특히 오토 바그너Otto Wagner는 주목할 만한 인물입니다. 그의 건축 세계를 설명하기 전에 먼저, 빈을 여행하면서 만날 수 있는 그의 작품 몇 채를 소개하겠습니다.

오토 바그너

카를 교회 근처(지하철 '칼스플라츠Karlsplatz 역' 근처이기도 함)에 아담하면서도 독특한 외관을 지닌 쌍둥이 건물이 있습니다. 웅장하고 반듯한 건물들이 즐비한 빈에서 이색적으로 보일 만큼 산뜻하고 경쾌한 외관의 이 건물들은 오토 바그너가 1898년에 지은 전철역입니다. 지금은 오토 바그너 건축 박물관(카를 교회 쪽에서 보았을 때 왼쪽 건물)과 카페(카를 교회 쪽에서 보았을 때 오른쪽 건물)로 쓰이고 있지요. 이 건물들을 볼 때는 해바라기 문양의 벽 장식, 지붕 난간과 둥근 아치 지붕 위의 장식 등에 특히 관심을 가질 필요가 있습니다.

빈의 재래시장인 나슈마르크트Naschmarkt 옆에 있는 마욜리카하우스Majolikahaus와 메달리온하우스Medalionhaus도 오토 바그너의 작품으로 1898~1899년에 지어졌습니다. 이 건물들의 벽면을 보면, 엄숙하고 묵직한 느낌을 주는 빈의 다른 건축물들과는 달리 화사하고 섬세한 장식이 인상적입니다. 마욜리카하우스는 사방으로 뻗어 나간 분홍색 꽃송이들이 화려한 느낌을 주고, 메

오토 바그너 건축 박물관으로 쓰이는 건물 | 카페로 쓰이는 건물 | 마욜리카하우스 | 메달리온하우스

1장 호프부르크

슈타인호프 교회 외관　　　　슈타인호프 교회 내부　　　　아르누보 계열 화가인 알폰스 무하의 '꽃의 언어'

달리온하우스는 금빛 찬란한 야자수 잎사귀와 둥근 메달 아래로 술(장식으로 다는 여러 가닥의 실) 모양의 장식을 풍성하게 늘어뜨린 것이 기품 있어 보입니다.

1903년에 착공하여 1907년에 완공한 슈타인호프 교회Kirche am Steinhof도 빠뜨릴 수 없습니다. 아르누보 양식의 교회 건물 중에서 가장 아름답다고 평가받는 걸작이자 오토 바그너의 대표작이기 때문입니다. 이 건물은 단지 아름답기만 한 것이 아니라, 정신 병원 안에 들어선 특수한 사정을 반영하여 환자들의 안전을 최우선으로 생각한 세심한 설계로도 유명합니다.

앞에서 본 건물들의 공통점은 아르누보art nouveau 양식으로 지어졌다는 것입니다. 오토 바그너는 빈에서 활동한 아르누보 계열 건축가들 중에서 가장 위대하다는 평가를 받고 있지요.
아르누보 양식이란, 19세기 말~20세기 초에 유행한 예술(회화, 공예, 건축 등)의 한 경향을 가리킵니다. 그리스·로마로부터 유래한 고전주의나 고딕 양식·바로크 양식 등 기존에 존재하던 기법 등을 거부하고 새로운 양식을 추구한 예술 경향을 아르누보라고 하지요. 아르누보란, '새로운 예술'이란 뜻의 프랑스어이며, 독일어권에서는 유겐트스틸Jugendstil이라고 합니다.
아르누보 양식의 중요한 특징은 자연에서 영감을 얻은 유연하고 역동적인 곡선을 즐겨 사용했다는 점과 섬세하고 우아한 장식에 집중했다는 점입니다. 회화에서는 구스타프 클림트, 알폰스 무하 등의 작품에서 아르누보 양식의 특징이 잘 드러나며, 앞에서 본 오토 바그너의 건축물 또한 그러한 특징을 보여줍니다.

건축 분야에서의 아르누보 양식은 그리 오래 유지되지 못했습니다. 지나친 장식적 요소는 쉽게 식상할 수 있고, 또 기능성과 실용성 측면에서 약점이 될 수 있기 때문이었습니다.
그러나 오토 바그너는 아르누보의 장식성을 유지하면서도 간소하고 실용적인 디자인과 조화를 이루려고 노력했습니다. 그것이 한 시대를 풍미하다가 사라져간 다른 아르누보 건축가들과 그의 차이점입니다. 그의 후기 작품인 '우편국 저축은행Postsparkasse(1904~1906년. 빈 소재)'과 '빌라 바그너Villa Wagner(1912~1913년. 빈 소재)'는 아르누보 양식의 중요한 특징인 유려한 곡선 대신 간결한 직선을 선택해 실용성을 살린 그의 고집이 돋보이는 작품입니다. 아르누보 양식이 쇠퇴한 후 등장하는 모더니즘 건축을 연상시키는 이 작품들을 통해 그를 '근대 건축의 시조'라고 높이 평가하는 이유를 이해할 수 있습니다.

또한 그는 기존의 전통을 맹목적으로 따르기를 거부하고 새로운 예술 세계를 지향하는 '분리파(제체시온)' 활동을 이끌면서 빈의 예술 발전에 큰 역할을 하였습니다.
빈을 여행하면서 그의 건축물들에 주목해야 하는 까닭은 바로 그러한 그의 건축 철학과 활동 때문일 것입니다.

우편국 저축은행 외관   우편국 저축은행 내부   빌라 바그너

정면 인물 조각상들

헬덴플라츠에서 노이어 부르크를 바라보고 서면, 건물 입구가 보입니다. 합스부르크 황실이 새 왕궁으로 삼으려 했던 건물이니만큼 웅장하기 그지없습니다.

조금 자세히 건물 외관을 훑어보면, 입구를 기준으로 양쪽에 각각 10개씩의 인물 입상이 서 있는 것을 알 수 있습니다. 이들은 과연 누구일까요.

혹시 오스트리아의 역사에서 중요한 역할을 한 특정 인물들인가 하여 자료를 찾아보았더니 그렇지는 않았습니다. 예전 합스부르크 제국 시대에 중요하다고 여겼을 만한 인종(게르만족, 프랑크족, 슬라브족), 나라(폴란드, 헝가리), 지역(티롤, 빈, 바이에른), 직업(학자, 상인, 시민 계급, 광부, 용병, 군인, 농부, 기사, 선원, 십자군 병사, 수도승, 로마 병사) 등을 표현한 것이었습니다. 그런데 조각상을 살펴보면 해당 집단의 복장과 신체적 특징이 절묘하게 드러나 있습니다. 비교하며 보는 재미가 있기에 뒤에서 사진을 모아 소개합니다.

건물 옥상을 보면 풍요와 행운을 관장하는 여신 포르투나Fortuna가 풍요의 뿔 코르누코피아Cornucopia를 들고 있고, 승리의 여신 빅토리아Victoria(그리스 신화의 니케)는 월계관을 들고 있습니다. 둘 다 옛사람들이 간절히 소망하던 바를 형상화한 것이지요.

그리고 건물 옥상 중앙의 황금빛 쌍두 독수리는 신성로마제국의 상징이었습니다. 합스부르크 제국에서 대대로 신성로마제국의 황제를 겸임했으므로 빈을 여행하다 보면 쌍두 독수리를 자주 보게 됩니다.

노이어 부르크 정면 외관

포르투나와 빅토리아

쌍두 독수리

1장 호프부르크

입구를 기준으로 왼쪽 10개 조각상

왼쪽 1. 기사　　　왼쪽 2. 선원　　　왼쪽 3. 십자군 병사　　　왼쪽 4. 헝가리인

왼쪽 5. 프랑크인　　왼쪽 6. 슬라브인　　왼쪽 7. 수도승　　왼쪽 8. 바이에른 사람

왼쪽 9. 로마 병사　　왼쪽 10. 게르만인

입구를 기준으로 오른쪽 10개 조각상

오른쪽 1. 학자　　오른쪽 2. 상인　　오른쪽 3. 시민 계급　　오른쪽 4. 광부

오른쪽 5. 용병　　오른쪽 6. 군인　　오른쪽 7. 폴란드 사람　　오른쪽 8. 빈 시민

오른쪽 9. 농부　　오른쪽 10. 티롤 사람

고대 유물이 살아 있는 에페소스 박물관

노이어 부르크 안으로 들어서면 에페소스 박물관Ephesos Museum 입장권을 사는 곳이 나옵니다. 그곳에서 입장권을 구입한 뒤 1층(우리식으로는 2층)으로 올라가면 오른쪽으로 박물관 입구가 보입니다. 에페소스 박물관 입장권으로 무기 박물관과 악기 박물관도 함께 볼 수 있는데, 두 박물관은 한 층 더 올라가면 나오므로 시간에 여유가 있다면 둘러보는 것도 좋을 것입니다.

에페소스 박물관은 규모가 그리 크지 않고, 유물이 방대하지도 않습니다. 조촐한 분위기의 박물관이라고 할 수 있는 수준입니다. 그러나 주목할 만한 작품들이 있으므로 놓치면 아쉬운 곳입니다. 빈을 여행할 때 시간을 내어 꼭 방문하기를 권하는 바입니다.
에페소스(현재 지명은 셀축)는 터키 서쪽, 에게해에 접한 도시입니다.

에페소스 박물관 입장권 구입처   에페소스 박물관으로 올라가는 계단

현재의 에페소스 유적지

초기 기독교의 역사에서 중요한 역할을 한 곳이므로 기독교도들에게는 각별한 의미를 갖는 도시이지요. 로마 제국 시절에는 상업 도시로서 크게 번성한 곳인데, 현재는 거의 폐허 상태라서 보는 이를 안타깝게 합니다. 복원 작업이 진행 중이지만 워낙 훼손 정도가 심해 원래의 모습을 되찾는 것은 어려울 듯합니다.

그런데 터키 에페소스의 이름을 딴 박물관이 빈의 왕궁 한쪽에 자리 잡고 있는 까닭은 무엇일까요. 이 박물관의 소장품들이 혹시 에페소스에서 온 것일까요?

그렇습니다. 에페소스 박물관은 에페소스 유적지에서 가져온 유물들을 전시하고 있는 곳입니다.

1895년부터 오스트리아 고고학회는 에페소스 지역에서 발굴 작업을 진행하였습니다. 그들은 자신들이 발굴한 유물들을 본국으로 가져갔는데, 당시에는 그런 경우가 흔했습니다. 유럽의 주요 박물관에는 그런 방식으로 약탈한 유물들이 비일비재한데, 런던의 영국박물관The British Museum은 대표적인 경우입니다. 에페소스 박물관에 소장된 유물들도 마찬가지이지요.

19세기 후반 터키는 오스만 제국이 쇠퇴 기로에 있어 자국의 문화유산을 지킬 여력이 없었습니다. 조사와 연구를 명분으로 내세운 강대국들이 자신들의 문화유산을 파헤쳐도 속수무책으로 당할 수밖에 없었지요. 일제 치하의 조선이 그러했듯이 말입니다. 당시의 술탄 압둘하미드 2세Abdülhamid II가 합스부르크 제국의 프란츠 요제프 1세에게 유물들을 기증하는 형식을 취했으므로 오스트리아 입장에서는 정당한 절차를 거쳤다고 주장하겠지만, 당시 상황을 고려할 때 무단 반출 행위라고 봐야 할 것입니다.

그나마 박물관 측에서 소중하게 관리한 까닭에 더 이상의 손상을 막을 수 있었던 것은 다행이라고 하겠습니다.

사모트라케 신전 유물

계단을 올라가 박물관에 들어서면 제일 먼저 형태가 훼손된 여인(혹은 여신) 조각상이 관람자를 맞이합니다. 그리고 그 옆에 몇 개의 대리석 조각이 더 있는데, 비록 온전한 형태는 아니지만 남은 부분만으로도 섬세한 조각 솜씨가 고스란히 드러나는 수작秀作입니다. 모두 사모트라케의 신전을 장식하고 있던 것들이라고 합니다.

사모트라케의 신전 박공지붕을 장식하던 조각품들

삼각형 모양의 박공지붕(페디먼트)에 있던 것들이라, 애초의 위치에 따라 키와 자세가 다른 점은 감안하고 보아야 합니다.

사모트라케Samothrake는 에게해 북부에 위치한 섬으로, 그곳에서 발견된 유물로 가장 유명한 것은 아마도 루브르박물관에 소장된 '사모트라케섬의 니케'일 것입니다. 로도스섬 사람들이 시리아와 벌인 해전에서 승리한 것을 감사하기 위해 사모트라케섬의 카베이로이Kabeiroi(혹은 카비리Cabiri) 성역에 봉헌한 것으로 추정되는 니케 상은, 바닷바람을 맞으며 당당하게 서 있는 여신의 얇은 옷자락 표현이 감탄을 자아내는 걸작입니다. 위대한 예술품으로 가득한 루브르박물관에서도 몇 손가락 안에 드는 작품이라고 할 수 있습니다.

그런데 로도스섬 사람들이 자신들의 승전을 감사하기 위해 하필 사모트라케섬에 있는 신전에 제물을 바쳤다는 추정에 의문을 가질 수 있습니다. 로도스섬에는 제물을 바칠 만한 신전이 없었던 것일까요?

카베이로이는 대장장이 신 헤파이스토스와 '바다의 노인' 프로테우스의 딸 카베이로 사이에서 태어났다고 하는 아들들(혹은 제우스와 칼리오페의 자식들이라는 주장도 있음)로, 풍요와 다산을 주관하는 신들이었다고 합니다. 한편으로는 외할아버지인 프로테우스의 영향을 받아 바다를 항해하는 사람들을 보호하는 역할도 했다고 하지요. 로도스섬 사람들이 시리아와의 전쟁에서 승리한 다음에 카베이로이 신전에 니케 상을 제물로 바친 까닭은, 그들의 승리가 바다에서 이루어진 것이기 때문이었습니다. 그런데 카베이로이 신전 중 가장 크고 중요한 신전이 사모트라케섬에 있기 때문에(즉, 사모트라케섬이 카베이로이 숭배 신앙의 중심지였기 때문에) 로도스 사람들은 니케 상을 그곳에 바쳤던 것입니다. 그래서 로도스

사모트라케섬의 니케(루브르박물관 소장) 성역 상상도
신전 상상도 박공지붕 상상도

사람들이 제물로 바친 니케임에도 불구하고 현재는 그 작품을 '사모트라케섬의 니케'라는 이름으로 부르는 것이지요.

이 같은 사실은 카베이로이 숭배와 관련하여 사모트라케섬이 중요한 위치를 차지하고 있었다는 점을 알려주며, 에페소스 박물관에 소장된 신전 유물들도 아마 그와 관련이 있으리라는 짐작을 하게 합니다.

실제로 에페소스 박물관에는 사모트라케섬의 신전 유물을 이해하는 데 도움이 될 만한 몇 점의 그림이 함께 전시되어 있습니다. 성역 상상도, 신전 상상도, 박공지붕 상상도 등이 그것인데, 그것들을 참고하여 카베이로이 숭배 신앙의 중심지였던 사모트라케의 위상을 이해할 수 있었으면 합니다.

아폭시오메노스

　사모트라케의 신전 유물을 다 보고 몇 개의 계단을 올라가면 여러 점의 조각품들이 전시된 공간이 나옵니다. 공간 구조로 볼 때 에페소스 박물관의 중앙에 해당하는 곳입니다. 그곳에는 대리석과 청동으로 제작된 작품들이 있는데, 한가운데에 놓여 있는 것은 젊은 남자를 표현한 청동 입상입니다. 아폭시오메노스Apoxyomenos라고 불리는 이 작품을 감상하여 봅시다.

　박물관의 중심에 놓여 있다는 것은, 작품의 가치나 의미 측면에서 가장 중요한 대접을 받는다는 뜻이 아닐까요. 아마도 에페소스 유적지에서 발견된 여러 점의 유물 중에서 이 작품은 각별한 가치를 인정받는 것으로 보입니다.
　그런데 혹시 바티칸 박물관을 가본 적이 있는 사람이라면, 이 조각상의 자세가 눈에 익다는 생각을 하게 될 것입니다. 바티칸 박물관의 벨베데레 정원에 비슷한 자세의 대리석 조각상이 있기 때문입니다.

　이 작품들은 공통적으로 운동선수를 표현했으며, 그중에서도 몸의 때(운동 경기 중 몸에 붙은 먼지 따위)를 밀고 있는 자세를 표현한 것입니다. 이런 유형을 아폭시오메노스라고 하는데, 이 말은 '긁어내는 사람'이란 뜻입니다. BC 4세기 무렵에 그리스의 조각가 리시포스Lysippos가 청동으로 만든 것이 원본인데 현재는 전하지 않고, 로마 시대에 청동이나 대리석으로 복제한 작품들이 여러 점 남아 있습니다. 에페소스 유적지에서 발견된 작품이나 바티칸 박물관에 있는 작품, 혹은 다른 박물관에 있는 작

에페소스 박물관의 아폭시오메노스　　　바티칸 박물관의 아폭시오메노스

품들은 모두 로마 시대의 복제품인 것입니다.

　리시포스는 고대 그리스 클래식기(그리스 미술의 절정기)의 후기에 활동한 조각가로, 작품의 숫자와 예술성 측면에서 탁월했다는 평가를 받는 사람입니다.

　고대 그리스의 수준 높은 문화를 선망했던 로마 사람들은 그리스의 예술품을 앞 다퉈 모방했습니다. 그 덕분에 많은 작품들이 지금까지 전해져 비록 원작은 아니지만 고대 그리스의 예술 수준을 가늠할 수 있는데, 리시포스의 아폭시오메노스 또한 그런 작품들 중의 하나인 것입니다.

　에페소스 박물관에 소장된 아폭시오메노스는 발견 당시 크게 손상된 상태였습니다. 그것을 복원하여 현재의 모습으로 만들어놓았음을 자료 사진을 통해 알 수 있습니다. 박물관 측이 자료 사신을 작품 옆에 나란히 세워 놓아 쉽게 이해할 수 있답니다.

아폭시오메노스의 복원 후와 복원 전 비교 사진

셀수스 도서관의 여신상

대부분 파괴된 상태로 남아 여행자의 마음을 쓸쓸하게 만드는 에페소스 유적지 중에서, 그나마 보존 상태가 양호한 곳을 꼽는다면 셀수스 도서관 파사드 부분일 것입니다. 2세기 초반에 세워진 이 건물은 로마 제국의 소아시아 총독이었던 율리우스 셀수스Julius Celsus의 아들 율리우스 아퀼라Julius Aquila가 학문을 사랑하던 아버지를 기리기 위해 세운 도서관으로 알려졌습니다. 전성기 때는 약 12,000여 권의 두루마리 장서를 보관했고, 알렉산드리아와 페르가몬에 있던 도서관과 더불어 고대 지중해 지역에서 세 번째로 큰 규모였다고 하는군요. 에페소스 유적지 안에 당시 도서관의 규모와 형태를 짐작할 수 있는 그림이 있으므로 참고삼아 보여드립니다.

규모도 규모지만, 셀수스 도서관은 아름다운 형태의 건물로 이름이 높았습니다. 현재 남아 있는 부분만 보아도 그 점을 충분히 알 수 있지요.

셀수스 도서관 상상도   셀수스 도서관의 파사드 부분

빈의 에페소스 박물관에서 셀수스 도서관에 대해 이야기하는 까닭은, 그곳에 있어야 마땅한 중요한 작품들이 에페소스 박물관에 있기 때문입니다. 셀수스 도서관의 건물 정면에 있었던 네 개의 조각상이 현재는 빈에 있고, 원래의 자리에는 복제품이 있답니다.

각 조각상은 건물 앞에서 바라보았을 때 가장 왼쪽부터 각각 지혜 Sophia, 덕성 Arte, 학문 Ennoia, 지식 Episteme을 의인화한 것입니다. 인류가 도서관에서 얻어야 할 덕목을 망라한 것이라고 할 수 있지요.

그 밖에도 건물을 장식하던 요소들을 떼어와 전시하고 있는데, 그 부분에서도 매우 섬세한 솜씨를 엿볼 수 있습니다.

에페소스의 셀수스 도서관 벽에 장식된 복제본 조각상

빈의 에페소스 박물관에 소장된 원본 조각상

에페소스의 헤르메스

터키의 에페소스 유적지에서는 병원과 약국 유적으로 알려진 곳에 남아 있는 부조를 통해 헤르메스를 만날 수 있습니다.

헤르메스는 그리스 신화 속에서 가장 다양한 역할을 수행한 신이었습니다. 올림포스산의 마당발, 혹은 올림포스산의 멀티 플레이어라고 해도 손색이 없을 정도로 각양각색의 일에 관여했으므로 항상 바빴습니다. 그는 제우스의 전령신이면서 여행자·상인·도둑·웅변가·발명가·거짓말쟁이의 수호신이기도 했으니 잠시도 편히 쉴 틈이 없었을 것 같습니다. 그는 페타소스(날개 달린 모자)와 탈라리아(날개 달린 샌들)를 착용하고 손에는 케리케이온(두 마리의 뱀이 감싸고 있는 지팡이)을 들고 있는 모습이 보편적인데, 이 중의 하나만 있어도 헤르메스로 봅니다. 또한 그는 크리오포레스Kriophores(양을 짊어진 자)라는 별칭도 갖고 있는데, 태어나던 날 아폴론의 소를 훔친 까닭에 목축의 신으로 여겨졌기 때문이지요. 에페소스 유적지의 '양을 데리고 있는 헤르메스'를 통해 그가 크리오포레스라고 불린 것을 확인할 수 있습니다.

빈의 에페소스 박물관에서 헤르메스 이야기를 하는 까닭은, 박물관의 유물 중에 헤르메스와 관련된 것이 몇 점 있기 때문입니다.

먼저, 머리에 페타소스를 쓴 헤르메스 두상이 있습니다. 비록 날개가 깨어져 일부만 남았지만 헤르메스가 분명합니다.

헤르마라고 불리는 옛 이정표는 마을과 마을의 경계를 표시하던 물건으로 헤르메스에게서 그 이름을 따왔습니다(혹은 그 반대로 헤르마에서

| 양을 데리고 있는 헤르메스 (병원 유적 앞) | 헤르메스의 상징 케리케이온 (약국 유적 앞) | 페타소스를 쓴 헤르메스 (에페소스 박물관) | 이정표 역할을 했던 헤르마 (에페소스 박물관) |

헤르메스란 이름이 나왔다고 보기도 함). 이것의 이름을 하필 헤르메스에게서 따온 까닭은 그가 여행자들의 수호신인 것과 관련이 있을 것입니다. 이정표라는 것이 본디 나그네들이 길을 짐작하는 데 유용한 물건이기 때문입니다.

마지막으로 헤르메스의 모습이 새겨진 등잔도 있습니다. 사소한 생활필수품에조차 그의 모습을 새겨 넣을 정도로 당시 사람들이 그를 사랑했다는 의미입니다.

헤르메스가 조각된 등잔

그렇다면 옛 에페소스 주민들이 다른 신들보다 유독 헤르메스를 사랑한 까닭은 무엇일까요. 아마도 그가 상업의 수호신인 것과 관련이 있지 않을까 생각합니다. 에페소스는 바다를 끼고 발달한 항구 도시로 지중해 연안의 물산이 집합하는 거대한 국제 시장이었다고 알려져 있기 때문입니다. 상업과 무역으로 융성한 도시에서 가장 중요하고 필요한 신은 아무래도 상업의 신이자 장사꾼들의 수호신인 헤르메스였을 것입니다. 에페소스 박물관에 그런 인식의 단편이 남아 있는 것이지요.

파르티아 원정 기념비 유물

　에페소스 박물관은 가장 놀라운 전시물을 맨 마지막에 보여줍니다. 웅장한 규모로 보나, 작품의 수준으로 보나, 단연 백미라고 할 수 있는 빼어난 유물이 바로 '파르티아 원정 기념비Parthian Monument' 부조로 전시실의 가장 안쪽에 있습니다. 로마 제국이 파르티아를 상대로 승리를 거둔 뒤, 자신들의 업적을 길이 남길 목적으로 세운 것이 바로 파르티아 원정 기념비입니다.

　먼저, 파르티아Parthia란 나라와 로마에 의한 파르티아 정벌에 관해 알아봅시다.
　파르티아는 현재의 이란 지역에 자리 잡았던 고대 왕국으로, 중국에서는 안식국安息國이라고 불렀습니다. 이는 아마도 왕조의 창시자인 아르사케스Arsakes의 이름을 따 아르사크 왕조라고 부른 것을 한자로 기록하는 과정에서 변형된 것으로 보입니다.

파르티아 원정 기념비 유물　　　　　　　　로마 제국과 국경을 맞댄 파르티아의 영역

파르티아는 당시 동서양의 양대 강국인 중국과 로마 사이에 끼어 문물 교류의 다리 역할을 했는데, 이 교역로가 훗날 실크로드로 발전합니다.

그런데 문제는 파르티아가 로마 제국과 국경을 마주하고 있다는 점이었습니다. 막강한 군사력을 앞세워 주변 국가들을 정복해나가던 로마 제국과 이웃하고 있다는 사실은 파르티아에게 몹시 괴로운 일이었습니다. 로마로부터의 잦은 침략을 피할 수 없었기 때문입니다.

파르티아 원정 기념비는 바로 그런 로마의 파르티아 침략과 관련이 있습니다.

로마의 황제 중에 루키우스 아우렐리우스 베루스Lucius Aurelius Verus란 인물이 있습니다. 그는 161년부터 169년까지 마르쿠스 아우렐리우스Marcus Aurelius와 함께 로마의 공동 황제로 재위했는데, 이 기간 중에 파르티아 원정 책임자로 출정했습니다. 파르티아는 226년에 사산 왕조의 공격을 받아 멸망하므로, 루키우스 베루스 군대의 침략으로 파르티아 왕조가 역사에서 사라지는 것은 아닙니다. 그렇지만 로마 입장에서는 큰 승리를 거뒀던 것으로 보입니다. 거대한 기념비를 세워 승리를 기록하고자 한 것을 보면 말입니다. 박물관에 함께 전시된 자료 그림을 보면, 파르티아 원정 기념비의 규모를 짐작할 수 있습니다.

파르티아 원정 기념비 상상도

로마 제국이 파르티아를 공격한 것은 루키우스 베루스 황제 때만은 아닙니다. 기록에 의하면 114년부터 크고 작은 전투가 자주 있었던 것으로 보이는데, 이 유물을 160년대의 전투를 기리는 것으로 보는 것은 부조의 내용 때문입니다. 바로 이 부분입니다.

로마 제국의 제14대 황제였던 하드리아누스Pablius Aelius Hadrianus는 자신의 후계자로 루키우스 아일리우스를 지명했지만, 그는 138년에 사망합니다. 그러자 하드리아누스는 다시 후계자로 안토니누스 피우스Antoninus Pius를 선정하면서, 그로 하여금 루키우스 베루스(루키우스 아일리우스의 아들)와 마르쿠스 아우렐리우스를 입양하도록 합니다. 장차 황제가 될 안토니누스 피우스의 아들로 입양된다는 것은, 그들 또한 훗날 황제가 될 가능성이 높아진다는 의미이지요.

안토니누스 피우스 황제(가운데)가 마르쿠스 아우렐리우스(왼쪽)와 루키우스 베루스(오른쪽 어린이)를 양자로 입양하는 장면

파르티아 원정 기념비에 안토니누스 피우스에 의한 루키우스 베루스와 마르쿠스 아우렐리우스의 입양 장면이 부조된 것은 그들 모두에게 중요한 의미를 갖는 사건이기 때문일 것이며, 이 기념비의 제작 연대를 가늠할 수 있는 단서가 됩니다. 부조를 보면 마르쿠스 아우렐리우스는 청년으로, 루키우스 베루스는 어린이로 묘사되어 있습니다. 이는 루키우스 베루스가 130년에 태어났고 마르쿠스 아우렐리우스는 121년에 태어났기 때문에 그렇게 표현한 것으로 보입니다.

그렇다면 로마 제국이 파르티아를 상대로 승리를 거둔 다음에 그것을 기념하는 건축물을 에페소스 지방에 세운 까닭은 무엇일까요. 아마도 루키우스 베루스 황제가 파르티아 원정 당시 에페소스 지역에 머물렀기 때문일 것입니다.

자, 그러면 파르티아 원정 기념비의 내용을 살펴봅시다. 승전을 기리는 건축물이었으니, 내용은 당연히 치열한 전투 장면과 승리를 축하하는 장면이 대부분입니다. 지금으로부터 거의 2,000년 전에 만들어진 것이라고 믿기 어려울 정도로 조각 솜씨가 빼어납니다. 눈여겨볼 필요가 충분히 있는 작품입니다.

치열한 전투 장면 | 부상당한 전사
승리의 여신 빅토리아와 함께 하는 황제의 개선 행렬 | 태양신이 끄는 마차를 탄 황제

알테 부르크 Alte Burg 4

　19세기에 새로 지은 왕궁을 노이어 부르크(신 왕궁)라 하고, 그 이전에 있던 왕궁은 알테 부르크 혹은 알테 호프부르크Alte Hofburg(구 왕궁)라고 합니다. 미하엘 광장과 헬덴플라츠 사이에 있는 건물군으로, 스위스 궁도 여기에 포함됩니다.
　스위스 궁을 등지고 선 상태에서 부르크플라츠Burgplatz(궁정 광장)를 둘러싸고 있는 건물들을 살펴보면, 왼쪽의 건물이 레오폴트 동Leopoldinischer Trakt입니다. 1600년대에 레오폴트 1세Leopold I의 명으로 건축되었기 때문에 그렇게 부르는데, 현재는 연방 대통령의 관저로 사용됩니다.

　정면으로 프란츠 1세의 동상이 보이고, 그 너머로 아말리엔부르크Amalienburg가 보입니다. 요제프 1세의 부인이었던 빌헬미네 아말리아Wilhelmine Amalia의 이름을 딴 건물로, 원래 있던 건물은 루돌프 1세(재위 1273~1291년)가 빈에 머물 때 사용하던 거처였다고 합니다. 물론 지금의 건물은 그 후 증축되고 개축된 것이지요. 지붕 상단에 돔이 있고, 그 아래에 천문시계가 설치된 것이 특징입니다.

오른쪽의 건물은 제국 수상 관저Bundeskanzleramt입니다. 오스트리아 제국 시절 수상의 집무실이 있던 곳이며, 현재도 수상의 공관으로 사용됩니다. 건물의 일부 공간은 한때 나폴레옹 2세의 거처로 사용되었으며, 프란츠 요제프 1세 부처가 사용하기도 했으므로 황제의 아파트먼트 Kaiserappartements라고도 합니다. 현재 시시 박물관과 은식기 박물관이 들어선 곳이 거기에 해당합니다.

부르크플라츠와 주변 건물

부르크플라츠의 프란츠 1세 기념상

부르크플라츠 중앙에 서 있는 청동상의 주인은 프란츠 1세(합스부르크 제국의 황제로서는 프란츠 1세, 신성로마제국의 황제로서는 프란츠 2세)입니다. 그는 나폴레옹 1세의 압력을 받아 신성로마제국의 황제에서 퇴위하였으며, 그를 계기로 신성로마제국은 역사에서 사라집니다. 나폴레옹 1세와 결혼하여 나폴레옹 2세를 낳은 오스트리아의 공주 마리 루이즈가 바로 프란츠 1세의 딸입니다.

동상을 잘 보면 황제는 로마의 전통 복장인 토가를 입고, 머리에는 월계관을 썼습니다. 전형적인 로마 제국 황제의 모습이지요. 이는 자신이 로마 제국을 계승한 신성로마제국의 황제라는 사실을 강조하기 위해 의도적으로 선택한 복장인 것입니다.

동상 기단부에는 학문Wissenschaft, 용기Heldentum, 예술Kunst, 축산Viehzucht, 농업Ackerbau, 광업Bergbau, 산업Industrie, 수공업 및 중소기업Handel und Gewerbe을 상징하는 부조가 새겨져 있습니다. 황제 자신이 다양한 분야에 걸쳐 업적을 쌓았다는 걸 강조하는 것입니다.

그리고 기념상의 네 모서리에 세워진 여인상은 각각 신앙Glaube, 자유Friede, 용맹Stärke, 정의Gerechtigkeit를 의인화한 것입니다.

기념상 하단 정면에 라틴어로 쓰여진 'Amorem meum populis meis'는 '나의 백성들에 대한 나의 사랑Meine Liebe meinen Völkern'이라는 뜻이라고 합니다.

프란츠 1세 기념상은 그가 세상을 떠나고 11년이 지난 뒤인 1846년 제막되었습니다.

프란츠 1세 기념상

호프부르크에서 가장 오래된
스위스 궁

　스위스 궁Schweizerhof, 혹은 스위스 동Schweizertrakt이라고 불리는 부분은 호프부르크에서 가장 오래된 건물로 알려져 있습니다. 13세기에 최초로 건축이 시작된 것으로 봅니다. 이곳을 스위스 궁이라고 하는 이유는, 스위스 출신의 용병들이 이곳에 머물렀기 때문입니다. 스위스의 용병은 용맹하면서 의리가 있어 중세 이후로 유럽 각국의 왕실 경호원으로 환영받았습니다. 현재도 바티칸 교황청은 오로지 스위스 출신만을 경호원으로 고용한다고 합니다.

　스위스 궁으로 들어가자면 붉은색과 검은색 대리석으로 된 스위스 문Schweizertor을 통과해야 하는데, 르네상스 양식의 이 문은 외양이 독특하고 아름답기도 하거니와 문 안쪽 천장의 그림도 눈여겨볼 만한 가치가 충분합니다.

　스위스 문을 통해 안으로 들어가면 오른쪽으로 계단이 보입니다. 빈 소년 합창단이 미사 때 합창을 하는 곳으로 유명한 왕실예배당 Hofburgkapelle으로 올라가는 계단입니다. 그리고 왕실예배당 아래층에는 제국 보물실이 있어 합스부르크 제국의 영화를 확인하고자 하는 여행자들의 발길이 이어집니다.

스위스 문 스위스 문 내부 천장화

스위스 궁

합스부르크 제국의 보물들이 전시된 제국 보물실

제국 보물실Schatzkammer, Imperial Treasury은 합스부르크 제국의 역대 황제들이 소유했던 각종 보물이 전시된 박물관입니다. 황제들의 복장과 관련된 유물, 종교적 물품, 보석류, 일상생활에서 사용된 물건 등, 종류가 다양합니다. 빈에 있는 여러 박물관 중에서도 합스부르크 제국의 영화를 짐작하기에는 가장 적절한 장소가 아닐까 합니다.

21개의 전시실 중, 16개는 황실 구성원들의 생활과 관련된 유물이 전시되어 있고, 나머지 5개는 종교적 성격의 유물이 전시되어 있습니다.

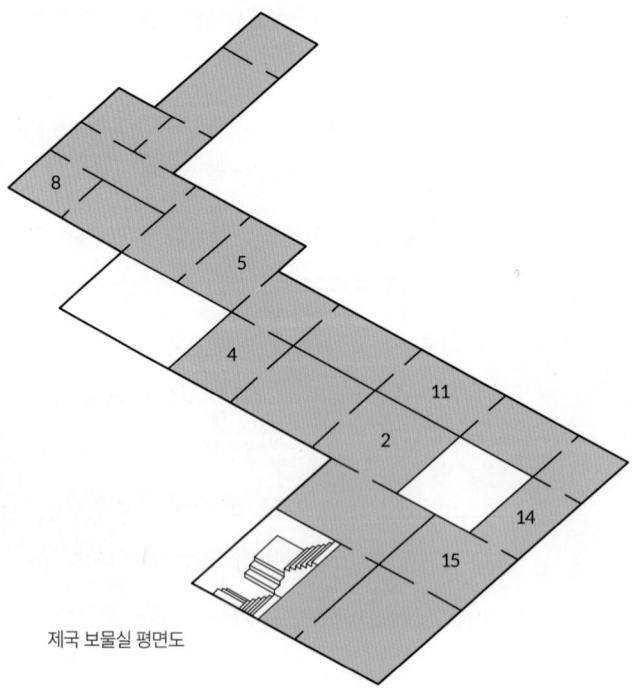

제국 보물실 평면도

제국 보물실에 전시된 각종 보물들

ROOM 2
신성로마제국의 황제 루돌프 2세의 흉상과 왕관 일습

제국 보물실의 2번 방에서는 신성로마제국의 황제였던 루돌프 2세의 흉상과 그의 왕관 일습(왕관, 보주, 홀)을 눈여겨볼 필요가 있습니다.

루돌프 2세는 헝가리와 보헤미아의 왕인 동시에 신성로마제국의 황제이기도 했습니다. 그는 신성로마제국의 황제로서는 예외적으로 빈이 아닌 프라하에서 거주했으며, 정치보다는 과학(점성술, 연금술, 천문학 등)과 예술 분야에 관심이 많았던 것으로 알려졌습니다. 그런 까닭에 프라하는 루돌프 2세 치하에서 문화적 황금기를 누릴 수 있었습니다.

그는 어린 시절, 외숙부인 스페인의 펠리페 2세에게 불려가 그곳에서 생활해야 했으므로 가톨릭 성향이 강했습니다. 그런데 당시 유럽 사회

루돌프 2세의 흉상   루돌프 2세의 왕관 일습

가 가톨릭(구교)과 신교의 갈등으로 몸살을 앓던 때라, 가톨릭 보호 정책을 편 그는 정치적으로 궁지에 몰리게 됩니다. 결국 신민의 지지를 잃은 그는 동생인 마티아스에게 실권을 빼앗기고 명목상의 신성로마제국 황제로 남아 프라하성에 유폐되었다가 세상을 떠납니다.

루돌프 2세의 예술적 취향을 알게 하는 초상화 한 점이 있습니다. 그가 후원했던 주세페 아르침볼도Giuseppe Arcimboldo가 그린 '베르툼누스Vertumnus'는 루돌프 2세를 정원과 과수원의 신 베르툼누스로 표현한 걸작입니다. 얼핏 보면 우스꽝스러운 모습으로 그려졌는데, 근엄하고 위풍당당한 모습으로 그려지기를 원하던 당시의 다른 통치자들과 달리, 자신의 모습이 괴기스럽게 표현된 초상화도 수용할 수 있었던 그는 예술에 대해 개방적 시각을 갖춘 인물이었습니다.

주세페 아르침볼도, '베르툼누스'(스웨덴 스코클로스터성 소장)

> 지식충전

신성로마제국, 국가인가 연맹체인가

빈은 현재 오스트리아의 수도이기도 하지만, 합스부르크 제국의 수도였던 곳입니다. 우리가 빈을 여행하는 까닭은 사실상 합스부르크 제국 당시의 문화유산을 보기 위함이지요.

그런데 합스부르크 제국의 황제들은 대개 신성로마제국의 황제를 겸임했습니다. 이것은 무엇을 의미하는 것일까요? 합스부르크 제국이 신성로마제국이라는 나라를 합병했던 것일까요? 아니면 신성로마제국과 합스부르크 제국이 특별한 동맹 관계에 있었던 것일까요? 이 문제를 생각해봅시다.

신성로마제국Holy Roman Empire은 동프랑크 왕국(현재의 독일 땅에 있던 중세 시대의 나라)의 국왕이던 오토 1세Otto I가 교황 요한 12세로부터 황제의 관을 받은 962년을 건국 원년으로 봅니다. 로마 귀족들로부터 위협받던 요한 12세가 오토 1세에게 도움을 요청했을 때, 오토 1세는 군대를 이끌고 가 교황을 구했으며 교회의 수호자가 될 것을 약속했습니다. 교황은 이에 대한 보답으로 오토 1세에게 황제의 관을 씌워준 것입니다. 이로써 동프랑크의 국왕 오토 1세는 이탈리아의 국왕을 겸하게 된 것이며, 이탈리아는 고대 로마 제국의 본거지였으므로 오토 1세는 로마 제국의 계승자임을 주장할 수 있게 되었지요.

신성로마제국은 이런 역사적 사실을 바탕으로 출발하며, 그 이름에는 '기독교에 기반하고(신성神聖) 고대 로마 제국을 계승한(로마) 위대하고 강력한 국가(제국)'란 뜻이 담겨 있습니다. 그러나 오토 1세 당시에는 신성로마제국이라는 용어를 사용하지 않았으며, 로마 제국(11세기)과 신성 제국(12세기)을 거쳐 13세기에야 비로소 신성로마제국이라는 용어가 등장합니다.

오토 1세로부터 출발한 까닭에 초기에는 독일을 지배하는 왕이 신성로마제국

신성로마제국의 상징인 쌍두 독수리. 독수리의 날개에 그려진 제후국들의 문장은 신성로마제국의 정체성을 짐작할 수 있게 한다.

의 황제를 겸했습니다. 신성로마제국 황제는 독일 선제후選帝侯(황제를 선출할 수 있는 자격을 가진 제후)들이 선거를 통해 선출했는데, 선출된 이에게 교황이 황제 관을 씌워주면 그가 신성로마제국의 황제가 되는 방식이었지요. 결국 신성로마제국의 황제는 여러 제후들 중에서 선출된 명목상의 지도자였을 뿐, 실질적인 권력은 자신의 영토를 가진 각각의 제후들에게 있었던 것입니다. 그러니까 굳이 신성로마제국을 하나의 나라라고 본다면 제후들의 영토를 모두 합친 거대한 제국이라고 할 수 있겠지만, 황제의 권력이 그 나라 전체에 미치는 것은 아니었습니다. 황제는 오직 자신의 영토 안에서만 권력을 행사할 수 있을 뿐이었습니다.

이것은 신성로마제국의 정체성을 설명하는 중요한 단서를 제공합니다. 즉, 신성로마제국은 독립된 하나의 나라가 아니라 여러 제후국들의 연맹체였으며, 황제는 실질적 권력을 갖고 통치하는 주체가 아니라 상징적인 존재에 불과했다는 뜻입니다.

참고로, 신성로마제국 황제를 선출할 수 있는 자격은 초기에는 모든 제후들에게 있었지만, 1356년 금인칙서金印勅書에 의해 7명의 제후(트리엘·쾰른·마인츠의 대주교와 보헤미아 왕·라인 궁중백宮中伯·작센-비텐베르크 공작·브란덴부르크 변경백邊境伯)로 한정하는 것이 명문화되었습니다.

맨 윗줄 중앙에 신성로마제국 황제가 앉아 있고, 그 왼쪽에는 성직선제후인 세 명의 대주교(왼쪽부터 트리엘, 쾰른, 마인츠 대주교)가, 오른쪽에는 네 명의 세속선제후(왼쪽부터 보헤미아 왕, 라인 궁중백, 작센-비텐베르크 공작, 브란덴부르크 변경백)가 있다. 그 아래에는 황제 선출 자격이 없는 기타 제후들이 있다.

그러면 독일 왕들이 겸하던 신성로마제국의 황제 자리는 언제 합스부르크 제국의 황제들에게 넘어오게 되었을까요.

신성로마제국 역사에 '대공위 시대大空位時代(1254~1273년)'가 있었습니다. 황제 선출과 관련해 제후들의 의견이 일치하지 않아 제위가 비었던 시기를 말합니다. 약 20년에 걸친 대공위 시대의 혼란을 끝내고 신성로마제국의 황제로 선출된 이가 바로 합스부르크 가문의 루돌프 1세Rudolf I (재위 1273~1291년)입니다. 이때만 해도 합스부르크 가문은 변방에 위치해 존재감이 미약했는데, 바로 그 점 때문에 제후들이 루돌프 1세를 황제로 선출한 것으로 보입니다. 강력한 황제가 등장하는 것을 서로 꺼렸던 것이지요.

루돌프 1세가 세상을 떠난 후 신성로마제국의 황제위는 다시 여러 가문을 전전하다가 룩셈부르크 왕조의 지기스문트Sigismund가 사망한 후 합스부르크 왕조의 알브레히트 2세Albrecht II에게 넘어오게 됩니다. 그 뒤 대대로 합스부르크 왕조에서 신성로마제국의 황제를 배출(아들을 두지 못하고 사망한 카를 6세 때문에 잠시 혼란이 있었던 시기를 제외하면)하다가 1806년에 나폴레옹 1세의 압력으로 프란츠 2세가 신성로마제국의 해체를 선언하면서 역사의 뒤안길로 사라지게 되었습니다.

신성로마제국은 볼테르가 했다는 말에 가장 정확한 진실이 담겨있는지도 모르겠습니다. 그는 이렇게 말했다고 합니다.

"신성하지도 않고, 로마도 아니며, 제국도 아니다."

ROOM 4
페르디난트 1세의 초상화와 옷

제국 보물실 4번 방에는 페르디난트 1세가 대관식 때 입었던 것으로 보이는 옷과, 그 옷을 입고 있는 황제를 그린 초상화가 있습니다.

페르디난트 1세Ferdinand I(재위 1835~1848년)는 프란츠 2세의 장남으로 태어났습니다. 장자 상속이 원칙이던 때였으니, 그는 태어나면서부터 후계자의 지위를 갖게 된 것입니다. 그러나 불행히도 허약한 체질에 정신적인 질병을 갖고 있어 제위를 물려받을 수 없는 상황이었습니다. 또한 페르디난트의 동생인 프란츠 카를Franz Karl도 병약하고 정치적 역량이 부족하다는 평가를 받았으므로, 당시 사람들은 프란츠 카를의 장남인 프란츠 요제프가 제위를 계승하기를 바랐다고 합니다. 프란츠 요

페르디난트 1세의 초상화   페르디난트 1세의 옷

제프는 건강한 데다가 정치적 야망이 컸던 어머니 조피 프리데리케Sophie Friederike가 아들에게 후계자 교육을 철저히 시켜 사람들의 신뢰를 받았던 것입니다.

그러나 프란츠 2세는 사망하기 전, 원칙에 따라 장남에게 황위를 물려주겠다고 합니다. 다만 새 황제가 제대로 된 통치를 할 수 없음을 그도 알았기 때문에 총리인 메테르니히가 섭정의 역할을 맡도록 조치를 취했습니다.

메테르니히는 완고한 보수주의자로 기존의 정치 체제를 굳게 고수했는데, 불행히도 그 당시 유럽은 격동의 시기로 변화하지 않으면 낙오할 수밖에 없었습니다. 결국 극단적 보수 정치에 반발한 시민들이 혁명을 일으켜 메테르니히는 망명하고, 페르디난트 1세는 준비된 후계자인 조카에게 양위하는데, 그가 바로 프란츠 요제프 1세Franz Joseph I입니다. 처음부터 신민들이 바라던 대로 프란츠 요제프 1세에게 황위가 넘어갔다면, 페르디난트 1세도 합스부르크 제국도 덜 고통스러웠을지 모르겠습니다.

ROOM 5
나폴레옹 2세의 요람

    5번 방에서 가장 눈길을 끄는 물건은 아기 요람입니다. 솜씨 좋은 장인이 만든 것이 분명한, 격조 높은 물건입니다. 보존 상태도 매우 양호합니다. 그런데 이 요람은 누가 사용한 것일까요? 요람 근처에 프랑스의 황제였던 나폴레옹 1세의 초상화가 걸려 있는데, 그가 사용한 것일까요? 사실은 나폴레옹 1세가 아닌, 그의 아들 나폴레옹 2세가 사용한 요람이랍니다. 나폴레옹 2세에 대해서는 그가 사망한 장소인 쇤브룬 궁전에서 설명하도록 하고, 여기서는 요람을 자세히 살펴보도록 하겠습니다.

    요람에서 먼저 눈에 띄는 것은 독수리 장식입니다. 빈을 여행하다 보면 쌍두 독수리를 흔히 보게 되는데, 이는 합스부르크 제국과 신성로마 제국의 상징이었지요. 나폴레옹 2세의 요람에 장식된 독수리도 그와 연관이 있지 않나 생각할 수 있습니다. 그러나 독수리는 나폴레옹 1세의

나폴레옹 2세의 요람과 나폴레옹 1세의 초상화   나폴레옹 2세의 요람을 옆에서 본 모습   요람에 장식된 독수리

같은 방에 전시된 독수리 문양의 금제 장식　　　　　나폴레옹 1세의 문장

문장에 사용된, 그의 상징이기도 했습니다. 특히 머리가 하나인 독수리는 합스부르크 제국의 상징인 쌍두 독수리와는 달리 나폴레옹 1세의 문장에 사용된 것과 동일하므로, 나폴레옹 2세의 요람에 보이는 독수리는 나폴레옹 1세와 연관 짓는 것이 옳을 것입니다. 같은 방에 독수리 문양으로 만든 금제 장식품이 있는데, 자세히 보면 나폴레옹 1세의 문장에 보이는 것과 비슷한 디자인임을 알 수 있습니다.

요람의 머리맡에는 승리의 여신 니케(로마 신화의 빅토리아)가 왕관을 들고 있는 모습이 보입니다. 아마도 요람에 누워 있는 아기의 머리에 씌워주려고 하는 것 같습니다. 요람의 아기가 장차 세계를 제패하는 인물이 되길 바라는 마음을 담은 것입니다.

왕관을 들고 있는
승리의 여신 니케

헤르메스의 도움을 받으며 아들을 돌보는 마리 루이즈

    요람의 몸통 벽에는 헤르메스의 도움을 받으며 아기를 돌보는 여인이 부조로 새겨져 있습니다. 아기는 요람의 주인인 나폴레옹 2세이고, 여인은 그의 어머니인 마리 루이즈로 보입니다.
    반대쪽에는 삼지창을 들고 있는 바다의 신 포세이돈(혹은 강의 신)의 모습이 보입니다. 나폴레옹 2세가 신들의 가호를 받으며 자라길 바라는 마음을 담은 것일 테지요.
    이처럼 호화스러운 요람에서 자란 나폴레옹 2세는 나중에 젊은 나이에 쓸쓸하게 죽었으니, 그에게는 어린 시절의 부귀영화가 다 소용없었던 것 같습니다.

ROOM 11
샤를마뉴의 초상화와 왕관 일습, 그리고 성창 조각

11번 방에서 눈여겨봐야 할 유물은 샤를마뉴Charlemagne와 관련된 것들입니다. 샤를마뉴의 초상화와 그가 사용했던 왕관, 보주, 검, 홀 등이지요. 전시된 물건들은 샤를마뉴의 초상화에 등장하는 것과 똑같은 것들이라 신기하다는 생각이 듭니다.

샤를마뉴는 유럽의 역사에서 중요한 인물입니다. 프랑스에서는 샤를마뉴라고 하지만 고프랑크어로는 '카를Carle'이라고 하고, 라틴어로는 '카롤루스Carolus'라고 합니다. 그는 프랑스뿐만 아니라 독일과 이탈리아 등 서로마 제국의 영토였던 곳에서 위대한 왕으로 추앙받습니다. 오스트리아 역시 과거 샤를마뉴가 지배한 영토에 속하기 때문에 제국 보물실에 그와 관련된 유물이 있는 것입니다.

샤를마뉴의 왕관과 초상화

샤를마뉴의 왕관
샤를마뉴의 검과 홀, 보주

　게르만족의 이동으로 인해 로마 제국이 무너진 뒤, 지금의 서유럽 땅에는 프랑크 왕국이 들어섰습니다. 프랑크 왕국의 궁재宮宰(메로빙거 왕조 당시 신하로서는 최고위직)였던 카를 마르텔은 왕을 능가하는 권력을 행사하며 세력을 넓혔고, 그의 아들 피핀 3세는 쿠데타를 일으켜 메로빙거 왕조의 마지막 왕 힐데리히 3세Childerich III를 폐위시키고 스스로 왕위에 올랐습니다. 메로빙거 왕조가 문을 닫고, 새로이 카롤링거 왕조가 들어선 것입니다.

　샤를마뉴는 피핀 3세의 아들로 동생과 함께 공동으로 왕위에 올랐다가 동생이 죽자 단독으로 왕권을 행사했습니다. 그는 탁월한 정복 군주로서 서유럽 대부분의 땅을 차지했고, 로마 교황청의 지지를 받아 서로마 제국의 황제로 등극합니다. 그는 동로마 제국(비잔틴 제국), 이슬람 제국과 대립적 관계였던 로마 교황청을 든든히 지켜주는 수호자 역할을

바티칸 박물관 라파엘로의 방 중 '보르고 화재의 방' 벽에 그려진 샤를마뉴의 대관식 장면   샤를마뉴의 보주

했습니다. 가톨릭 문화권에서 특히 그를 위대한 인물로 여기는 데는 이러한 종교적 이유도 있을 것입니다. 바티칸 박물관의 '보르고 화재의 방'에 샤를마뉴의 대관식 장면을 그린 벽화가 있는 것도 같은 이유일 거라고 생각합니다.

샤를마뉴가 왼손에 들고 있는 물건에 대해 간단히 설명하겠습니다. 둥근 공 모양의 물체 위에 십자가가 얹힌 형태의 이 물건은 라틴어로 '글로부스 크루키게르Globus cruciger'라고 부르는데, 한자어로는 보주寶珠라고 합니다. 여기서의 둥근 공은 지구를 나타내며, 우리가 사는 세상을 의미합니다. 그리고 십자가는 기독교의 상징물로 예수를 뜻하지요. 그러니까 왕이나 황제가 들고 있는 이 물건은 예수로부터 통치권을 부여받은 정통성 있는 왕이라는 주장인 것입니다.

성창 조각(왼쪽 아래)

11번 방에는 샤를마뉴와 관련된 매우 중요한 종교적 유물이 있습니다. 바로 성창聖槍 조각입니다.

성창은 예수가 십자가에 못 박혔을 당시, 로마 군대의 백부장이었던 롱기누스가 예수가 죽었는지 확인하기 위해 옆구리를 찌른 창을 말합니다. '롱기누스의 창'이라고도 하지요.

성창은 예수의 피가 묻었다는 이유로 신성하게 여겨졌고, 그것을 손에 넣는 자는 세상을 얻는다는 전설이 따라붙게 되었습니다.

롱기누스의 창을 맨 처음 얻는 이는 콘스탄티누스 대제로, 아마도 그는 어머니 헬레나로부터 그것을 넘겨받았을 겁니다. 예루살렘에 있던 성창을 로마로 가져간 이가 바로 헬레나라고 알려졌기 때문입니다.

콘스탄티누스 대제가 소유했던 롱기누스의 창은 카를 마르텔을 거쳐 그의 손자인 샤를마뉴에게 전해졌다고 합니다. 샤를마뉴의 유물이 전시된 방에 성창 조각이 함께 전시된 이유는 아마도 그런 인연이 있기 때문으로 보입니다. 샤를마뉴는 롱기누스의 창을 가지고 있는 동안에는 전쟁마다 승리를 거뒀는데, 실수로 창을 떨어뜨린 후 전사했다는 전설 같은 이야기가 전하기도 합니다.

제국 보물실에 소장된 성창은 과학적 방법으로 제작 연대를 측정해 본 결과 7세기경에 만들어진 것이라 예수 사망 당시의 진품이 아니라는 판명이 났지만, 그래도 사람들은 각별한 관심을 갖고 이 유물을 본답니다.

ROOM 14
막시밀리안과 부르고뉴의 마리

14번 방은 막시밀리안과 부르고뉴의 마리와 관련된 유물이 전시되어 있습니다. 그들이 결혼하게 된 이유와 과정은 뒤('정략결혼으로 이룬 거대 제국, 합스부르크')에서 다시 설명하고, 여기서는 그들의 결혼 이후에 일어난 일에 대해 알아보겠습니다.

정략적 필요에 의해 맺어진 부부가 금슬까지 좋기는 어려운데, 부르

14번 방에 소장된 막시밀리안의 초상화(왼쪽)와 부르고뉴의 마리의 초상화

고뉴의 마리는 자신이 선택한 막시밀리안을 진정으로 사랑했다고 합니다. 프랑스의 야욕으로부터 자신의 영지를 지켜준 남편에 대한 고마운 마음도 있었겠지만, 막시밀리안의 인물이 준수하고 성품이 매력적이었던 것도 중요한 이유가 된 듯합니다.

그러나 금슬 좋은 두 부부는 뜻밖의 사고로 사별하게 됩니다. 승마를 좋아했던 마리가 낙마 사고로 세상을 떠난 것입니다. 그때 그녀의 나이 25세였으니, 막시밀리안의 슬픔이 컸을 것입니다. 그는 죽은 아내를 기억하기 위해 초상화를 그리도록 했는데, 그런 이유로 젊은 마리의 초상화가 다수 남아 있습니다.

그들은 짧은 결혼 생활 중 1남 1녀를 두었습니다. 정략결혼으로 제국의 기틀을 마련한 막시밀리안은 자신의 자녀들 또한 제국의 영토를 확장시키는 도구로 활용합니다. 즉, 장남 펠리페는 스페인 왕실의 공주 후아나와 결혼시키고, 공주 마르게리타는 후아나의 오빠인 후안과 결혼시킨 것입니다. 두 왕실의 필요에 의한 것이었지만, 이 결혼은 결과적으로 합스부르크 제국의 세력을 키우는 계기가 됩니다. 후안이 후사를 두지 못한 채 사망함으로써 스페인 왕국의 상속권은 후아나에게로 넘어갔고, 다시 펠리페와 후아나가 사망한 뒤에는 그들의 아들인 카를로스 5세가 부모의 유산을 상속받았으니, 결과적으로는 막시밀리안의 손자가 합법적으로 스페인까지 차지하게 된 것입니다. 유럽 변방의 약소국이었던 합스부르크 왕조가 몇 번의 결혼을 거치는 동안 거대 제국으로 변한 것입니다.

> 지식충전

정략결혼으로 이룬 거대 제국, 합스부르크

1519년, 합스부르크 왕조의 막시밀리안 1세Maximilian I가 세상을 떠났습니다. 그의 아들 펠리페 Felipe가 1506년에 사망했기 때문에 왕위는 장손인 카를로스에게 전해졌지요.

할아버지로부터 신성로마제국의 황제위와 합스부르크의 왕위를 물려받았을 때 카를로스(스페인 왕으로는 카를로스 1세, 신성로마제국의 황제로는 카를 5세)는 동서로는 오스트리아에서 스페인까지, 남북으로는 이탈리아에서 네덜란드에 이르는 드넓은 영토를 차지한 명실상부한 대제국의 황제가 되어 있었습니다. 게다가 지중해 너머의 아프리카 땅 일부와 대서양 밖의 아메리카 대륙도 그의 차지였지요. 한 사람이 어떻게 그토록 넓은 영토의 주인이 될 수 있었을까요? 비밀은 그의 선대에서 이루어진 정략결혼에 있습니다.

카를로스 5세가 상속받은 유럽 대륙의 땅. 스페인의 식민지인 아메리카는 별도이다.

카를로스 5세의 문장. 쌍두 독수리의 몸에 그려진 수많은 문장들이 그가 상속받은 방대한 영토를 대변한다.

먼저 카를로스의 친가 쪽 이야기부터 알아봅시다.

부르고뉴 지방(현재의 베네룩스 3국 주변)을 다스리던 샤를 공에게는 아들이 없었습니다. 그래서 그가 사망했을 때 그의 영지는 외동딸인 마리(부르고뉴의 마리Mary of Burgundy, Marie de Bourgogne)

에게 상속되었지요. 부유한 부르고뉴 지방을 상속받은 마리는 '부귀공 마리(부유한 마리)'라고 불리며 유럽 왕실마다 탐내는 신붓감이 되었습니다.

마리를 차지하기 위해 저돌적으로 행동을 취한 나라는 프랑스였습니다. 루이 11세는 자신의 아들인 샤를 왕자와 마리를 결혼시키기 위해 발 빠르게 움직였습니다. 문제는 마리의 나이는 20세인 데 비해 신랑감은 7세였다는 점이지요.

마리는 꼬마 신랑을 맞을 생각이 없었습니다. 그래서 합스부르크 왕가의 막시밀리안에게 비밀리에 사람을 보내 결혼하고 싶다는 뜻을 전합니다. 막시밀리안으로서는 거절할 이유가 전혀 없는 청혼이었지요.

막시밀리안은 프랑스의 감시를 받고 있는 마리를 목숨 걸고 구해내 결혼합니다. 두 사람의 금슬은 매우 좋았다고 하지만, 마리가 25세의 젊은 나이에 낙마 사고로 세상을 떠나고 맙니다. 두 사람은 슬하에 1남 1녀를 두었는데, 펠리페와 마르가리타가 그들입니다.

사랑하는 마리의 죽음으로 막시밀리안은 깊은 슬픔에 빠졌지만, 마리가 상속받았던 부르고뉴 지방은 합법적으로 합스부르크 가문의 것이 됩니다. 막시밀리안과 마리는 카를로스에게 할아버지와 할머니가 되지요.

카를로스의 외가인 스페인에서도 비슷한 결혼이 있었습니다.

카스티야 왕국의 후안 2세에게는 첫 번째 부인에게서 낳은 아들 엔리케와 두 번째 부인에게서 낳은 딸 이사벨이 있었습니다. 후안 2세가 세상을 떠난 뒤 엔리케가 왕이 되지요.

정치적 기반이 허약했던 엔리케 4세는 이복누이인 이사벨을 포르투갈의 아폰수 5세에게 시집보내려 합니다. 결혼동맹을 통해 정치적 도움을 받으려는 속셈이었지요.

그러나 이사벨은 이복오빠의 정치적 이득을 위해 40세의 홀아비 왕에게 시집갈 생각이 없었습니다. 그녀는 이웃 나라인 아라곤 왕국의 페르난도 왕자에게 비밀리에 사람을 보내 청혼합니다. 카스티야에 비해 국력이 약했던 아라곤의 페르난도에게 이것은 매우 기쁜 일이었지요. 페르난도는 엔리케 4세의 감시망을 뚫고 이사벨을 만나 비밀리에 결혼식을 올립니다.

엔리케 4세의 뒤를 이어 이사벨이 등극하자 카스티야 왕국과 아라곤 왕국은 하나로 통합됩니다. 그들은 사랑으로 결혼했지만, 아라곤 왕국의 후신인 카탈루냐 지방에서는 현재 독립을 원해 스페인의 뜨거운 감자가 되고 있답니다.

페르난도와 이사벨은 카를로스에게 외할아버지와 외할머니가 됩니다.

프랑스를 견제할 필요가 있던 스페인 왕실과 합스부르크 왕실은 정략결혼을 통해 손을 잡기로 합니다. 그리하여 두 왕실은 겹사돈을 맺는데, 막시밀리안의 아들 펠리페는 페르난도의 딸 후아나와 결혼하고, 페르난도의 아들 후안은 막시밀리안의 딸 마르가리타와 결혼하기로 한 것이지요.

후안은 후손을 두지 못하고 일찍 사망하고, 펠리페는 두 아들을 낳는데, 장남이 바로 카를로스입니다. 펠리페는 자신의 아버지 막시밀리안으로부터 합스부르크 왕실이 다스리던 영토를 물려받고, 어머니인 마리로부터는 부르고뉴 지방을 물려받게 되어 있었으나 아버지보다 먼저 죽음으로써 아들인 카를로스가 대신 상속받은 것입니다.

스페인 왕실의 경우 왕위 계승권자인 후안이 후손을 두지 못하고 사망하고, 장녀인 이사벨은 포르투갈 왕 마누엘과 결혼하여 아들 미겔을 낳았으나 모자母子가 함께 일찍 죽는 바람에 부모로부터 모든 것을 상속받은 것은 차녀인 후아나였습니다. 그녀는 카를로스의 어머니이지요.

후아나는 아버지 페르난도로부터는 아라곤 왕국과 나폴리·시칠리아·세르데냐 등의 이탈리아 영토를, 어머니 이사벨로부터는 카스티야 왕국 및 아프리카와 아메리카의 식민지를 물려받았습니다. 다만, 그녀는 '광녀狂女 후아나'란 별칭으로 불릴 정도로 정신이 온전하지 못했기 때문에 실질적인 통치 행위를 하지 못하고 아들인 카를로스에게 자신이 상속받은 것을 고스란히 물려주었던 것입니다.

이렇게 하여 카를로스가 왕위에 올랐을 때는 친가와 외가로부터 물려받은 영토만으로 거대한 제국을 이루었으니, 합스부르크 제국을 '정략결혼으로 이룬 거대 제국'이라고 불러도 과장된 말이 아닐 것입니다.

ROOM 15
황금양모기사단의 설립과 의미

 15번 방은 황금양모기사단과 관련된 유물들이 집중적으로 전시되어 있습니다. 유물들을 살펴보면 공통적으로 황금으로 된 양이 장신구의 끝에 매달려 있는 것을 알 수 있습니다.

 황금양모기사단은 1430년에 부르고뉴의 공작 필리프 3세와 포르투갈의 공주 이사벨라의 결혼을 축하하기 위해 설립된 기사단입니다. 처음에는 필리프 3세가 단장을 맡고, 그 아래에 23명의 귀족 가문 자제들이 기사단의 단원이 되었습니다. 로마 가톨릭교를 수호하고 기사도의 전통적 관례를 지키기 위한 목적으로 설립된 이 기사단은 엄격한 자격

황금양모기사단의 상징인 황금 양이 매달려 있는 장신구들

제한을 지킴으로써 권위를 유지하려 했습니다. 부르고뉴 사람들에게는 매우 명예로운 단체였던 것입니다.

그런데 아버지인 필리프 3세로부터 황금양모기사단의 단장 자리를 물려받은 부르고뉴의 공작 샤를이 외동딸 마리를 남기고 세상을 떠남으로써 황금양모기사단은 주인이 바뀌게 됩니다. 여자인 마리가 기사단의 단장을 맡을 수 없어, 그녀의 남편인 막시밀리안이 대신 승계했기 때문입니다. 이 말은 황금양모기사단이 이때부터 부르고뉴 공국이 아닌 합스부르크 왕국에 속하게 되었다는 의미입니다. 제국 보물실의 14번 방(막시밀리안과 마리의 유물이 전시된 방) 옆에 황금양모기사단 관련 유물이 전시된 까닭이 거기에 있습니다.

막시밀리안은 손자인 카를로스 5세에게 합스부르크 왕가의 왕위를 물려주면서 황금양모기사단의 단장 자리도 함께 물려줍니다. 그리고 카를로스 5세는 아들인 스페인 왕 펠리페 2세에게 그 자리를 물려주었으므로 이때부터 황금양모기사단의 단장 자리는 스페인 합스부르크 왕가로 넘어가 대물림되었지요.

그런데 1700년에 스페인 합스부르크 왕조의 왕위 계승자가 없는 상태에서 카를로스 2세가 사망하자 문제가 생깁니다. 스페인 왕위 계승 전쟁 끝에 프랑스 부르봉 왕조 출신의 펠리페 5세가 스페인의 왕이 된 것입니다. 그러자 그동안 스페인 합스부르크 왕가의 왕이 맡아오던 기사단 단장 자리를 부르봉 왕가 출신인 스페인의 왕 펠리페 5세가 맡는 것이 옳은가, 아니면 합스부르크 왕가 출신이되 스페인의 왕이 아닌 오스트리아의 황제 카를 6세가 맡는 것이 옳은가 하는 문제로 분쟁이 일어납니다. 결국 두 나라는 각자 황금양모기사단을 유지하는 쪽으로 결론을 내어 현재에 이르고 있습니다.

왕실예배당

제국 보물실 위층에는 왕실예배당Burgkapelle(혹은 Hofburgkapelle)이 있습니다. 제국 보물실과 함께 볼 수 있으면 좋을 텐데, 항상 개방하는 것이 아니라서 시간을 맞추기가 쉽지 않습니다.

왕실예배당 자체는 규모가 크거나 내부 장식이 특별히 아름답지는 않습니다. 빈에 있는 기독교 관련 시설 중에서는 아담하고 조촐한 편이지요. 물론 '왕실예배당'이라는 이름 그대로 합스부르크 왕조의 구성원들을 위한 전용 예배당이었으니 의미가 가볍지는 않지만, 건물 자체만으로 관심을 끌 만한 정도는 아니라는 뜻입니다.

그럼에도 불구하고 이곳이 사람들의 주목을 받는 이유는, 일요일 오전 미사 때 빈 소년합창단이 부르는 아름다운 합창을 들을 수 있기 때문이지요.

왕실예배당 입구   왕실예배당 내부

1498년에 막시밀리안 1세가 설립한 빈 소년합창단은 모차르트와 슈베르트가 단원이었고, 안토니오 살리에리가 음악 감독을 맡았으며, 안톤 부르크너가 오르간 반주자로 활동한 적이 있을 정도로 유서 깊고 권위 있는 합창단입니다. 외국 순회공연 등을 통해 명성을 얻었지만, 막시밀리안 1세가 합창단을 만든 본래의 목적은 왕실예배당에서 진행되는 왕실 가족의 미사 때 성가를 부르도록 하는 것이었다고 합니다. 그 전통이 지금까지 유지되고 있는 것입니다.

기독교 관련 시설인 왕실예배당은 종교적인 이유보다 음악적인 이유로 더 주목을 받는 드문 사례입니다.

미하엘 동 Michaelertrakt ⑤

제국 수상 관저와 스페인 승마학교를 연결하는 건물이 바로 미하엘 동입니다. 미하엘 동 앞에는 미하엘 광장이 펼쳐져 있고, 건물 안에는 시시 박물관과 은식기 박물관이 들어서 있습니다.

미하엘 동

이 건물은 돔 지붕과 벽면의 다양한 조각 장식을 보면 알 수 있듯이 전형적인 바로크 양식의 건물이지요. 건축에 있어서의 바로크 양식은 베르사유 궁전 같은 왕궁이나 대저택, 혹은 바티칸의 성 베드로 대성당 같이 규모가 큰 교회 건물에서 볼 수 있는데, 대체로 웅장하고 엄숙한 느낌을 줍니다. 건물을 통해 권세와 위엄을 과시하려는 의도가 엿보이는 건축 양식이라고 할 수 있습니다. 미하엘 동은 알테 호프부르크로 들어가는 관문 역할을 하는 건물이었으니, 합스부르크 왕가의 권위를 백성들에게 보여주기 위해 바로크 양식을 채택한 것으로 보입니다.

미하엘 동을 짓기로 한 것은 마리아 테레지아의 아버지인 카를 6세입니다. 그는 1725년에 요제프 에마누엘 피셔 폰 에어라흐Joseph Emanuel Fischer von Erlach에게 제국 수상 관저와 스페인 승마학교를 연결하는 건물의 설계를 의뢰했는데, 두 건물 사이에 궁정극장Burgtheater이 있어 공사 진행이 어려웠다고 합니다. 궁정극장은 1782년에 모차르트의 오페라 〈후궁 탈출〉이 초연된 곳이지요.

결국 미하엘 동이 완성된 것은 한참 뒤의 일로, 1889~1893년에 페르디난트 키르슈너Ferdinand Kirschner가 설계를 변경하여 미하엘 동을 완성하였다고 합니다.

알테 부르크의 입구, 미하엘 문

링슈트라세 쪽에서 호프부르크로 들어가는 문이 부르크토르라면, 미하엘 광장Michaelplatz 쪽에서 들어가는 문은 미하엘 문Michaelertor입니다. 부르크토르는 노이어 부르크의 정문이라고 할 수 있고, 미하엘 문은 알테 호프부르크의 정문이라고 할 수 있습니다. 합스부르크 제국의 영화를 증명이라도 하듯, 매우 웅장한 면모를 갖추고 있는 문입니다.

미하엘 문은 입구의 헤라클레스 상이 눈길을 끕니다. 광장 쪽에서 바라보았을 때 왼쪽부터 괴물 뱀 히드라를 퇴치하는 헤라클레스, 아마존의 여왕 히폴리테의 허리띠를 빼앗는 헤라클레스, 프로메테우스를 풀

미하엘 문과 헤라클레스 상

어주는 헤라클레스, 저승의 개 케르베로스를 끌고 오는 헤라클레스입니다.

미하엘 문을 통과하여 안으로 들어가면 부르크 광장Burgplatz이 나옵니다. 광장 쪽에서 제국 수상 관저를 바라보면, 거기에도 헤라클레스와 관련된 조각상이 있습니다. 왼쪽이 크레타의 미친 황소와 네메아의 사자를 퇴치하는 헤라클레스이며, 오른쪽이 카쿠스와 안타이오스를 죽이는 헤라클레스입니다.

미하엘 교회

미하엘 교회Michaelerkirche는 드높이 치솟은 고딕 양식의 첨탑과 흰색 외양 때문에 금세 알아볼 수 있는데, 정문 위에 악천사를 무찌르는 대천사 미하엘(미카엘)의 조각상이 설치되어 있어 교회 이름이 어디서 비롯되었는지를 알 수 있게 합니다.

현재의 자리에 교회가 들어선 것은 1221년의 일로, 바벤베르크 왕가의 열한 번째 통치자인 레오폴트 6세Leopold VI가 봉헌한 교회가 시초라고 합니다. 물론 그 뒤로 여러 차례 개축과 증축이 이루어졌지만, 꽤 오랜 역사를 갖는 교회인 것이지요. 호프부르크 주변에 있는 교회들은 주로 왕실에 속한 사람들을 위한 것으로, 미하엘 교회 또한 왕실 부속 교회였습니다.

미하엘 교회　　　　　　　　　악천사를 무찌르는 대천사 미하엘

교회 안으로 들어가면 제일 먼저 중앙 제단 쪽에 시선이 갑니다. 제단 벽 맨 위에 있는 눈이 그려진 삼각형은 세상을 꿰뚫어 보는 신의 눈, 즉 '섭리의 눈Eye of Providence'입니다. 그 아래로는 악천사를 무찌르는 대천사 미하엘이 보이는데, 악천사들이 반란을 일으켰을 때 천상 군대를 지휘하여 무찌르는 모습을 표현한 것으로 보입니다.

제단에서 주목해 볼 부분은, 두 천사가 받들고 있는 성모자 이콘화입니다. 이는 기독교 초기 성화 양식을 따른 것으로, 동방정교회 쪽에서는 아직도 이런 양식의 성화를 고수합니다. 성모자의 자세로 볼 때, '호디기트리아Hodigitria(길의 인도자 성모)'로 보입니다. 그리고 제단 왼쪽에는 순교자 성 세바스찬이 보이는데, 그의 손에 들린 화살은 그가 화살을 맞고 순교했음을 알려주는 표지標識입니다.

그 밖에 교회 안에서 눈여겨볼 만한 것으로는 모차르트 관련 명판이 있습니다. 모차르트가 세상을 떠난 지 5일 뒤인 1791년 12월 10일에 모차르트를 위한 추도미사가 이 교회에서 열렸는데, 그때 모차르트가 작곡한 진혼곡이 처음으로 연주되었다는 내용이 적힌 명판이 교회 입구 쪽 벽에 부착되어 있는 것입니다.

죽은 자의 영혼을 저울에 달고 있는 대천사 미하엘이 그려진 벽화도 재미있습니다. 저울을 들고 있는 미하엘 좌우로 악마와 성모자가 있어, 그의 판단에 따라 죽은 자가 천당으로 갈지 지옥으로 갈지 결정됨을 알 수 있습니다. 기독교에서는 최후의 심판 때 미하엘이 죽은 자의 영혼을 저울에 달아 판단한다는 믿음이 있으므로 그의 이름을 딴 교회 벽에 관련 그림을 그려놓은 것입니다.

미하엘 교회 중앙 제단 / 세상을 꿰뚫어보는 섭리의 눈 / 악천사를 무찌르는 대천사 미하엘 / 두 명의 천사가 받들고 있는 성모자 이콘 / 중앙 제단 왼쪽의 성 세바스찬 / 모차르트 관련 명판 / 죽은 이의 영혼을 저울에 다는 미하엘이 그려진 벽화

    미하엘 광장을 떠나기 전에 건축가 아돌프 로스Adolf Loos가 설계한 유명한 건물을 살펴봅시다.
    미하엘 놈을 능지고 선 채 미하엘 교회 왼쪽을 바라보면, 주목할 만한 건축물이 한 채 있습니다. 현대를 사는 우리에게는 다소 평범하게 보

1장 **호프부르크**

이는 외양의 이 건물은, 건축 당시(1910년) 많은 비난을 받았던 로스 하우스Loos Haus입니다. 비난의 이유는, 지나치게 장식을 생략했다는 점이었지요.

화려하고 정교한 장식이 건물의 품격을 높여준다고 여기던 시대의 사람들에게 아무런 장식이 없는 밋밋한 건물은 수긍하기 어려웠던 것입니다. 특히 웅장하고 권위적인 바로크 양식의 미하엘

당시의 상식에 부합하는 장식이 많은 건물(왼쪽)과 과감하게 장식을 생략한 로스 하우스(오른쪽)

동 앞에 장식이 전혀 없는 건물을 세운다는 것은 황실에 대한 도전으로 받아들여져 건축 당시 많은 반발을 불렀다고 합니다. 여러 차례 민원이 제기되어 공사가 중단될 지경에 이르자 결국 아돌프 로스는 창문에 화분받이를 설치하는 것으로 타협했다고 하지요.

브르노Brno(현재는 체코에 속한 도시이지만, 당시는 오스트리아-헝가리 제국에 속했음)에서 태어난 아돌프 로스는 독일 드레스덴에서 건축을 공부한 뒤 미국으로 건너갔습니다. 거기서 그는 미국식 마천루를 보고 충격을 받았으며, 귀국한 후 과시적인 장식으로 뒤덮인 건축물을 비난하는 글들을 발표합니다. 1910년에 발표된 그의 저술 『장식과 범죄Ornament und Verbrechen, Ornament and Crime』에는 장식 예술을 아예 범죄로 취급하는 그의 관점이 잘 드러나 있습니다.

그러니까 현대인의 눈에 평범해 보이는 로스 하우스는 진부한 관습과 권위적인 질서에 도전했던 그의 건축 철학이 잘 반영된 작품이자, 그를 혁신적인 근대 건축가로 이름나게 한 유명한 작품인 것입니다.

지식충전

오스트리아의 연인 시시, 그녀는 누구인가

미하엘 문을 들어서면 돔 천장 아래의 둥근 공간이 나옵니다. 그곳에서 오른쪽으로 들어가면 은식기 박물관Silberkammer과 시시 박물관Sisi Museum이 나오고, 왼쪽으로 들어가면 스페인 승마학교Spanische Hofreitschule가 나오지요. 시시 박물관은 프란츠 요제프 1세의 황후였던 엘리자베트와 관련된 자료를 전시하고 있는데, 사진 촬영이 금지되는 곳이므로 딱히 보여드릴 만한 자료가 없습니다. 그래서 시시Sisi라는 애칭으로 불리는 엘리자베트 황후Empress Elisabeth of Austria에 대해 알아보는 것으로 대신하려 합니다.

애초에 프란츠 요제프 1세와 결혼하기로 내정된 사람은 엘리자베트가 아니라, 그녀의 언니 헬렌이었다고 합니다. 그런데 자매의 어머니가 헬렌을 프란츠 요제프 1세에게 소개하기 위해 갈 때, 헬렌이 적적해 할까 봐 엘리자베트를 함께 데려간 것이 자매의 운명을 바꾸어놓았습니다. 프란츠 요제프 1세가 헬렌이 아닌 엘리자베트에게 반했기 때문입니다. 엘리자베트가 당대 유럽 왕실의 여인들 중에서 가장 아름다웠다는 평을 들을 정도로 미모가 빼어난 데다가 명랑하고 순수한 성격이어서 황제의 마음을 사로잡은 것입니다.

엘리자베트의 이모이기도 했던 프란츠의 어머니 조피 프리데리케는 엘리자베트가 마음에 들지 않았지만, 아들이 고집하자 어쩔 수 없이 둘의 결혼을 허락하게 됩니다. 어차피 정략적 이유로 친정 조카를 며느리로 삼으려고 한 것이니 언니든 동생이든 상관없다는 생각이었지요.

미하엘 문과 시시 박물관 입구   엘리자베트의 초상화

1장 호프부르크

프란츠 요제프 1세와 엘리자베트 | 프란츠 요제프 1세의 가족. 왼쪽으로부터 시시, 둘째 딸 마리아 발레리 공주, 프란츠 요제프 1세, 루돌프 황태자. 오른쪽은 프란츠 요제프 1세의 동생과 그의 가족들

엘리자베트에게 한눈에 반한 프란츠 요제프 1세는 부인을 무척 사랑했다고 합니다. 그녀가 죽은 뒤에도 자신의 사랑이 변함없다고 고백할 정도로 황제는 황후를 진심으로 아꼈습니다. 엘리자베트 또한 자신을 사랑해주는 황제가 좋았으므로 신혼 초에는 별문제가 없었던 것으로 보입니다. 그러나 시간이 지나면서 여러 가지 문제가 둘 사이에 끼어듭니다. 처음부터 엘리자베트를 탐탁잖아 했던 조피의 냉정한 시어머니 노릇이 엘리자베트를 힘들게 합니다. 게다가 제국의 황제인 프란츠는 격무에 시달리느라 자신의 사랑을 표현할 시간이 없었고, 엄격한 황실 분위기는 자유분방한 성격의 엘리자베트에게 맞지 않았습니다.

황실 안에서 이방인처럼 겉돌며 힘겹게 지내던 엘리자베트를 더욱 절망적으로 만든 것은 자녀들의 불행한 죽음이었습니다. 첫 딸은 어려서 죽었고, 황태자 루돌프는 연인과 함께 동반 자살한 것입니다.

그 뒤로 엘리자베트는 왕궁을 벗어나 자주 여행을 떠났습니다. 여행만이 그녀를 자유롭게 만들었지만, 스위스를 여행하던 중 제네바의 호숫가에서 무정부주의자인 루이지 루체니Luigi Lucheni에게 암살당함으로써 비극적인 삶에 마침표를 찍게 됩니다. 그녀는 카푸친 성당의 지하 묘지에 남편 및 아들과 함께 잠들어 있습니다.

오스트리아 사람들이 그녀를 지금까지도 사랑하는 까닭은, 아름다운 외모에 대한 관심도 있겠지만, 불행으로 점철된 그녀의 삶에 대한 안쓰러움 때문인지도 모릅니다.

요제프 광장 Josefsplatz 6

요제프 광장Josefsplatz은 광장 중앙에 요제프 2세Joseph II(재위 1765~1790년)의 기마상이 서 있어서 그런 이름으로 불리는 듯합니다. 프란츠 1세와 마리아 테레지아 여제 사이에서 장남으로 태어난 요제프 2세는 아버지가 사망한 후 신성로마제국의 황제로 등극했습니다. 그러나 어머

요제프 2세의 기마상이 서 있는 요제프 광장

니 마리아 테레지아의 그늘을 벗어날 수 없었지요. 그래서 여행을 자주 다녔다고 하는데, 그 과정에서 근대적 계몽주의 사상을 받아들인 것으로 보입니다. 어머니 마리아 테레지아가 사망한 후 황위를 계승한 요제프 2세는 '계몽 군주'라는 별칭으로 불릴 만큼 계몽주의에 바탕을 둔 개혁을 추구했습니다.

요제프 광장의 상징이라고 할 수 있는 요제프 2세의 기마상을 살펴봅시다. 말을 타고 있는 황제는 로마 제국의 장군 복장을 하고 있으며, 자세는 로마 캄피돌리오 광장에 있는 마르쿠스 아우렐리우스 황제의 기마상과 비슷합니다. 그가 신성로마제국의 황제였기 때문일 것입니다.

기단부 양쪽에는 부조가 설치되어 있는데, 요제프 2세가 각종 산업을 장려하는 내용을 담은 것입니다. 정면을 기준으로 볼 때, 왼쪽에는 무역과 상업을 장려하는 모습이 보입니다. 부조 속의 배는 무역을 뜻하며, 날개 달린 모자를 쓴 헤르메스는 그리스 신화 속에서 상업의 수호신입니다.

요제프 2세의 기마상
(요제프 광장)

마르쿠스 아우렐리우스 황제의 기마상
(캄피돌리오 광장)

무역과 상업을 장려하는 요제프 2세

오른쪽에는 농업과 목축을 장려하는 요제프 2세의 모습이 보입니다. 부조의 오른쪽에 땅을 가는 사람이 있고, 왼쪽에는 말이 있으니 그 의미를 쉽게 이해할 수 있습니다.

그리고 기마상 왼쪽으로 낮은 원기둥이 서 있는데, 거기에 헤라가 보낸 독사를 죽이는 어린 헤라클레스의 모습이 보입니다. 헤라는 제우스가 바람피워 낳은 자식들 중에서 가장 걸출한 영웅인 헤라클레스를 특히 미워해서, 평생 동안 괴롭혔습니다. 갓난아기일 적에 독사를 보내 죽이려고 한 것은 시작에 불과했지요.

요제프 2세의 동상을 바라보는 위치에서 마주 보이는 건물은 제국도서관이 들어선 곳인데, 지붕에 눈여겨볼 만한 조각상들이 설치되어 있습니다. 제국도서관으로 들어가기 전에 그것들을 먼저 살펴보도록 합시다.

농업과 목축을 장려하는 요제프 2세

헤라가 보낸 독사를 죽이는 어린 헤라클레스가 부조된 원기둥

콰드리가를 타고 있는 전쟁의 여신 아테나

천체를 등에 지고 있는 대지의 여신 가이아와
기하학과 지리학을 상징하는 여인상

천체를 떠받치고 있는 티탄 신 아틀라스와
천문학과 점성학을 상징하는 여인상

　먼저, 지붕 중앙에 콰드리가quadriga(4두 마차)를 몰고 있는 아테나가 보입니다. 유럽에서 흔히 볼 수 있는 콰드리가는 승리의 여신 니케가 타고 있는 형태인데, 이 경우는 아테나가 주인공입니다. 투구를 쓰고 갑옷을 입은 아테나가 창과 아이기스 방패(머리카락 한 올 한 올이 뱀으로 변한 메두사의 머리가 새겨져 있음)를 들고 위풍당당한 태도로 마차에 앉아 있습니다. 전쟁이 흔하던 시절에는 전쟁의 여신인 그녀의 도움이 절실했으므로 새겨놓은 것으로 보입니다.

　콰드리가를 모는 아테나의 오른쪽에는 천체를 등에 지고 있는 대지의 여신 가이아가 있고, 그녀의 옆에는 기하학과 지리학을 상징하는 조각이 있습니다. 그리고 왼쪽에는 티탄 신 아틀라스가 천체를 떠받치고 있으며, 그의 옆에는 천문학과 점성학을 상징하는 조각이 있으니 눈여겨보면 좋을 것입니다.

왕궁도서관 Hofbibliothek ⑦

이제는 국립 도서관Österreichische Nationalbibliothe이 된 구 왕궁도서관 Hofbibliothek(혹은 제국도서관)은 노이어 부르크에 있지만, 헬덴플라츠 쪽에서는 입장할 수 없고 요제프 광장 쪽에 입구가 있습니다.

'볼 것 많은 빈에서 도서관까지 볼 시간이 어디 있는가?'라고 생각하는 여행자가 있을 수 있습니다. 평범한 도서관을 생각한다면 그럴 수도 있습니다. 그러나 합스부르크 제국의 황실 도서관이었던 왕궁도서관을 한번 본다면, 그런 생각이 경솔한 것이라는 걸 금방 느낄 수 있을 것입니다. 왕궁도서관은 일부러 찾아가서 볼 가치가 있을 만큼 실내 인테리어

왕궁도서관 실내

전장 프레스코화

신성로마제국 황제들의 조각상

벽면 프레스코화

신성로마제국 황제들의 조각상

가 굉장합니다. 제국의 영화가 집약된 공간처럼 느껴집니다. 이곳을 프룬크잘Prunksaal(화려한 홀)이라고 부르는 이유를 이해할 수 있습니다.

이 도서관을 창설한 이는 마리아 테레지아의 아버지인 카를 6세이며, 건물은 요한 베른하르트 피셔 폰 에어라흐와 그의 아들 요제프 에마누엘이 1735년에 완성했습니다. 천장과 벽의 프레스코화는 다니엘 그란 Daniel Gran의 작품이고, 도서관 안에 전시되고 있는 신성로마제국 황제들의 조각상은 파울 슈트루델Paul Strudel의 작품입니다. 그리고 소장 도서들은 오이겐 공자가 수집했던 서적들이 주축을 이룬다고 합니다. 시간을 내어 꼭 찾아가 보라고 권할 만한 공간이므로 소개했습니다.

아우구스틴 교회 Augustinerkirche ⑧

호프부르크의 일부인 요제프 광장은 중요한 건물들로 둘러싸여 있습니다. 광장 중앙에서 정면으로 보이는 건물이 왕궁도서관이고, 오른쪽은 옛날 황실 마구간이 있던 건물로 현재는 스페인 승마학교가 사용하며, 왼쪽으로 보이는 흰색 건물은 아우구스틴 교회Augustinerkirche입니다.

아우구스틴 교회의 경우, 입구가 전혀 교회처럼 보이지 않기 때문에 벽면에 적힌 글씨를 보고 확인해야만 안으로 들어갈 수 있습니다.

아우구스틴 교회는 호프부르크에 속한 황실 전용 교회로 황실 가족

아우구스틴 교회 입구의 위치

들의 결혼식이 치러진 곳입니다. 마리아 테레지아와 프란츠 슈테판의 결혼식, 나폴레옹 1세와 오스트리아의 공주 마리 루이즈의 결혼식, 프란츠 요제프 1세와 엘리자베트의 결혼식, 프란츠 요제프 1세의 외아들인 루돌프 황태자와 벨기에 공주 스테파니의 결혼식이 다 이곳에서 있었지요.

그러나 이곳은 황실 가족의 심장을 보관하고 있는 곳으로 더 유명합니다. 합스부르크 왕조 사람들은 죽은 뒤 신체를 여러 부분으로 나눠 보관하는 특이한 관습이 있었는데, 이는 나중에 부활할 때 신체의 일부라도 온전하게 보존되어 있어야만 쉽게 부활할 수 있다고 믿었기 때문입니다. 하여간 그런 종교적인 믿음 때문에 황실 사람들의 심장은 아우구스틴 교회에, 내장은 슈테판 대성당에, 그 밖의 나머지 몸은 카푸친 교회에 보관하게 된 것입니다.

황실 가족들의 심장은 은으로 된 단지에 담겨 아우구스틴 수도원의 지하 영묘에 모셔져 있습니다.

합스부르크 황실 가족의 심장이 담긴 은으로 된 단지

아우구스틴 교회 안에서 제일 눈길을 끄는 조형물은 오른쪽 벽면에 설치된 영묘 장식입니다. 조각가 안토니오 카노바가 제작한 '마리아 크리스티나의 영묘'이지요.

마리아 크리스티나는 마리아 테레지아의 딸이자 알브레히트 대공 Albrecht Kasimir von Sachsen-Teschen의 부인이었습니다. 그들은 왕실끼리의 정략결혼이 일반적이던 당시에 매우 드물게도 연애결혼을 했고, 두 사람 사이의 금슬은 각별했다고 합니다.

그런데 부인이 먼저 세상을 떠나자 큰 슬픔에 빠진 알브레히트 대공이 영묘를 특별히 아름답게 만들도록 했다는 것입니다.

재미있는 사실은, 영묘 중앙을 보면 'UXORI OPTIMAE ALBERTUS'라고 적혀 있는데 이는 '알브레히트의 아내 중 최고의 사람에게'라는 뜻이라고 합니다. 아내의 죽음에 그토록 크게 슬퍼했던 알브레히트 대공이 그 뒤로 두 차례나 더 결혼함으로써 아내가 여럿이 되어버린 것입니다.

마리아 크리스티나의 영묘

알베르티나 전경　　　　알브레히트 대공의 기마상　　　Albrecht Dürer, '토끼'

　호프부르크 끝쪽에는 알브레히트 대공의 저택을 미술관으로 사용하는 알베르티나Albertina가 있습니다. 알브레히트 대공의 수집품을 기초로 미술관을 설립했다고 하니, 알베르티나는 알브레히트 대공의 흔적이 뚜렷한 곳입니다. 박물관 앞에 그의 기마상이 서 있어 그의 모습을 짐작해 볼 수 있습니다.

　알베르티나는 이탈리아 르네상스 거장들의 작품에서부터 현대적인 팝 아트에 이르기까지 시대와 장르를 망라한 수집품을 소장하고 있지만, 오히려 영구 전시보다 기획 전시의 수준이 더 뛰어난 미술관으로 유명합니다.

　많은 소장품 중에서 알브레히트 뒤러Albrecht Dürer의 '토끼'란 작품이 미술관 측에서 내세우는 소장품이므로 소개합니다.

부르크가르텐 Burggarten ⑨

현재는 일반에게 공개되는 공원이지만, 본디 부르크가르텐Burggarten (왕궁 정원)은 그 이름에서 알 수 있다시피 왕족이나 귀족을 위한 공간이었습니다. 호프부르크 부속 정원이었으니, 시민들을 위해 조성한 폴크스가르텐Volksgarten(시민공원, 헬덴플라츠와 궁정극장 사이에 있는 정원)과는 탄생 목적이 다른 공간인 셈입니다.

1800년대 초 나폴레옹 군대의 침략을 받아 빈이 크게 파괴되었을 때,

부르크가르텐 전경

당시의 황제였던 프란츠 2세Franz II가 노이어 부르크 옆에 황실 전용 정원을 조성하도록 지시하였다고 합니다. 1818년에 공사가 시작되었다니 약 200년 정도 된 공간인 것이지요.

프란츠 2세는 오스트리아의 황제로서는 프란츠 1세(재위 1804~1835년)라고 불리고, 신성로마제국의 황제로서는 프란츠 2세(재위 1792~1806년)라고 불리는데, 그를 마지막으로 신성로마제국은 문을 닫습니다. 그가 신성로마제국의 마지막 황제인 것이지요.

그는 나폴레옹에 대항해 러시아와 손잡고 오스테를리츠에서 싸웠으나 크게 패배한 뒤 자신의 딸 마리 루이즈를 나폴레옹에게 시집보내야 했습니다. 그리고 프랑스가 다시 러시아를 침략할 때는 나폴레옹의 요구에 따라 군대를 지원하기도 했지요.

이런 역사적 사실로 볼 때 그는 격동의 시대를 살았고, 그런 시대 상황에 적절히 대응하지 못했음을 알 수 있습니다. 그가 부르크가르텐을 조성하도록 명령한 것은 어쩌면 그런 현실을 잊고 마음의 평화를 찾을 수 있는 공간이 필요했기 때문이었을지도 모릅니다.

부르크가르텐에는 유명한 모차르트 기념비를 비롯하여 프란츠 1세 기마상, 프란츠 요제프 1세 입상, 헤라클레스 분수 등이 있으니 의미를 생각하며 살펴봅시다.

링슈트라세 쪽에서 부르크가르텐으로 들어가면 가장 먼저 만나게 되는 조형물이 바로 모차르트 기념비Mozart Denkmal입니다. 조각상 앞에 화초로 그려놓은 높은음자리표가 시선을 끌고, 기단 위에는 젊은 모차르트가 악보를 보면서 지휘하는 듯한 모습으로 서 있습니다. 그걸 보기

❶ 모차르트 기념비
❷ 돈 조반니가 하인을 시켜 묘지의 석상(조반니가 죽인 안나의 아버지 코멘타토레)을 만찬에 초대한다.
❸ 석상이 만찬장에 나타나자 돈 조반니가 깜짝 놀란다.
❹ 모차르트가 아버지, 누나와 함께 연주하는 장면

위해 많은 여행자들이 부르크가르텐을 찾는데, 확실히 모차르트는 빈을 대표하는 음악가가 맞는 것 같습니다.

모차르트 기념비는 주로 예술가들의 인물상을 조각한 빅토르 틸그너 Viktor Tilgner가 1896년에 제작했으며, 원래는 자허호텔 옆에 있는 카페 모차르트 앞에 있었으나 현재의 자리로 이전한 것입니다.

기념비의 기단부 앞면 아래쪽에 새겨진 부조는 그의 오페라 〈돈 조반니〉의 한 장면이고, 뒤쪽의 부조는 어린 모차르트가 아버지 레오폴드 Leopold Mozart와 누나 난네를Nannerl과 함께 연주하는 장면입니다.

1장 호프부르크

프란츠 1세 청동 기마상 프란츠 요제프 1세의 청동 입상

　모차르트 기념비를 본 다음, 유리 온실이 있는 방향으로 걸어가다 보면, 청동 기마상을 만나게 됩니다. 마리아 테레지아의 남편이었던 프란츠 1세Franz I(프란츠 슈테판)입니다.

　마리아 테레지아와 결혼한 프란츠 1세는 여제의 섭정으로 임명되어 정치에 개입할 수 있는 길이 열렸지만, 아내를 곤란하게 만드는 행동은 하지 않았다고 합니다. 여자는 신성로마제국의 황제가 될 수 없다는 규정에 따라 마리아 테레지아를 대신해 신성로마제국의 황제로 등극했으나 정치적으로 주목받을 만한 행동은 하지 않은 것으로 알려졌습니다. 오히려 자연 과학과 경제 분야에서 많은 업적을 남겨 아내의 제국 통치에 도움을 준 것으로 평가받습니다.

　부부 금슬이 각별하여 프란츠 1세가 사망하고 난 뒤 마리아 테레지아는 죽을 때까지 상복을 입고 지냈다고 합니다.

모차르트 기념비에서 오른쪽 방향으로 더 들어가면 프란츠 요제프 1세의 청동 입상을 만나게 됩니다. 그런데 위풍당당하게 표현되는 일반적인 황제들의 모습과는 달리, 고개를 숙이고 있는 그는 매우 지치고 우울해 보입니다. 동상의 크기도 그리 크지 않은 데다가 설치된 위치도 어정쩡하여 모르고 지나치는 사람도 있을 듯합니다. 합스부르크 제국의 황제였던 사람이 이런 모습으로 서 있는 까닭은 무엇일까요.

프란츠 요제프 1세는 엘리자베트(시시)의 남편이었습니다. 황제로서 막강한 권력을 손에 쥐었고, 유럽 황실에서 가장 아름다웠다는 여인을 아내로 맞았으니 더없이 행복했을 것 같지만, 사실 그의 삶은 불행의 연속이었습니다. 특히 외아들이자 황태자인 루돌프가 자살하고 뒤이어 사랑하는 황후 엘리자베트가 타국 땅인 제네바에서 암살당한 일, 그리고 후계자로 정해진 조카 프란츠 페르디난트가 세르비아에서 피살되고 그로 인하여 제1차 세계대전이 발발한 것 등은 그의 삶을 지치고 힘들게 만들었습니다. 아마도 이 청동 입상은 사랑하는 가족을 모두 잃은 뒤의 외롭고 쓸쓸한 말년의 황제를 표현한 것으로 보입니다.

공원 한복판에 '헤라클레스 분수'라고 불리는 분수와 작은 연못이 있습니다. 거기에 한 사내가 사자의 입을 찢고 있는 조형물이 있는데, 헤라클레스 분수라는 이름으로 볼 때 아마도 네메아의 사자를 퇴치하는 헤라클레스를 표현한 것으로 보입니다. 제우스와 알크메네의 아들로 태어난 헤라클레스는 헤라의 미움을 받아 평생에 걸쳐 고생했는데, 그가 해결해야 했던 열두 가지 과제는 대표적인 고난이었습니다. 네메아의 사자를 퇴치하는 것이 그중 첫 번째 과제였지요.

부르크가르텐 헤라클레스 분수의
'사자의 입을 찢는 헤라클레스'

상트페테르부르크 여름 궁전의 '사자의 입을 찢는 삼손'

그런데 그 분수를 보고 있으니 상트페테르부르크에 있는 표트르 대제의 여름 궁전 분수가 떠오릅니다. 바로 '사자의 입을 찢는 삼손' 분수 말입니다. 여름 궁전에 있는 분수가 크기도 크고 황금빛으로 찬란하게 빛나 더 돋보이기는 하지만, 형태는 비슷합니다.

비슷한 형태의 조형물을 오스트리아는 그리스 신화 속의 인물인 헤라클레스로 보고, 러시아는 『구약성서』 속의 삼손으로 본 점이 흥미롭습니다.

2장

쇤브룬 궁전
Schönbrunn Palace

황실의 여름 별궁, 쇤브룬 궁전 ①

쇤브룬 궁전Schloß Schönbrunn, Schönbrunn Palace은 신성로마제국의 황제였던 마티아스Matthias가 사냥하다가 우연히 발견한 샘에서 그 이름이 유래되었습니다. '아름다운Schön 샘brunn'이라고 불린 그 샘의 흔적을 지금도 대정원 근처에서 볼 수 있습니다.

본래 황실의 사냥터였던 이곳에 조촐한 별장이 있었는데, 그것을 확장하여 황실의 여름별장으로 삼고 '쇤브룬 궁전'이란 이름을 붙인 이는 페르디난트 2세Ferdinand II의 부인인 만투아의 엘레오노라 곤자가Eleonora Gonzaga von Mantua로 알려져 있습니다. 페르디난트 2세는 마티아스 황제의 사촌 동생으로서 신성로마제국 황제위를 계승한 인물이니, 샘의 발견과 그 이름을 딴 궁전의 건설이 거의 비슷한 시기에 이루어진 것입니다.

그러나 쇤브룬 궁전은 1683년 터키의 2차 빈 공성 때 파괴되었고, 레오폴트 1세가 당대의 건축가인 요한 베른하르트 피셔 폰 에어라흐Johann Bernhard Fischer von Erlach에게 궁전 재건을 명함으로써 새로운 전기를 맞게 됩니다. 그는 베르사유 궁전을 모델로 삼아 웅장하고 화려하게 지으려 했지만, 레오폴트 1세가 반대하여 계획이 축소되었다고 합니다.

현재의 쇤브룬 궁전은 합스부르크 제국의 위상을 과시하려는 목적에서 마리아 테레지아 여제가 이탈리아 출신의 건축가 니콜라우스 피카씨 Nikolaus Picassi에게 명하여 대대적으로 확장한 것입니다. 애초에는 베르사유 궁전을 능가할 정도로 크게 증축할 계획이었는데, 이런저런 사정으로 규모가 줄어 현재의 모습으로 완성된 것입니다.

웅장하고 단아한 느낌의 바로크 양식 건물에, 실내장식은 로코코 풍으로 화려한 느낌을 주는 쇤브룬 궁전은 오스트리아-헝가리 제국 말기까지도 황실의 여름 별궁으로 쓰였습니다. 이곳을 특히 사랑했던 마리

쇤브룬 궁전

쇤브룬 궁전 본관 방 배치도

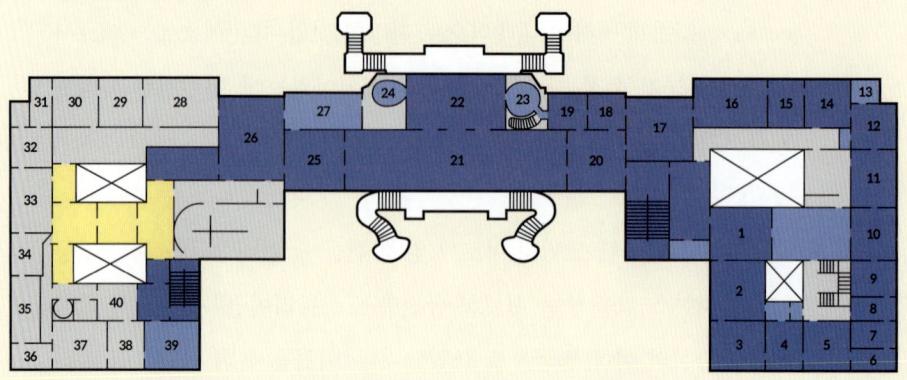

* 그랜드 투어는 40개의 방 모두 방문 가능하고, 임페리얼 투어는 파란색으로 표시된 곳만 방문 가능

1 · 친위병의 방
2 · 당구의 방
3 · 호두나무의 방
4 · 프란츠 요제프의 서재
5 · 프란츠 요제프의 침실
6 · 서쪽 테라스 별실
7 · 계단 위 복도 별실
8 · 파우더 룸
9 · 황제 부부의 침실
10 · 황후의 응접실
11 · 마리 앙투아네트의 방
12 · 아이들의 방
13 · 아침 식사용 별실
14 · 옐로 살롱
15 · 발코니의 방
16 · 거울의 방
17, 18, 19 · 로자의 방
20 · 등불의 방
21 · 대 갤러리
22 · 소 갤러리
23, 24 · 중국식 원형/타원형 별실
25 · 카루젤의 방
26 · 행사 의식의 홀
27 · 말들의 방
28 · 블루 차이니즈 살롱
29 · 옛 칠기의 방
30 · 나폴레옹의 방
31 · 도자기의 방
32 · 일백만(백만 굴덴)의 방
33 · 고블랭의 방
34 · 대공비 조피의 방
35 · 레드 살롱
36 · 동쪽 테라스 별실
37 · 부자의 방
38, 39 · 프란츠 카를의 서재와 살롱
40 · 사냥의 방

아 테레지아는 이곳에서 생활하며 정무를 보았으므로, 궁전 구석구석에 그녀의 자취가 많이 남아 있습니다.

1805년과 1809년에 오스트리아가 나폴레옹에게 점령당했을 때는 프랑스군의 사령부로 사용되었고, 1918년 제1차 세계대전 패전 후에는 당시의 황제 카를 1세가 오스트리아 - 헝가리 제국의 해체를 선언한 곳이어서 오스트리아인들에게는 영광과 치욕이 공존하는 곳입니다.

1996년에 유네스코 지정 세계 문화유산에 등재되었습니다.

쇤브룬 궁전 본관을 둘러보기 위한 티켓은 두 종류가 있으니 본인의 여행 일정에 맞게 선택하면 됩니다.

Imperial Tour는 22개의 방을 둘러볼 수 있으며, 대략 30~40분이 걸린다고 합니다.

Grand Tour는 40개의 방을 볼 수 있으며 대략 50~60분이 걸리는 것으로 소개되어 있습니다. 이 티켓으로는 임페리얼 투어에서 제외된 방들도 모두 볼 수 있습니다. 이 책에서는 그랜드 투어를 기준으로 설명할 것입니다.

쇤브룬 궁전의 방들 2

쇤브룬 궁전의 각 방들을 살펴보겠습니다. 쇤브룬 궁전은 내부 사진 촬영이 금지되어 있어 사진을 보여 드릴 수 없다는 점이 아쉽습니다만, 책을 통해 어떤 방들이 있는지 대략 살펴보고 직접 방문하여 아름다운 방들을 감상하는 것도 의미 있을 것입니다.

1· 친위병의 방(Guards Room) : 궁전 입구에 해당하는 이 방은 친위병들이 대기하던 곳입니다.

2· 당구의 방(Billiard Room) : 이 방은 황제를 알현하기 위해 궁전에 온 사람들(고위 관료 및 장성들)이 당구를 치면서 자기 순서를 기다리던 방이라고 합니다. 이곳에 걸린 3점의 큰 그림들은 마리아 테레지아의 의사 진행에 관한 것이며, 프란츠 요제프 1세가 쇤브룬 궁전의 계단에서 마리아 테레지아의 등극 100주년을 기념하는 행사를 주관하는 그림도 있습니다.

Franz Heinrich, '쇤브룬 궁전의 당구의 방'

방 중앙에 당구대가 놓여 있고, 벽에는 마리아 테레지아의 의사 진행을 묘사한 대형 그림이 걸려 있다.

Franz von Matsch, '사망한 프란츠 요제프 황제, 1916년 11월 22일'

황제는 21일에 사망했지만, 이 그림은 다음 날 그렸다는 의미인 듯하다.

3. 호두나무의 방(Walnut Room) : 호두나무로 벽을 장식하였기에 이런 이름이 붙은 이 방은 전형적인 로코코 양식으로 되어 있습니다. 이곳에서 프란츠 요제프 1세는 관료나 장성들을 접견했습니다.

4. 프란츠 요제프의 서재(Emperor Franz Joseph's Study) : 프란츠 요제프 1세의 집무실입니다. 부인 엘리자베트의 사진과 초상화가 사방에 놓여 있어 부인에 대한 그의 사랑을 짐작할 수 있게 합니다. 4번 방과 연결되는 작은 방Ketterlzimmer, Ketterl Room은 황제의 시종이었던 오이겐 케테를Eugen Ketterl의 방이었습니다.

5. 프란츠 요제프의 침실(Franz Joseph's Bedroom) : 프란츠 요제프 1세의 침실입니다. 그는 86세의 나이로 제1차 세계대전이 한창이던 1916년 11월 21일에 이 방에서 세상을 떠났는데, 짐대 낱에 *그*가 사망했을 당시의 모습을 그린 그림이 있습니다. 밖으로 통하는 문 옆에 있는 수세식 변기는 영국식 시스템을 받아들인 것으로 독특합니다. 1899년에 도입된 것이라고 합니다.

6 · 서쪽 테라스 별실(Western Terrace Cabinet) : 이 방에는 마리아 테레지아의 막내딸인 마리 앙투아네트의 초상화가 걸려 있습니다.

7 · 계단 위 복도 별실(Staircase Cabinet) : 엘리자베트 황후의 공부방으로 사용된 곳으로, 그녀는 여기서 책을 읽고 편지를 썼습니다. 이 방에는 1863년에 만들어진 황후 전용 층계가 있어 1층의 황후 전용실로 연결되었으며, 주로 엘리자베트의 사진과 초상화가 전시되어 있습니다.

8 · 파우더 룸(Dressing Room) : 엘리자베트는 날씬한 몸매를 유지하기 위해 많은 노력을 기울였다고 합니다. 이 방은 그녀가 자신의 아름다움을 유지하기 위해 많은 시간을 보낸 곳입니다.

9 · 황제 부부의 침실(The Imperial Couple's Bedroom) : 황제 부부의 침실이지만, 엘리자베트가 엄격한 궁정 생활을 못 견디고 자주 여행을 떠나는 바람에 황제는 자신의 침실에서 혼자 지낼 때가 많았다고 합니다. 이곳 벽면은 푸른색 비단으로 도배되어 있으며, 가구들도 모두 같은 천으로 만들어져 조화를 이룹니다.

10 · 황후의 응접실(Salon of Empress Elisabeth) : 엘리자베트 황후의 응접실로, 1854년에 신 로코코 양식으로 만들었습니다. 창가 거울 앞의 시계는 독특한 모습인데, 거울을 보면서 시간을 알 수 있도록 시계 뒷면이 실제 시계와 반대로 되어 있습니다.

Anton Einsle, '프란츠 요제프 1세'

11・마리 앙투아네트의 방(Marie Antoinette Room) : 마리 앙투아네트와 그의 아이들의 모습을 짜 넣은 태피스트리가 있었기 때문에 '마리 앙투아네트의 방'이란 이름이 붙었습니다. 이 그림은 나폴레옹 3세가 프란츠 요제프 1세에게 선물로 준 것이라고 합니다. 이곳은 황실 가족들이 식사를 하던 방으로, 현재도 그 당시의 모습을 알 수 있도록 식탁을 옛 모습대로 차려놓았습니다. 황실 가족들은 이곳에서 식사를 할 때만큼은 황실의 엄격한 예법에서 다소 벗어나 자유로운 분위기를 누렸다고 합니다.

중앙 벽면에 걸려있는 초상화는 육군 원수의 복장을 한 프란츠 요제프 1세입니다.

12・아이들의 방(Children's Room) : 이곳은 마리아 테레지아의 자녀들 초상화가 걸려 있기 때문에 '아이들의 방'이란 이름이 붙었습니다. 마리 앙투아네트의 사진이 놓여 있는 책상이 유명한데, 프랑스 혁명 당시 단두대에서 목숨을 잃은 그녀가 사용하던 유품으로는 유일하게 쇤브룬 궁전에 남아 있는 것이라고 합니다.

13・아침 식사용 별실(Breakfast Cabinet) : 황실 가족들이 아침 식사를 하던 방입니다. 황색 비단으로 장식된 이 방의 원형 벽장식에는 마리아 테레지아의 모후였던 엘리사베트 크리스티네Elisabeth Christine가 만든 아플리케 자수 작품이 들어 있습니다.

14. 옐로 살롱(Yellow Salon) : 이 방은 이름 그대로 노란색 비단으로 만든 가구들이 배치되어 전체적인 느낌이 화사합니다. 전형적인 로코코 양식의 가구들이 눈길을 끌며, 창밖으로 쉰브룬 궁전 뒤쪽에 펼쳐진 대정원이 보입니다.

15. 발코니의 방(Balcony Room) : 흰색과 노란색을 주로 사용한 이 방에는 마리아 테레지아의 자녀들을 그린 초상화가 벽 가득 걸려 있습니다.

16. 거울의 방(Mirrors Room) : 정교하고 아름다운 로코코 양식의 장식이 인상적인 이 방은 사방 벽에 거울이 걸려 있어 '거울의 방'이란 이름을 얻었습니다.
이 방에서 6살의 어린 모차르트가 마리아 테레지아 앞에서 첫 번째

사방 벽에 거울이 걸려 있는 거울의 방

연주회를 가졌다고 합니다.

17, 18, 19 • 로자의 방(Rosa Rooms) : 연속되는 세 개의 방은 요제프 로자Joseph Rosa의 이름을 따서 '로자의 방'이라고 하는데, 로자는 이 방에 전시된 풍경화를 그린 화가입니다. 프란츠 요제프 1세의 개인 거실이었으며, 벽에는 스위스와 북부 이탈리아의 경관을 그린 그림이 걸려 있습니다.

20 • 등불의 방(Lantern Room) : 전기가 들어오기 전, 궁전의 불을 밝히던 사람들이 대기하던 방입니다.

21 • 대 갤러리(Great Gallery) : 길이 40m, 폭 10m 이상의 대형 갤러리인 이 방은 무도회장이나 연회장으로 사용된 곳입니다. 웅장하고 화려한 이곳은 로코코 양식으로 장식된 쇤브룬 궁전의 특징을 가장 잘 나타내주는 곳이기도 합니다. 특히 눈여겨볼 것은 천장의 프레스코화인데, 1760년에 조르지오 구글리엘미Georgio Guglielmi가 마리아 테레지아 시대 제국의 번영을 주제로 그린 것입니다. 1961년에는 소련의 흐루쇼프와 미국의 케네디가 이 방에서 정상 회담을 하기도 했습니다.

쇤브룬 궁전에서 가장 크고 화려한 방인 대 갤러리

22 · 소 갤러리(Small Gallery) : 이 방은 주로 저녁 만찬이나 소규모의 연회에 이용되었습니다. 대 갤러리와 동시에 지어졌으며, 황실 가족들의 축하 행사에 사용되었습니다. 창밖으로 프랑스 스타일로 조성한 대정원과 마리아 테레지아가 프로이센과의 전쟁에서 승리한 것을 기념하여 세운 글로리에테가 보입니다.

검은색과 금색으로 장식된 중국식 방

23, 24 · 중국식 원형/타원형 별실(East Asian Cabinets) : 프란츠 요제프 1세가 개인 방으로 사용했고, 마리아 테레지아는 비밀 회담을 하는 장소로 이곳을 이용했다고 합니다. 중국식 원형 별실(23번 방)과 중국식 타원형 별실(24번 방)은 검은색과 금색으로 칠한 벽면으로 둘러싸여 있으며, 일본 도자기와 가구 장식이 독특한 아름다움을 느끼게 합니다.

25 · 카루젤의 방(Carousel Room) : 마리아 테레지아와 그녀의 남편 프란츠 슈테판이 공식 행사 전 대기실로 사용했던 곳으로, 방 이름은 벽에 걸려 있는 그림에서 유래되었습니다. 카루젤이란, '기마 곡예'나 '회전목마'의 의미를 갖는 단어인데, 이 방에는 마르틴 판 마이텐스Martin van Meytens의 'Ladies' Carousel'란 그림이 걸려 있는 것입니다. 이 그림은 오스트리아 왕위 계승 전쟁에서 프라하 영토를 회복한 기념으로 호프부르크의 승마학교

Martin van Meytens, 'Ladies' Carousel'

School of Martin van Meytens, '1764년 호프부르크에서의 성 슈테판 기사단에 대한 첫 번째 임명식'

에서 마리아 테레지아에 의해 개최된 카루젤을 그린 장면이며, 그 오른쪽에 걸린 작품은 마리아 테레지아가 1764년에 호프부르크에서 성 슈테판 기사단을 임명하는 장면을 그린 것입니다.

26 · 행사 의식의 홀(Hall of Ceremonies) : 황실 가족들의 결혼식이나 세례식을 거행하던 중요한 방으로, 이곳에 걸려 있는 5점의 그림은 황실과 관련된 것입니다. 1760년 마리아 테레지아의 아들 요제프와 프랑스 부르봉 왕가 출신 이사벨라 공주의 결혼과 관련된 그림(이사벨라의 빈 입성, 아우구스틴 교회에서 열린 결혼식, 리터홀에서 열린 결혼식 후의 만찬 등)과 세 개의 왕관(신성로마제국과 헝가리, 보헤미아의 지배자임을 상징)을 지니고 있는 마리아 테레지아의 초상화를 눈여겨볼 필요가 있습니다. 27번 방으로 통하는 문 옆의 그림에는 투명 유리로 모차르트와 그의 아버지를 그린 부분을 표시해 놓은 것을 볼 수 있습니다.

Martin van Meytens, '35세의 마리아 테레지아' (행사 의식의 홀)

푸른색 벽지에 동양풍의 그림이 그려져 있는 블루 차이니즈 살롱

    27 · 말들의 방(Stallions Room) : 19세기에 식당으로 사용된 이 방은 고위 군 장교와 법원 공무원들이 황제 없이 식사를 하던 곳이라고 합니다. 방의 이름은 벽에 걸린 말들의 그림 때문에 붙여진 것입니다.

    28 · 블루 차이니즈 살롱(Blue Chinese Salon) : 푸른 벽지에 동양풍 그림이 그려진 이 방은 원래 황제의 접견실이었다고 합니다. 이 방에서 1918년 11월 11일 카를 1세가 하야 문서에 서명함으로써 합스부르크 제국은 역사 속으로 사라지게 됩니다.

    29 · 옛 칠기의 방(Vieux Laque Room) : 이 방은 쇤브룬 궁전에서도 가장 화려한 곳입니다. 동양풍의 화조와 산수 그림이 벽에 가득 그려져 있

고, 바닥에는 장미목을 깔았습니다. 마리아 테레지아가 남편이 사망한 후 머물던 방이라고 합니다. 이 방에 걸린 두 점의 그림은 폼페오 바토니 Pompeo Batoni의 작품으로, '토스카나 대공 피에트로 레오폴도와 함께 있는 요제프 2세 황제Emperor Joseph II with Grand Duke Pietro Leopoldo of Tuscany'와 '신성로마제국 황제 프란츠 1세의 초상화Portrait Francis I, Holy Roman Emperor' 입니다. 요제프 2세는 마리아 테레지아의 장남이며, 프란츠 1세는 마리아 테레지아의 남편으로 요제프 2세의 아버지가 됩니다.

30 · 나폴레옹의 방(Napoleon Room) : 이곳은 프랑스 황제 나폴레옹이 1809년 승리 이후 쉰브룬 궁전에 체류하는 동안 머물던 방이며, 나폴레옹의 아들 나폴레옹 2세가 살다가 생을 마친 곳이기도 합니다. 현재 이 방에는 나폴레옹 2세의 어릴 적 모습을 볼 수 있는 그림과 사망 당시 그가 사용한 침대, 그리고 사망 당시의 모습을 석고로 재현해 놓은 조

동양적인 느낌이 물씬 풍기는 옛 칠기의 방은 쉰브룬 궁전 안에서도 아름답기로 손꼽힌다.

Pompeo Batoni, '토스카나 대공 피에트로 레오폴도와 함께 있는 요제프 2세 황제'

Pompeo Batoni, '신성로마제국 황제 프란츠 1세의 초상화'

각이 전시되고 있습니다. 원래 이 방은 마리아 테레지아의 침실이었다고 하며, 벽에 걸린 태피스트리는 브뤼셀에서 만든 18세기 작품으로, 군대 생활을 사실적으로 그린 대작입니다.

31 · 도자기의 방(Porcelain Room) : 마리아 테레지아의 거실이었던 이 방은 벽면을 푸른색과 흰색의 나무로 장식했는데, 이것이 마치 도자기처럼 보인다고 해서 '도자기의 방'이라는 이름이 붙었습니다. 벽면은 푸른색 중국화로 도배되어 있습니다.

32 · 일백만(백만 굴덴)의 방(Millions Room) : 인도-페르시아 풍의 그림으로 화려하게 장식된 이 방은 그 가치가 매우 높다는 의미로 '일백만의 방'이라고 부릅니다. 벽면에는 60개의 메달이 박혀 있는데, 마리아 테레지아가 콘스탄티노플에서 수입한 것들이라고 합니다. 당시로서는 흔히

나폴레옹 2세의 사망 당시 모습이 석고 조각으로 남아 있는 나폴레옹의 방 | Carl von Sales, '어린 정원사 나폴레옹 2세' | 푸른색과 흰색이 대비를 이루는 도자기의 방

Part 1 빈의 궁전

보기 어려운 귀한 그림들(무굴 제국의 궁정생활, 사냥과 전쟁, 하렘 풍경 등)인 데다가 높은 비용을 치르고 구한 것들이라서 일백만의 방이라고 하는 것입니다.

33 · 고블랭의 방(Gobelin Salon) : 고블랭이 짠 태피스트리가 걸려 있어 '고블랭의 방'이라고 합니다. 고블랭은 16세기 초에 살았던 프랑스의 염색사입니다. 그는 양탄자에 그림을 짜 넣는 새로운 기법을 개발했기 때문에 높은 명성을 얻었는데, 쉰브룬 궁전에 그의 이름을 딴 방이 있다는 것은 그의 명성이 어느 정도였는지를 알려주는 예가 될 것입니다. 현재 이 방에 걸려 있는 태피스트리 작품은 네덜란드 사람들의 일상생활을 묘사한 것으로, 18세기에 브뤼셀에서 가져온 것이라고 합니다.

34 · 대공비 조피의 방(Archduchess Sophie's Study) : 이 방은 프란츠 요제프 1세의 어머니인 대공비 조피가 사용하던 곳입니다. 바이에른의 공주 출신인 그녀는 남편인 프란츠 카를 대공이 황위를 이으면 황후가 될 수 있었음에도 불구하고, 제국의 앞날을 위해 남편 대신 똑똑한 자신의 아들에게 황위가 넘어가도록 했다고 합니다.

35 · 레드 살롱(Red Salon) : 벽과 커튼, 의자 등이 온통 붉은색이라서 '레드 살롱'이라고 이름 붙은 이 방에서는 두 점의 초상화를 눈여겨 볼 필요가 있습니다. 보는 이의 입장에서 왼쪽이 신성로마제국의 마지막 황제인 프란츠 2세이고, 오른쪽이 페르디난트 1세Ferdinand I입니다. 이들의 초상화를 유심히 보면 목에 황금양모기사단Order of the Knights of the

Friedrich von Amerling,
'오스트리아의 황제 프란츠 2세의 초상'

Leopold Kupelwieser,
'오스트리아의 황제 페르디난트 1세'

Golden Fleece의 목걸이가 보입니다. 호프부르크의 제국 보물실에서 설명했던 황금양모기사단의 상징을 생각하며 보면 좋을 것입니다.

36·동쪽 테라스 별실(Eastern Terrace Cabinet) : 이곳에는 장미를 소재로 한 벽화들이 그려져 있습니다. 쇤브룬의 정원을 내다볼 수 있기 때문에 테라스 별실이라고 했습니다. 이 방과 연결된 세 개의 방은 프란츠 요제프 1세의 부모인 프란츠 카를 대공과 조피 대공비가 살던 곳입니다. 프란츠 요제프 1세가 이 중 첫 번째 방에서 태어났기 때문에 그 방을 '탄생의 방Geburtszimmer'이라고 부릅니다.

37 · 부자의 방(Rich Room) : 쇤브룬 궁전의 어느 방보다도 고급스럽고 사치스러운 느낌을 주는 이 방은 이름도 '부자의 방'입니다. 페르디난트 황태자와 그의 부인 마리아 안나가 1835년까지 사용했습니다.

38, 39 · 프란츠 카를의 서재와 살롱(Study and Salon of Franz Karl) : 프란츠 카를(프란츠 요제프 1세의 아버지)의 집무실입니다. 벽에 걸린 마르틴 반 마이텐스의 '황실 가족The Imperial Family'은 마리아 테레지아 부부와 그들 사이에서 태어난 자녀들을 그린 가족 초상화입니다.

40 · 사냥의 방(Hunting Room) : 그랜드 투어로 볼 수 있는 방들 중 맨 마지막 방이며, 벽에 사냥 관련 그림이 그려져 있어 '사냥의 방'이라고 합니다. 이 방에서는 마리아 테레지아의 남편 프란츠 대공이 15살 때 사냥용 엽총을 들고 있는 모습을 그린 초상화가 눈길을 끕니다.

Martin van Meytens, '황실 가족'   작자 미상, '15세의 신성로마제국 황제 프란츠 1세'

쇤브룬 궁전에서 만나는 역사 속 인물들 ③

여행자에게 공개되는 쇤브룬 궁전의 방들을 둘러보았습니다. 합스부르크 제국 황실 가족들이 생활하던 여름 별궁이었던 만큼 제국의 영화를 보여주듯 화려함의 극치를 보여주는 공간이었습니다. 그곳에서 제국의 황제들이 그들의 가족과 어떻게 생활했을지 상상하며 본다면 더욱 흥미 있는 관람이 될 것입니다.

여기서는 쇤브룬 궁전에 자취가 남아 있는 인물들 중에서 특히 오스트리아의 역사와 관련해 언급할 만한 이들 몇 명에 대해 소개하겠습니다.

쇤브룬 궁전에서 생활했던 프란츠 요제프 1세의 가족들. 중앙부터 시계 방향으로 엘리자베트 황후, 프란츠 요제프 1세, 조피(프란츠 요제프 1세의 장녀), 기젤라(프란츠 요제프 1세의 차녀), 조피 대공비(프란츠 요제프 1세의 어머니), 프란츠 카를(프란츠 요제프 1세의 아버지). 황태자 루돌프가 태어나기 전의 모습이다.

프란츠 요제프 1세의 파란만장한 삶

4번과 5번 방에서 만났던 프란츠 요제프 1세는 본디 황제의 조카였기 때문에 황위 계승과는 다소 거리가 먼 인물이었습니다. 그러나 당시 합스부르크 제국의 황제였던 페르디난트 1세는 국사를 돌볼 만한 역량이 부족한 데다가 건강도 안 좋았으므로 혁명의 와중에 스스로 하야를 선택하면서 변수가 생겼습니다. 그에게는 후계로 삼을 만한 자녀가 없었던 것입니다.

이럴 경우 퇴위한 황제의 동생이 뒤를 잇는 것이 자연스러웠지만, 동생 프란츠 카를 대공 또한 국사를 감당할 만한 인물이 못 된다는 것이

Miklós Barabás, '프란츠 요제프 1세의 초상'
18세에 즉위한 황제의 젊은 시절 모습이다.

Julius von Blaas, '군복을 입은 프란츠 요제프 1세의 초상'
합스부르크 제국의 황제들 중에서 가장 긴 재위 기간(63년)을 기록한 황제의 말년의 모습이다.

당시 사람들의 판단이었습니다. 프란츠 카를의 부인인 조피 프리데리케 대공비조차 그렇게 생각해 황위를 아들에게 양보하도록 권했다고 합니다.

그런 사정으로 황위에 오른 이가 바로 페르디난트 1세의 조카이자 프란츠 카를의 장남인 프란츠 요제프 1세입니다. 18세에 대제국의 황제가 된 그는 성실하고 소박한 성품을 지녀 매일 아침 5시에 일어나 일을 시작했으며, 자신을 '나라의 첫 번째 하인'이라고 일컬었다 합니다. 매일 아침 일찍 일어나 찬물로 목욕한 다음, 독실한 가톨릭 신자답게 기도를 올린 뒤 일과를 시작했다고 하니, 평화로운 시대였으면 흠잡을 데 없는 황제로 평탄한 삶을 살 수 있었을 것입니다.

그러나 그가 황위에 있었던 19세기는 변화와 개혁이 요구되던 때였습니다. 프랑스 대혁명의 여파로 유럽 각국이 요동치고 있었고, 합스부르크 제국의 백성들도 황실을 향해 변혁을 요구하는 목소리를 높였습니다. 그러나 불행히도 황제는 매우 보수적인 생각을 갖고 있었으며, 황제의 권력은 절대적이라고 믿었습니다. 그리하여 황제와 관료들, 혹은 황제와 백성들 사이의 갈등이 점점 커져 갔지요. 그러던 중에 1853년 2월 18일, 헝가리 민족단체의 일원이었던 야노스 리벤니가 산책하던 황제를 암살하려 한 사건이 발생했습니다. 다행히 황제는 가벼운 상처를 입었을 뿐이지만, 신성불가침의 권력을 가졌다고 믿었던 그에게 충격을 안겨 주었지요.

J. J. Reiner, '프란츠 요제프 1세에 대한 암살 기도'

프란츠 요제프 1세의 치세에서 있었던 일 중에서 인정을 받는 업적이라면 '오스트리아-헝가리 제국'을 세운 것입니다. 무력으로 헝가리를 점령하고 식민지로 삼았던 데에서 벗어나 헝가리의 자치를 인정하는 연방 형태를 취한 것으로, 당시로서는 매우 획기적인 결단이었기 때문입니다. 여기에는 헝가리에 우호적인 입장이었던 엘리자베트 황후의 영향력이 작용했다고 합니다.

언제나 성실하고 책임감이 강했던 황제는 급변하는 정세 속에서 제국을 유지하기 위해 최선을 다했던 것으로 보입니다. 강력한 황제의 권력을 고집하면서도 신민들의 요구를 수용하려고 노력하여 빈은 그런대로 안정을 유지할 수 있었습니다. 세기말의 빈이 유럽 문화의 중심지 역할을 할 수 있었던 것은 그의 업적일 것입니다.

그러나 보수적이고 완고한 그의 성격은 가정적으로 큰 불행을 가져왔습니다. 자유주의 성향의 황태자 루돌프는 아버지와의 갈등을 이기지 못해 자살을 선택했고, 부인 엘리자베트는 황실의 고루한 관습에 숨막혀 하다가 스위스 여행 중 암살당했기 때문입니다. 늙은 황제에게 가정의 행복이란 더 이상 없고, 오로지 무거운 책무만 남은 것입니다. 그래도 그는 죽는 순간까지 자신에게 주어진 역할에 최선을 다했지만, 그의 후계자 카를 1세가 즉위 2년(즉, 그가 죽은 지 2년) 만에 제국이 해체되고 황제가 퇴위하는 상황이 되었습니다. 결국 그의 재위 기간에 제국이 몰락한 것이나 다름없습니다. 그는 무능하지도 불성실하지도 않았으나 제국을 지키지 못했고, 가족을 사랑했으나 가정을 지키지 못했습니다.

그래도 워낙 오랜 기간 황위에 있었기 때문인지, 빈을 여행하다 보면 그와 관련된 장소나 사건을 자주 접하게 됩니다. 쇤브룬 궁전 또한 마찬가지입니다. 본관의 여러 방에 그의 자취가 남아 있고, 궁전의 정문 근처

프란츠 요제프 1세와 엘리자베트 관련 전시물

에 있는 마차 박물관에도 그와 그의 부인 엘리자베트가 타던 마차들이 남아 있습니다.

먼저 그들의 결혼식 때 사용한 마차가 눈길을 끕니다. 마차 곁에는 그들이 결혼식 때 입었던 옷이 그대로 전시되어 있고, 결혼 당시의 젊은 모습으로 그려진 각자의 초상화, 그리고 둘이 다정히 드라이브를 즐기는 모습을 그린 그림이 있습니다.

그리고 엘리자베트가 죽었을 때 사용한 장의용 마차 곁에는 늙은 프란츠 요제프 1세의 초상화와 그녀의 장례식 때 사람들이 입었던 검은색 예복이 전시되어 있습니다. 몰락하는 제국을 붙들어 세우려고 몸부림쳤던 늙은 황제의 모습을 생각하면서 그것들을 보고 있자면 안타까운 생각이 듭니다.

마리아 테레지아의 자녀들

황실 구성원들의 정략결혼이 일반적이던 시절에 아주 특이하게도 마리아 테레지아와 프란츠 슈테판은 연애결혼을 했다고 합니다. 물론 프란츠 슈테판이 로트링겐 공작령의 통치자란 신분을 가졌으므로, 그들의 결혼에 반발이 적었던 것으로 보입니다.

어쨌든 사랑으로 맺어진 두 사람은 평생 금슬 좋게 지냈으며, 슬하에 많은 자녀를 둔 것으로 유명합니다. 모두 5남 11녀를 두었는데, 그중에는 요절한 자식도 있지만 생존한 자식들은 대부분 정략결혼에 동원되어 합스부르크 제국을 탄탄하게 만드는 역할을 했습니다. 그래서 당시 사람들은 "다른 나라가 전쟁을 할 때 합스부르크는 결혼을 한다."고 했다 합니다.

마리아 테레지아의 아들들 중 장남인 요제프 2세와 생존한 아들로는 3남인 레오폴트 2세는 부모의 뒤를 이어 차례로 신성로마제국의 황제와 합스부르크 제국의 황제를 역임했습니다. 요제프 2세가 자녀를 두지 못했으므로 그의 사후 동생인 레오폴트 2세가 황위를 계승한 것입니다. 나머지 아들 중 차남인 카를 요제프는 16세의 나이에 천연두로 요절하였고, 4남인 페르디난

Martin van Meytens, '프란츠 1세와 마리아 테레지아의 자녀들'

트는 마리아 베아트리스 데스테와 결혼하였으며, 5남인 막시밀리안 프란츠는 쾰른 선제후 겸 대주교였으므로 결혼하지 않았습니다.

11명의 딸 가운데 장녀인 마리아 엘리자베트(3살 때 사망), 3녀인 마리아 카롤리나(1살 때 사망), 7녀인 마리아 카롤리나(태어나자마자 사망), 8녀인 마리아 요한나 가브리엘라(12살 때 사망)는 성년이 되지 못했습니다. 성년이 될 때까지 생존한 딸들의 경우 차녀인 마리아 안나는 몸이 불편하여 결혼을 포기하고 수녀가 되었으며, 4녀인 마리아 크리스티나는 알베르트 카지미어 폰 테셴 공작(작센 선제후 프리드리히 아우구스트 2세의 아들)과 연애 결혼했습니다. 마리아 테레지아는 마리아 크리스티나를 특별히 사랑했다고 합니다. 5녀인 마리아 엘리자베트는 결혼하지 않았고, 6녀인 마리아 아말리아는 페르마의 페르디난도 1세와 결혼하였으며, 9녀인 마리아 요제파는 앙시칠리아의 페르디난도 1세와 약혼했으나 16세 때 사망했습니다. 10녀인 마리아 카롤리나는 형부가 될 뻔했던 앙시칠리아의 페르디난도 1세와 결혼하여 8남 11녀를 낳는데, 이 결혼이야말로 정략결혼의 속성을 잘 보여주는 사례가 아닌가 합니다. 마지막으로 딸 중에서는 막내인 마리아 안토니아가 있는데, 프랑스 부르봉 왕조의 루이 16세와 정략결혼하는 여인입니다. 우리에게는 마리 앙투아네트라는 프랑스식 이름으로 더 알려져 있지요.

워낙 널리 알려진 인물이니 마리 앙투아네트에 대해 더 설명하겠습니다.

전통적으로 프랑스와 오스트리아는 사이가 좋지 않았습니다. 국경을 접한 데다가 세력이 막상막하이다 보니 경쟁심에서 그랬을 것입니다. 그러나 이러한 앙숙 관계가 두 나라 모두에게 부담이 되었고, 특히 강대

2장 쇤브룬 궁전

국으로 부상하는 프로이센을 견제할 필요가 있어 결혼 동맹을 맺기로 하였습니다. 그 결과 마리아 테레지아의 막내딸인 마리아 안토니아와 루이 15세의 손자인 루이 오귀스트를 결혼시키기로 결정하지요. 이들은 베르사유 궁전에서 더없이 화려한 결혼식을 올리고 부부가 되었습니다.

신랑인 루이는 선량한 성품이었고, 신부인 마리아는 사랑스러운 소녀였으므로 만약 이들이 평민이었다면 무난한 결혼이 되었을지도 모릅니다. 그러나 프랑스 국왕 루이 16세로 등극한 신랑은 우유부단하고 나약하여 자신에게 맡겨진 책무를 제대로 감당하지 못하였고, 합스부르크 제국의 공주로 아쉬운 것을 모르고 자란 신부는 프랑스 사정에 밝지 못했습니다. 비록 두 나라의 우호 관계를 위해 결혼했다지만, 전통적으로 적대 관계였던 프랑스 사람들에게 오스트리아 출신의 왕비는 거부감이 들 수밖에 없었습니다.

더구나 당시의 프랑스는 태평성대를 구가하는 상황이 아니었습니다. 제1계급(성직자)과 제2계급(귀족)의 횡포와 부패로 평민층의 삶은 말할 수 없이 피폐한 상태였고, 국가의 재정은 선대로부터의 사치와 낭비가 쌓여 거의 파산 상태였습니다. 루이 16세는 이런 문제를 정확히 파악하지도 못했지만, 설령 알고 있다 해도 귀족들의 반발을 무릅쓰면서 개혁을 추진할 만한 과단성이 없었습니다.

결국 쌓이고 쌓인 백성들의 불만이 폭발하여 대혁명의 불길이 프랑스 전역을 휩쓸게 됩니다. 무능한 왕 루이 16세는 혁명군에 의해 퇴위당하고, 오스트리아로 탈출하려다 붙잡혀 반역죄로 단두대에서 처형당하고 맙니다. 1793년 1월 21일의 일로, 그로부터 9개월 뒤에는 왕비였던 마리 앙투아네트도 마찬가지로 단두대에 서는 신세가 되었습니다.

쇤브룬 궁전과 나폴레옹

1804년 프랑스의 황제로 등극한 나폴레옹 1세는 1년 뒤인 1805년에 오스테를리츠Austerlitz에서 러시아-오스트리아 연합군을 상대로 큰 승리를 거둡니다. 그것은 나폴레옹이 평생 가장 자랑스럽게 생각한 승리이며, 파리의 카루젤 개선문과 방돔 광장의 원주, 에투알 개선문 등은 그 승리를 기리기 위해 세우도록 한 것입니다.

오스테를리츠 전투 4년 뒤인 1809년 7월, 나폴레옹은 빈 근처의 바그람Wagram에서 오스트리아를 상대로 또 한 번 승리를 거두고, 그해 10

에투알 개선문의 부조 / 승리의 여신 니케를 손에 들고 있는 나폴레옹

승리의 여신으로부터 월계관을 받는 나폴레옹의 발치에 마리아 테레지아 여제가 무릎 꿇고 있다. 오스테를리츠 전투는 마리아 테레지아가 아닌 프란츠 2세 때 있었지만, 나폴레옹은 자신이 굴복시킨 합스부르크 제국을 상징하는 인물로 마리아 테레지아를 선택했다.

방돔 광장에 세워진 원주 꼭대기에 설치된 이 조각상을 통해 오스테를리츠 전투에서의 승리를 나폴레옹이 얼마나 자랑스럽게 생각하는지를 엿볼 수 있다. 니케를 손에 들 수 있는 것은 오직 아테나 여신뿐인데, 놀랍게도 나폴레옹은 전쟁의 여신 아테나를 흉내 내고 있는 것이다.

쇤브룬 궁전 정문의 오벨리스크

월 14일에 쇤브룬 궁전에서 평화협정을 체결합니다. 말이 평화협정이지, 오스트리아 입장에서는 굴욕적인 패전 문서에 조인한 셈이었습니다.

쇤브룬 궁전의 정문을 들어서다 보면 황금빛 독수리가 금방이라도 날아오를 듯한 역동적인 자세로 앉아 있는, 양쪽으로 우뚝 솟은 오벨리스크 형태의 기념비가 눈길을 끕니다. 마치 합스부르크 제국의 영광을 드러내는 것처럼 당당한 모습이지만, 이것은 나폴레옹이 오스트리아를 점령하고 쇤브룬 궁전을 프랑스군 사령부로 쓸 때 세운 것이라고 합니다. 두 개를 세운 것은, 자신이 오스트리아를 상대로 거둔 두 번의 승리를 기리기 위해서였다고 하는군요.

사정이 이러하니 오스트리아로서는 나폴레옹의 위협으로부터 나라를 지킬 수 있는 방도를 모색하지 않을 수 없었습니다. 그 결과 결혼 동맹을 추진했는데, 나폴레옹이 자식을 낳지 못한 조세핀과 이혼하자 오스트리아 측에서 프란츠 2세의 딸 마리 루이즈를 나폴레옹과 결혼시키려 한 것입니다. 1810년에 나폴레옹과 마리 루이즈는 결혼식을 올리게 되지요.

　전형적인 정략결혼이었던 두 사람의 결혼은 1년 뒤 마리 루이즈가 아들을 낳으면서 그 결실을 맺습니다. 나폴레옹으로서는 자신의 후계자인 나폴레옹 2세Napoleon II(혹은 로마 왕Roi de Rome)가 탄생했으므로 마리 루이즈와의 결혼에 만족했을 듯합니다. 나폴레옹 일가의 행복한 모습을 담은 그림들이 다수 남아 있는 것을 보면 그런 짐작을 하게 됩니다.

　그러나 3년 뒤인 1814년에 나폴레옹이 모스크바 원정에 실패하고 엘바섬으로 유배가면서 이들 가족의 행복은 끝납니다.

　프란츠 2세의 보호 아래 마리 루이즈와 나폴레옹 2세는 오스트리아 왕궁에서 생활하게 되었지만, 나폴레옹에 대한 적대감이 강했던 오스트리아 사람들에게 나폴레옹 2세는 잠재적인 적으로 여겨졌습니다. 특히

❶ Georges Rouget, '1810년 4월 2일, 나폴레옹과 마리 루이즈의 결혼식'
❷ Georges Rouget, '로마 왕을 대신들에게 소개하는 나폴레옹 1세'
❸ 작자 미상, '마리 루이즈, 로마 왕과 함께 튈르리 궁전을 산책하는 나폴레옹 1세'

Leopold Fertbauer, '프란츠 2세의 가족'

나폴레옹 2세의 유모차

파리 앵발리드에 있는 나폴레옹 2세의 무덤

나폴레옹 2세가 오스트리아 왕궁에서 생활할 때의 모습이 담긴 그림으로, 왼쪽부터 바이에른 공주 카롤리네 아우구스테(프란츠 2세의 네 번째 부인), 프란츠 2세, 나폴레옹 2세, 조피 프리데리케, 마리 루이즈, 페르디난트 1세, 프란츠 카를. 페르디난트 1세와 프란츠 카를은 마리 루이즈의 동생들이며, 조피 프리데리케는 프란츠 카를의 부인이다.

재상 메테르니히는 노골적으로 그를 위험인물 취급했다고 합니다. 더구나 마리 루이즈가 자신이 상속받은 파르마 공국으로 떠나 재혼한 뒤 아들을 거의 돌보지 않았으므로 나폴레옹 2세의 외로움과 상실감은 더욱 컸습니다. 그런 까닭인지 그는 21세의 젊은 나이로 쉰브룬 궁전 나폴레옹의 방에서 사망했습니다. 나폴레옹이 몰락하지 않았다면 프랑스의 2대 황제가 되었을 나폴레옹 2세의 쓸쓸한 죽음이었지요.

나폴레옹 2세는 아버지인 나폴레옹 1세가 묻힌 파리 앵발리드에 묻혀 있으며, 호프부르크의 제국 보물실에 요람이, 쉰브룬 궁전의 마차박물관에 어린 시절 탔던 어린이용 유모차가 남아 있습니다.

Part 1 빈의 궁전

제국의 마지막 황제, 카를 1세

카를 1세

황위와는 거리가 멀어 보이던 카를 1세가 합스부르크 제국의 황위를 계승하게 된 까닭을 살펴보면, 마치 운명의 여신이 그를 위해 장난을 친 게 아닐까 하는 생각이 들 정도입니다. 그 정도로 많은 사건들이 연속해 일어나 그를 황위 쪽으로 이끌었기 때문입니다.

자식이 없는 페르디난트 1세가 하야하고 난 뒤 황위는 그의 조카인 프란츠 요제프 1세에게 넘어갑니다. 황제의 동생인 프란츠 카를이 형의 뒤를 이어 황위에 오르는 것이 순리였으나, 그가 자신의 장남에게 양보하였기 때문이지요.

황제가 된 프란츠 요제프 1세에게는 황태자로 책봉된 루돌프라는 외아들이 있었는데, 아버지와의 갈등 끝에 자살하고 맙니다. 황제에게는 더 이상의 아들이 없었지요.

이런 상황에서는 황제의 남동생이 후계자가 되는 것이 당시의 관례였습니다. 황제인 프란츠 요제프 1세에게는 세 명의 남동생이 있었는데, 첫째 동생은 멕시코의 황제가 되었다가 처형당한 막시밀리안 1세 Maximilian I of Mexico로 자녀를 두지 못했지요. 그리하여 둘째 동생인 카를 루트비히Karl Ludwig가 황위 계승자로 정해졌는데, 불행히도 그는 형보다 먼저 세상을 떠납니다. 프란츠 요제프 1세는 1916년에 사망하는데, 카를 루트비히는 1896년에 사망한 것입니다. 다시 황위 계승자를 정해야 했으므로, 카를 루트비히의 장남인 프란츠 페르디난트Franz Ferdinand를 후계자로 삼습니다. 그런데 그는 1914년에 사라예보에서 암살당하고 맙니다. 그로 인해 제1차 세계대전이 발발하는데, 하여간 그가 황제보다 일찍 세상을 떠났으니 다시 후계자를 정해야 하는 상황이 된 것입니다.

프란츠 페르디난트는 암살당할 당시 두 아들을 두고 있었으므로, 그의 장남이 아버지의 뒤를 이어 후계자가 되는 것이 상식에 맞았지만 그의 경우에는 상황이 달랐습니다. 그가 귀천상혼貴賤相婚(신분이 다른 사람끼리의 결혼. 여기서는 프란츠 페르디난트가 황족이 아닌 여인과 결혼한 것을 말함)하면서 '두 사람 사이에서 태어나는 자녀는 프란츠 페르디난트의 작위를 계승하지 못한다.'는 조항에 동의하였기 때문입니다.

그리하여 프란츠 페르디난트의 동생인 오토 프란츠Otto Franz(1906년 사망) 가문에서 후계자를 찾을 수밖에 없어 그의 장남인 카를 1세를 선택한 것입니다. 프란츠 요제프 1세의 입장에서는 종손자從孫子(형제의 손자)를 후계자로 삼은 것이니, 당시 합스부르크 제국의 후계자 선정 문제가 파란만장하였음을 알 수 있습니다.

프란츠 요제프 1세가 사망(1916년)한 뒤 황제가 된 카를 1세는 나름대로 국정을 챙기려 노력했을 것입니다. 29세의 젊은 황제였으니까요.

그러나 황위 계승자로 정해지는 과정을 통해 짐작할 수 있듯이, 그는 어려서부터 체계적으로 제왕학을 배운 사람이 아니었습니다. 알 수 없는 운명의 힘에 이끌려 1914년에 후계자가 되었고, 겨우 2년 뒤에 황제가 된 것입니다. 그런 그에게 몰락의 길로 치닫는 제국을 통치하는 것은 버거운 일이었습니다. 게다가 독일과 동맹을 맺고 제1차 세계대전에 참전했기 때문에 연합군 측으로부터 경제 봉쇄를 당한 것은 치명적이었습니다. 물자 부족으로 굶주림에 시달리던 백성들이 제정 타도를 외치며 격렬히 저항한 것입니다. 그는 독일과의 동맹을 포기하고 전쟁을 끝내려 했지만, 연합군 측의 동의를 얻는 데 실패했습니다.

결국 카를 1세 치세 때 합스부르크 제국은 오스트리아, 헝가리, 체코슬로바키아, 유고슬라비아, 폴란드 등의 여러 신생국가로 분열되었고, 그 자신 또한 1918년에 황제의 업무를 빼앗기고 1년 뒤에는 스위스로 망명함으로써 폐위당하는 신세가 되었습니다.

헝가리 국왕으로 복위하려는 시도를 두 차례 했으나 실패한 뒤, 포르투갈의 마데이라 제도에서 은거하다가 폐렴 합병증으로 사망했습니다. 그는 합스부르크 제국의 마지막 황제로서 자신의 제국이 역사의 뒤안길로 사라지는 것을 지켜볼 수밖에 없는 무력한 처지였습니다.

쇤브룬 평면도

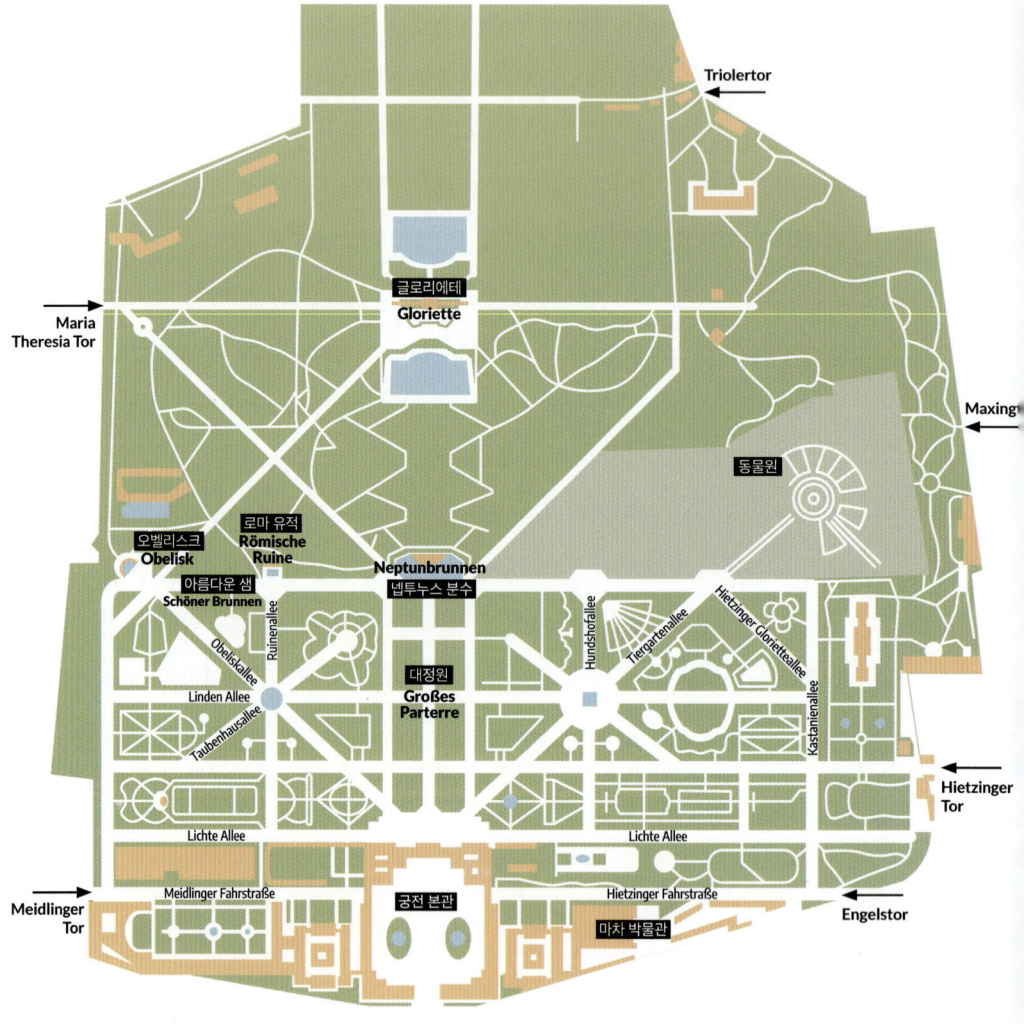

쇤브룬의 정원 ④

쇤브룬 궁전 뒤편에는 1.7km² 달하는 드넓은 정원이 펼쳐져 있습니다. 단순히 화단을 아름답게 조성한 것에 그치지 않고, 조각상·분수·연못·온실·미로원·잔디 언덕·숲·동물원 등을 적재적소에 배치하였으며, 궁전 이름의 기원이 된 에게리아의 샘, 승전 기념비인 글로리에테, 폐허로 변한 로마 유적을 흉내 낸 시설 등이 들어선 공간이지요.

대정원은 좌우대칭의 평면에 기하학적으로 디자인된 전형적인 프랑스식 정원입니다. 베르사유 궁전의 정원을 본 사람이라면 쇤브룬 궁전의 대정원이 베르사유를 모방했다는 사실을 눈치챌 수 있을 것입니다. 아마도 합스부르크 제국이 프랑스에 지지 않는 국력을 과시하기 위해 베르사유 궁전에 버금가는 웅장하고 화려한 궁전을 지으려 한 게 아닐까 하는 생각이 듭니다. 그러나 규모나 수준 면에서 쇤브룬의 정원은 베르사유의 정원에 못 미칩니다. 그렇더라도 바로크 양식의 궁전 건물과 궁전 뒤편에 조성된 프랑스식 정원은 베르사유 궁전을 연상시키는 것이 사실입니다. 이것은 벨베데레 궁전의 경우도 마찬가지이지요.

베르사유 궁전은 이후에 등장하는 유럽 바로크 양식 궁전들의 효시로, 이를 능가하는 일이 사실상 불가능했을 거라고 짐작됩니다. 쇤브룬 궁전이나 벨베데레 궁전 또한 그런 예에 해당합니다.

넵투누스 분수 앞 조각상 배치도

1 · 아르테미시아
2 · 칼리오페
3 · 부르투스와 루크레티아
4 · 케레스와 바쿠스
5 · 아이네아스와 안키세스
6 · 앙게로나
7 · 이아손
8 · 아스파시아
9 · 옴팔레
10 · 플로라
11 · 바칸테
12 · 아폴로
13 · 히게이아
14 · 베스탈
15 · 파리스
16 · 한니발
17 · 멜레아그로스
18 · 머큐리
19 · 여사제
20 · 쿠마에의 무녀
21 · 아스클레피오스
22, 23 · 케레스 여신을 모시는 여사제
24 · 헤라클레스
25 · 페르세우스
26 · 파비우스 막시무스 쿵크타토르
27 · 플로라
28 · 헬레나의 납치
29 · 야누스와 벨로나
30 · 마르스와 미네르바
31 · 암피온
32 · 가이우스 무키우스 스카이볼라

대정원의 조각상들

쉰브룬 궁전의 대정원에는 좌우로 수많은 조각상들이 배치되어 장관을 이룹니다. 넵투누스 분수와 본관 건물 사이의 공간에 32개의 조각상이 있는데, 그리스·로마 신화 속 인물도 많고 역사적으로 중요한 발자취를 남긴 실존 인물도 있습니다.

넵투누스 분수에서 내려다본 대정원과 그 좌우에 늘어선 조각상들

아르테미시아　　　　　　　칼리오페　　　　　　　브루투스와 루크레티아

1 · 아르테미시아 Artemisia : 역사적으로 아르테미시아라는 이름을 가진 유명한 여인은 둘인데, 아르테미시아 1세는 크세르크세스 1세 치하에서 페르시아 제국의 함대를 지휘한 여성이고, 아르테미시아 2세는 남편 마우솔로스를 위해 거대한 영묘를 건축한 여성입니다. 이 조각상은 아르테미시아 2세를 표현한 것입니다.

2 · 칼리오페 Calliope : 그리스 신화에 나오는 예술의 여신 무사이(뮤즈) 중 한 명으로 서사시를 관장하며, 아폴론과의 사이에서 아들 오르페우스를 낳았습니다.

3 · 브루투스와 루크레티아 Brutus & Lucretia : 정숙한 여인이었던 루크레티아는 로마 왕정 시기의 마지막 왕인 타르퀴니우스의 아들 섹스투스에게 능욕당한 후 자결했습니다. 이 일로 분노한 로마 시민들은 브루투스의 지휘 아래 타르퀴니우스를 추방했는데, 이로써 로마 왕정이 막을 내리고 공화정이 시작되었지요. 조각상은 브루투스가 루크레티아를 부축하고 있는 형태입니다.

케레스와 바쿠스　　　　아이네아스와 안키세스　　　　앙게로나

4 · 케레스와 바쿠스 Ceres & Bacchus : 대지의 여신이자 수확의 여신인 케레스는 손에 곡식 다발을 들고 있고, 술의 신 바쿠스는 표범 가죽을 어깨에 걸치고 있습니다. 표범은 그리스 신화 속에서 술의 신 디오니소스의 상징 동물입니다.

5 · 아이네아스와 안키세스 Aeneas & Anchises : 트로이의 왕족이었던 안키세스는 미의 여신 아프로디테와 사랑을 나눈 일이 있는데, 그로 인해 아들 아이네아스가 태어났습니다. 트로이성이 불바다가 되었을 때 아프로디테는 아들 아이네아스 앞에 나타나 성을 탈출하도록 도왔다고 합니다. 조각상은 아이네아스가 아버지 안키세스를 둘러메고, 아들 아스카니오스를 데리고 트로이성을 탈출하는 장면을 표현했습니다.

6 · 앙게로나 Angerona : 로마 신화 속 고통과 침묵의 여신으로, 당시 사람들은 그녀가 고통과 슬픔에서 사람들을 안심시킨다고 여겼습니다. 조각상을 보면 앙게로나가 손가락으로 입을 가리키며 조용히 하라고 이르는 모습입니다.

이아손　　　　　　　아스파시아　　　　　　　옴팔레

7 · 이아손 Jason : 왼팔에 황금 양가죽을 걸치고 있는 조각상의 청년은 이아손입니다. 이아손의 아버지 아이손은 동생인 펠리아스에게 부당하게 왕권을 빼앗겼는데, 이아손은 아버지가 왕권을 되찾을 수 있도록 하기 위해 콜키스로 황금 양가죽을 구하러 떠납니다. 그리스의 내로라하는 영웅들이 모두 모여 아르고호를 타고 떠난 이야기는 영웅들의 모험담 중에서도 흥미진진하기로 유명합니다.

8 · 아스파시아 Aspasia : 고대 그리스 당시 정치와 수사학에 능통했던 여인으로, 아테네의 장군 페리클레스의 애인이었습니다. 여성의 사회적 지위가 낮았던 시대에 이름을 남긴 것으로 보아 탁월한 재능을 지녔던 것으로 여겨지며, 그 때문인 듯 지혜의 여신 미네르바처럼 표현되었습니다.

9 · 옴팔레 Omphale : 그리스 신화에서 헤라클레스를 노예로 부린 리디아의 여왕입니다. 헤라클레스는 친구 이피토스를 살해한 죄를 씻기 위

플로라   바칸테   아폴로

해 그녀에게 노예로 팔렸으며, 노예살이하는 동안 여인처럼 얌전히 길쌈을 하며 지냈다고 하지요. 조각상을 보면 헤라클레스의 상징인 사자 가죽과 몽둥이를 옴팔레가 지니고 있습니다.

10 · 플로라 Flora : 물동이를 이고 있는 꽃의 요정 플로라입니다. 물동이에 꽃다발을 얹은 것으로 보아 꽃의 요정임을 짐작할 수 있습니다.

11 · 바칸테 Bacchante : 바쿠스 신의 여사제로 다른 말로는 미네드Maenad라고 하며, 남자 사제는 바칸트Bacchant라고 합니다. 술의 신 바쿠스를 추종하는 여자이므로 포도송이를 잔뜩 머리에 이고 있습니다.

12 · 아폴로 Apollo : 태양, 음악, 시, 예언, 의술, 궁술 등 다양한 분야를 관장하는 아주 매력적인 신(그리스 신화의 아폴론)입니다. 제우스와 레토 여신 사이에서 태어났으며, 달의 여신 아르테미스와 쌍둥이 남매간입니다.

히게이아　　　　　　　　베스탈　　　　　　　　파리스

13 · 히게이아 Hygieia : 그리스 신화에 등장하는 건강과 위생을 주관하는 신으로, 의술의 신 아스클레피오스의 딸입니다. 아스클레피오스가 건강과 재생을 상징하는 뱀을 지팡이에 감고 있는 것처럼, 히게이아도 뱀을 지니고 있습니다. 조각상을 보면 그녀가 뱀을 팔로 감은 채 접시에 담긴 물을 먹이고 있습니다.

14 · 베스탈 Vestal : 로마 신화에서 불을 관장하는 여신을 베스타라고 하고, 베스타 여신의 신전에서 불을 관리하는 여사제를 베스탈이라고 했습니다. 로마를 건국한 로물루스의 어머니인 레아 실비아도 베스탈이었다고 하지요.

15 · 파리스 Paris : 양치기의 복장을 하고 손에 둥근 물체를 들고 있는 조각상의 청년은 파리스입니다. '세상에서 가장 아름다운 여신에게'라

한니발　　　　멜레아그로스

는 글귀가 새겨진 황금 사과를 받고, 누구에게 그것을 줄 것인지 망설이는 모습으로 보입니다. 세상에서 가장 강력한 권력을 주겠다는 헤라와, 가장 뛰어난 지혜를 주겠다는 아테나의 제안을 뿌리치고, 그는 세상에서 가장 아름다운 여인을 주겠다는 아프로디테에게 황금 사과를 건네줍니다. 그 일은 10년에 걸친 트로이 전쟁의 원인이 되고, 결국 트로이는 불바다가 되어 역사에서 사라지지요.

16·한니발 Hannibal : 2차 포에니 전쟁 때 알프스의 산을 넘어 로마로 진격했던 카르타고의 명장입니다. 그는 지략이 뛰어나고 용맹했지만, 아테나 여신은 카르타고와 한니발 편이 아니었지요. 한니발의 패배로 카르타고는 버틸 힘을 잃고 무너져 역사에서 사라졌습니다.

17·멜레아그로스 Meleagros : 그리스 신화에 등장하는 영웅으로, 칼리돈의 괴물 멧돼지를 퇴치하기 위해 영웅들을 불러 모아 사냥 대회를 열었던 인물입니다. 멧돼지는 퇴치했지만, 논쟁 끝에 외숙부들을 죽인 일로 어머니의 분노를 사서 목숨을 잃게 됩니다. 그는 대개 멧돼지와 함께 표현되는데 이 조각상 또한 마찬가지로, 발치에 멧돼지의 머리가 보입니다.

머큐리　　　　　　　　여사제　　　　　　　쿠마에의 무녀

18 · 머큐리 Mercury : 머큐리는 그리스 신화 속의 헤르메스와 동일한 존재인데, 이 조각상은 양가죽이 걸쳐진 기둥에 기대어 피리를 부는 모습으로 표현되었습니다. 양가죽은 그의 별칭인 크리오포레스Kriophores(양을 짊어진 자)와 관련 있고, 피리를 부는 모습은 그가 아르고스(눈이 100개 달렸다고 하는 그리스 신화 속 거인)를 죽일 때 피리를 불어 잠들게 한 일과 관련 있어 보입니다. 그의 또 다른 별칭이 아르게이폰테스Argeipnontes(아르고스를 죽인 자)인 것입니다. 그리고 그가 기대고 있는 기둥 아래쪽에는 리라가 걸려 있는데, 이는 아폴론의 소를 훔친 헤르메스가 리라를 만들어 선물하고 화해했다는 신화 속 이야기와 관련이 있어 보입니다.

19 · 여사제priestess : 신전에서 쓰는 것으로 보이는 접시를 들고 있는 여사제입니다.

20 · 쿠마에의 무녀 Sibyl of Cumae : 사랑을 고백하며 소원을 들어주겠다고 하는 아폴론에게 쿠마에의 무녀는 흙 한 줌의 알갱이 숫자만큼 오래 살고 싶다고 합니다. 그녀의 사랑을 원했던 아폴론은 소원을 들어주지

아스클레피오스   케레스 여신을 모시는 여사제   케레스 여신을 모시는 여사제

만, 무녀는 긴 수명만 받고 아폴론을 배신하지요. 분노한 아폴론은 그녀가 오래 살기는 하되 끝없이 늙어가도록 만들었습니다. 그녀는 결국 '죽고 싶다'고 절규하며 죽지 못하는 고통에 몸부림쳤다고 합니다. 조각상을 잘 보면 무녀는 오른손에 흙 한 줌을 움켜쥔 것처럼 보입니다.

21 · 아스클레피오스 Asclepius : 그리스 신화에 나오는 의술의 신으로, 아폴론의 아들입니다. 어찌나 의술이 뛰어났던지 죽은 사람까지 살릴 정도였는데, 저승의 신 하데스의 항의를 받은 제우스가 세상의 질서를 지키기 위해 벼락을 내려 죽게 했다고 하지요. 그의 상징물은 뱀이 감고 올라가는 지팡이인데, 이 조각상에서도 볼 수 있습니다.

22,23 · 케레스 여신을 모시는 여사제 Priestess of goddess Ceres : 그리스 신화 속 대지의 여신 데메테르에 대응되는 로마 신화의 케레스는 대지에서 생산되는 것들의 수확을 관장하는 여신입니다. 조각상은 케레스를 모시는 여사제를 표현한 것으로, 과일과 곡식이 가득 담긴 바구니를 머리에 이고 있습니다.

| 헤라클레스 | 페르세우스 | 파비우스 막시무스 쿵크타토르 |

24 · 헤라클레스 Heracles : 옴팔레의 궁전에서 바느질과 길쌈질을 하던 당시의 헤라클레스를 표현한 것입니다. 그가 오른손에 들고 있는 물건이 바로 실을 뽑을 때 쓰는 가락바퀴(방추차)입니다.

25 · 페르세우스 Perseus : 제우스와 아르고스의 공주 다나에 사이에서 태어났으며, 훗날 메두사의 목을 베어 유명해졌습니다. 조각상도 메두사의 머리를 들고 있는 모습입니다. 참고로 그가 지닌 날개 달린 신발과 모자는 헤르메스에게 빌린 것이고, 기대고 서 있는 방패 아이기스는 아테나에게 빌린 것입니다.

26 · 파비우스 막시무스 쿵크타토르 Fabius Maximus Cunctator : 신중한 태도로 깊은 생각에 잠겨 있는 파비우스 막시무스 쿵크타토르는 로마 제국

플로라   헬레나의 납치

의 장군으로, 2차 포에니 전쟁 때 전면전 대신 지연 전술을 사용해 로마인의 비난을 받았던 인물입니다. 그러나 결과적으로는 한니발 군대의 전투력을 무력화시켜 승리의 원동력이 되었지요. '쿵크타토르'는 '굼뜬 사람'이라는 뜻으로 로마인들이 그의 전략을 이해하지 못하고 비난할 때 쓴 말이지만, 결과적으로 그가 옳았다는 것이 밝혀진 뒤에는 명예로운 뜻을 갖게 되었습니다.

27 · 플로라 Flora : 둥근 꽃다발을 들고 있는 꽃의 요정 플로라입니다.

28 · 헬레나의 납치 Abduction of Helen : 제우스와 스파르타의 왕비 레다 사이에서 태어난 헬레나는 세상에서 가장 아름다운 여인이었습니다. 그녀는 어렸을 적에 아테네의 영웅 테세우스에게 납치된 일이 있고, 스파르타의 왕 메넬라오스와 결혼한 후에는 트로이 왕자 파리스에게 유혹당해 트로이로 가는 바람에 트로이 전쟁의 원인이 되었습니다. 조각상 속 그녀는 성숙한 여인인 것으로 보아 파리스에게 유혹당했을 때의 모습인 것 같습니다.

야누스와 벨로나　　　　　　　마르스와 미네르바

29 · 야누스와 벨로나 Janus & Bellona : 야누스는 로마 신화에 나오는 문의 신으로, 앞뒤로 달린 두 개의 얼굴을 가졌습니다. 그리스 신화에 대응되는 신이 없는 드문 경우이지요. 벨로나는 로마 신화 속의 전쟁의 여신으로, 마르스의 부인(혹은 누이동생)이라고 합니다. 조각상을 보면 야누스는 두 개의 얼굴을 갖고 있으며, 벨로나는 투구를 쓰고 흉갑胸甲(가슴 부위를 보호하는 금속제 갑옷)을 걸쳤습니다.

30 · 마르스와 미네르바 Mars & Minerva : 전쟁의 신 마르스(그리스 신화의 아레스)와 지혜와 전쟁의 여신 미네르바(그리스 신화의 아테나)입니다. 조각상을 보면 둘 다 전쟁을 관장하는 신답게 투구를 쓰고 있는데, 미네르바는 메두사의 머리가 부착된 방패를 들었고 마르스는 칼을 뽑으려 하고 있습니다. 미네르바가 마르스를 만류하는 자세인 것으로 보아, 같은 전쟁 신이라도 미네르바가 훨씬 현명하고 침착하게 대처한다는 것을 짐작할 수 있습니다.

암피온　　　　　　　　　　　가이우스 무키우스 스카이볼라

31 · 암피온 Amphion : 제우스와 안티오페의 아들로 태어나 테바이의 왕이 된 인물입니다. 탄탈로스의 딸 니오베와 결혼하여 14남매를 두었지만 니오베가 레토 여신을 모독한 까닭에 아폴론과 아르테미스에 의해 모두 잃었고, 암피온은 절망 끝에 자살했다고 전해집니다. 조각상을 보면 리라(칠현금)를 켜고 있는데, 그가 젊은 시절 헤르메스로부터 리라를 배워 연주의 달인이 되었다는 내용을 표현한 것으로 보입니다.

32 · 가이우스 무키우스 스카이볼라 Gaius Mucius Scaevola : 로마의 용맹한 청년으로, 에트루리아와 전쟁이 났을 때 죽음을 두려워 않는 태도로 에트루리아인을 감복시켰다고 합니다. '스카이볼라'라는 별칭은 '왼손잡이'란 뜻인데, 그가 자신의 용맹함을 증명하기 위해 오른손을 불 속에 넣었기 때문에 얻은 것입니다. 조각상을 보면 오른손을 불 속에 넣고 있습니다.

글로리에테

쉰브룬 궁전 뒤쪽으로 가면 드넓은 대정원이 아름답게 펼쳐져 있고, 멀리 언덕 위로 건물 한 채가 서 있는 것이 보입니다. 합스부르크 제국이 프로이센을 상대로 거둔 전쟁의 승리를 기념하기 위해 세운 글로리에테 Gloriette입니다. 1775년에 마리아 테레지아가 건축가 페르디난트 폰 호엔베르크 Ferdinand von Hohenberg에게 건축을 명해 지은 건물이라고 합니다. 현재는 카페와 전망대 용도로 쓰이고 있지요.

글로리에테라는 건축 용어는 초당草堂이나 작은 정자를 의미합니다. 그러나 쉰브룬 궁전에 들어선 글로리에테는 웅장하고 장엄한 개선문 형태의 건물입니다. 아마도 제국의 영광을 드러낼 목적에서 의도적으로 크게 지은 것 같습니다.

글로리에테 지붕 중앙에는 월계관을 물고 막 비상하려고 하는 황금색 독수리(독수리는 합스부르크 제국의 상징)가 조각되어 있는데, 건축 의도를 가장 잘 나타내는 요소라고 생각됩니다.

독수리 아래로는 '요제프 2세 아우구스토와 마리아 테레지아 아우구스타가 1775년에 세우다 IOSEPHO II AUGUSTO ET MARIA THERESIA AUGUSTA ERECT 1775'라는 문장이 새겨져 있습니다. 요제프 2세는 마리아 테레지아의 아들로 신성로마제국의 황제가 되었으며 어머니와 함께 오스트리아를 통치했습니다. 아우구스토는 로마 제국의 황제를 가리키는 말이고, 아우구스타는 아우구스토의 여성형 명사입니다.

글로리에테

IOSEPHO II. AVGVSTO
ET
MARIA THERESIA AVGVSTA
IMPERANTIB.
ERECT. CIƆIƆCCLXXV.

글로리에테 지붕의 황금 독수리와 그 아래 새겨진 글귀

글로리에테에 설치된 트로피 / 파괴된 상태로 보존되고 있는 트로피 조각들
대정원에서 올려다 본 글로리에테 / 글로리에테에서 내려다본 쉰브룬 궁전과 빈 시내

　글로리에테 양쪽 출입구 쪽에는 각각 두 개씩의 대형 트로피가 새겨져 있습니다. 전쟁의 승리를 기리기 위한 건물에 어울리는 조각상인데, 요한 하겐하우어Johann Hagenhauer의 작품인 원본은 제2차 세계대전 때인 1945년에 파괴되어 글로리에테 근처에 조각난 상태로 보존되어 있고, 현재 서 있는 것들은 복제품입니다.

　글로리에테는 대정원 쪽에서 올려다볼 때도 아름답지만, 이곳에서 내려다보는 경관도 빼어나므로 시간이 넉넉하다면 꼭 올라가보기를 권합니다. 쉰브룬 궁전과 대정원뿐만 아니라 빈 남쪽의 경관까지도 함께 감상할 수 있기 때문입니다.

넵투누스 분수

글로리에테와 대정원 사이에 넵투누스 분수가 있습니다. 그리스 신화 속 포세이돈이 로마 신화로 옮겨가 넵투누스로 이름을 바꾸었지만, 맡은 역할은 동일합니다. 바다를 포함한 세상의 모든 물을 관장하는 으뜸 신이지요.

그래서 로마 제국에 속했던 유럽의 여러 나라들을 여행하다 보면 물과 관련된 장소에서 넵투누스를 흔히 볼 수 있습니다. 대표적인 경우가 바로 분수이지요. 쇤브룬 궁전의 넵투누스 분수 또한 마찬가지입니다.

분수 중앙에 삼지창을 들고 있는 넵투누스가 보입니다. 그를 바라보고 있는 여인은 바다의 요정 출신으로 그의 부인이 된 암피트리테가 아닐까 합니다. 혹은 그를 수행하는 네레이드 Nereid (바다 요정) 중의 한 명일 수도 있습니다.

넵투누스 분수   넵투누스

넵투누스의 말을 통제하는 트리톤

트레비 분수의 넵투누스와 트리톤, 그리고 히포캄포스

Etienne Jeaurat, '넵튠'

   넵투누스 좌우로는 흰 말을 통제하려고 애쓰는 네 명의 젊은 남자가 보입니다. 그런데 그들을 잘 보니 하반신이 물고기의 꼬리로 표현되었군요. 바로 넵투누스의 아들인 트리톤입니다. 트리톤은 상반신은 인간이고 하반신은 물고기인 인어입니다.

   트리톤이 통제하려고 애쓰는 흰 말은 넵투누스의 상징인 히포캄포스 Hippocampus 입니다. 신화 속에서 넵투누스는 흰 말이 끄는 마차를 타고 다니는데, 아마도 흰 말은 하얗게 부서지는 파도를 뜻하는 것으로 보입니다.

   넵투누스와 그를 수행하는 트리톤, 그리고 트리톤이 통제하는 히포캄포스는 로마 트레비 분수에서도 볼 수 있고, 화가들이 남긴 그림에서도 볼 수 있는 요소들입니다.

로마의 폐허

넵투누스 분수에서 멀지 않은 곳에 로마 시대의 유적지처럼 만들어 놓은 곳이 있습니다. 오래되어 폐허로 변한 것처럼 보이게 만든 이곳은 '로마의 폐허Roman Ruins'라고 불립니다. 실제로 로마 시대의 유적이 남아 있는 것이 아니라, 인공적으로 조성한 것입니다.

글로리에테, 넵투누스 분수, 로마의 폐허, 오벨리스크 분수 등이 비슷한 시기에 조성되었으며, 로마의 폐허는 요한 페르디난트 헤첸도르프 폰 호헨부르크Johann Ferdinand Hetzendorf von Hohenberg의 지휘로 1778년에 완성되었다고 합니다.

'로마의 폐허'라는 이름으로 불리고 있지만, 앞에 세워놓은 설명문에 의하면 이것은 카르타고의 유적에서 영감을 얻은 것이라고 하는군요. 카르타고는 세 차례에 걸친 로마와의 전쟁(포에니 전쟁) 끝에 멸망한 나

로마의 폐허 전경

다뉴브강과 엔스강을 상징하는 조각 　　　'로마의 폐허' 자료 그림

라입니다. 영웅 한니발의 조국이지요.

　카르타고의 폐허를 모방한 것이든, 혹은 로마 제국의 어느 유적을 흉내낸 것이든, 이것은 인공적으로 폐허 상태를 재현한 것입니다. 아름다운 궁전 한쪽에 일부러 이런 것을 만든 의도는 무엇일까요? 현재의 영광이 곧 폐허로 변할 수 있다는 사실을 잊지 말라는 경고의 의미를 담고 있는 것입니다. 실제로 이것을 만들 당시는 제국의 영화를 누렸지만, 결국 합스부르크 제국은 역사의 뒤안길로 사라지고 말았지요.

　로마의 폐허 앞에 있는 조각상은 다뉴브Danube강과 엔스Enns강(다뉴브강의 남쪽 지류)을 상징합니다. 늙은 남자가 다뉴브강을, 젊은 여자가 엔스강을 상징하는 것으로 보입니다.

　'로마의 폐허' 앞에 세워둔 표지판에서 로마의 폐허를 그려놓은 그림을 보았습니다. 겨울철의 쓸쓸한 모습도 보는 이에게 부귀영화의 부질없음을 절실히 느끼게 하지만, 녹음방초 우거진 계절에 보는 폐허의 유적지 모습도 마찬가지로 인생무상을 깨닫게 하였을 것 같습니다.

에게리아 조각상

로마의 폐허 근처에 쇤브룬 궁전 이름의 탄생 배경이 되는 샘의 유적이 있습니다. 작은 동굴 형태의 건물 안에 물 항아리를 안고 있는 젊은 여인 조각상이 있는 이곳이 바로 17세기 초에 마티아스 황제가 사냥 도중 발견했다는 샘이 있던 곳입니다. 이 샘의 물맛이 좋아서 '쇤브룬(아름다운 샘Schöner Brunnen)'이라고 불렀고, 나중에 그 자리에 들어선 궁전을 쇤브룬 궁전이라고 했다는 설명을 앞에서 했습니다.

그런데 물 항아리를 안고 있는 이 여인은 누구일까요? 샘의 요정 에게리아Egeria라고 합니다. 그녀는 널리 알려져 있는 요정은 아니지만, 로마 역사서에 등장하기도 하므로 잠깐 알아보겠습니다.

'아름다운 샘'의 에게리아 조각상

Ulpiano Checa, '누마 폼필리우스에게 로마의 법을 받아 적게 하는 에게리아'

로마를 건국한 초대 왕은 잘 알려진 대로 로물루스Romulus입니다. 그리고 그 뒤를 이어 2대 왕이 된 인물이 바로 누마 폼필리우스Numa Pompilius인데, 그는 여러 가지 종교 의식을 제정한 왕으로 알려졌습니다. 야누스 신전을 세우고 유피테르 신전과 마르스 신전에 신관을 배치한 것 등이 다 그의 업적입니다. 그런데 그가 이런 결정을 내리는 데 에게리아의 역할이 컸다는 것입니다.

누마 폼필리우스는 밤마다 로마의 포르타 카페나Porta Capena의 숲(에게리아의 제단이 있는 성소)으로 에게리아를 찾아가서 법률과 종교 등에 관한 조언을 받았다고 합니다. 그녀가 정치적 조언자의 역할에 머물렀는지, 아니면 훗날 부인이 되었는지는 정확히 알 수 없지만, 왕이 죽은 뒤 디아나Diana(그리스 신화의 아르테미스) 여신의 신성한 숲으로 갔다는 설이 전해집니다. 누마 폼필리우스의 죽음으로 인해 상심해 하는 에게리아를 안쓰럽게 여긴 디아나가 그녀를 샘으로(혹은 샘의 요정으로) 변하게 했다는 것입니다. 그녀가 샘의 요정으로 불리는 것은 그 때문이며, 그런 이유로 유럽에는 에게리아가 설치된 샘이 더러 있는 것입니다. 쇤브룬 궁전의 중요한 샘에 그녀가 설치된 것도 같은 이유에서이므로 설명했습니다.

3장

벨베데레 궁전
Belvedere Palace

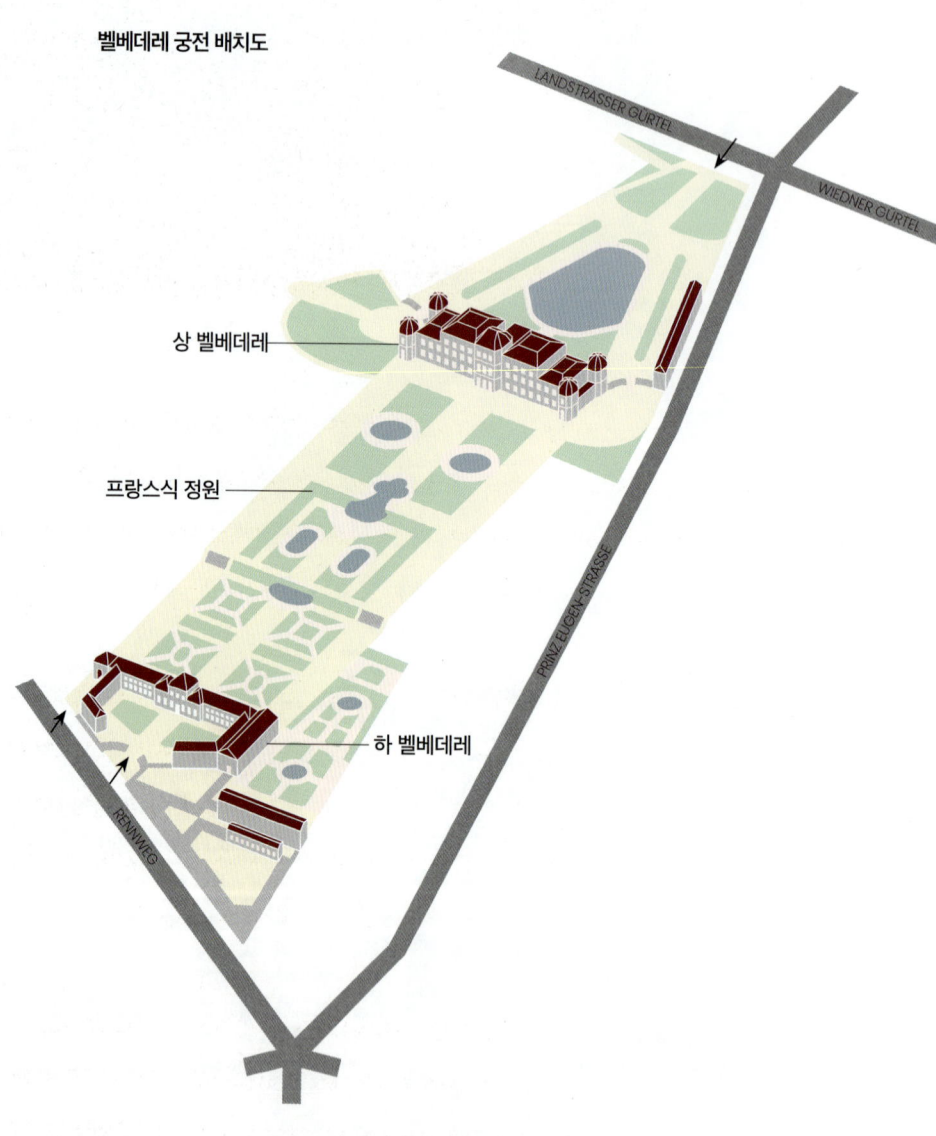

오이겐 공자의 여름 별궁, 벨베데레 ①

벨베데레 궁전Schloss Belvedere, Belvedere Palace이라는 이름은 '좋은bel 전망 vedere'이라는 뜻을 갖는 이탈리아어에서 비롯되었으며, 건축에서는 대개 평원이 내려다보이는 낮은 언덕에 지은 전망 좋은 건물을 벨베데레라고 합니다. 바티칸 박물관의 벨베데레 정원도 같은 어원을 갖는 말입니다.

1683년 오스트리아를 침략한 오스만튀르크군을 무찌른 사보이의 오이겐 공자Eugen von Savoyen가 여름 별궁으로 지은 벨베데레 궁전은 그의 사후 합스부르크 황실에서 사들여 미술품을 전시하는 공간으로 사용했습니다. 사라예보에서 암살당한 프란츠 페르디난트 황태자가 1914년까지 이곳에서 거주했으며, 1955년 5월 15일에 상 벨베데레 Oberes Belvedere, Upper Belvedere 1층(우리 식으로는 2층)에 있는 대리석의 방 Marmorsaal에서 '오스트리아 국가 조약(정식 명칭은 독립적·민주적 오스트리아의 재건을 위한 국가 조약State Treaty for the Re-Establishment of an Independent and Democratic Austria)'이 체결되었습니다. 제2차 세계대전의 패전국으로서 연합국(미국, 영국, 프랑스, 소련)의 신탁통치를 받던 오스트리아가 완전한 자유와 독립을 얻는 뜻깊은 순간이었지요.

그런 역사적인 의미를 생각하지 않더라도 벨베데레 궁전은 건물 자체의 아름다움으로 보는 이를 매료시킵니다. 오스트리아 바로크 건축의 거장 요한 루카스 폰 힐데브란트Johann Lukas von Hildebrant가 설계한 상 벨베데레와 하 벨베데레Unteres Belvedere, Lower Belvedere는 단아하고 기품 있으며, 두 건물 사이에 조성된 프랑스풍의 정원은 특히 아름답습니다.

1712년 하 벨베데레의 건축이 시작되었으며, 1717년에는 정원 조성까지 마치게 됩니다. 정원 조경은, 베르사유 궁전에서 일했으며 바이에른의 선제후 막스 에마누엘Max Emanuel의 궁전에서 정원사로 일했던 도미니크 지라르Dominique Girard가 맡았습니다.

하 벨베데레와 정원이 완성된 1717년에 연회장으로 사용할 상 벨베데레의 건축을 새로 시작하여 1723년에 완공합니다. 1층 대리석의 방 천장에 장엄한 프레스코화를 그리는 것으로 벨베데레 궁전의 모든 공사가 마무리되었습니다.

합스부르크 황실의 미술품 전시실로 쓰이던 벨베데레 궁전은 제1차 세계대전이 끝난 뒤 오스트리아 정부 소유의 박물관으로 개조되어 오스트리아의 대표적 회화 작품들을 전시하는 공간이 되었습니다. 가장 대표적인 작품이 바로 구스타프 클림트의 '키스'이지요.

하 벨베데레에는 중세 오스트리아의 기독교 관련 미술품(로마네스크 및 고딕 양식 작품)과 바로크 양식의 작품들이 주로 전시되어 있고, 상 벨베데레에는 19~20세기에 제작된 오스트리아 화가들의 작품과 르누아르Renoir, 모네Monet 등 프랑스 인상주의 화가들의 작품이 전시되어 있습니다.

상 벨베데레에서 바라본 정원과 하 벨베데레

정원 쪽에서 바라본 상 벨베데레

지식 충전

오스트리아의 영웅, 사보이의 오이겐 공자

빈에서는 오이겐 공자 Prinz Eugen von Savoy의 흔적을 여러 곳에서 발견할 수 있습니다. 호프부르크의 헬덴플라츠에 있는 그의 기마상이 대표적인 예입니다.

슈테판 대성당의 '성 십자가 예배당'은 모차르트의 장례 미사가 치러진 곳으로도 유명하지만, 오이겐 공자의 묘가 있는 곳으로 더 유명합니다. 그곳에서 1974년에 오이겐 공자의 심장이 들어 있는 항아리가 발견되었다고 하는군요.

벨베데레 궁전은 오이겐 공자와 관련하여 빈에서 가장 중요한 장소일 것입니다. 이곳은 그가 오스만튀르크를 물리치는 공을 세우며 오스트리아의 영웅으로 여겨지던 시기에 합스부르크 황실의 지원을 받아 짓고 생활한 공간이기 때문입니다.

그렇다면 오스트리아 역사에서 중요한 인물로 대접받는 그는 누구일까요? 뜻밖에도 오이겐 공자는 오스트리아 사람이 아닙니다. 오스트리아의 적국이라고 할 수 있는 프랑스 출신입니다.

훗날 오스만튀르크의 침략을 막아내 '유럽을 이슬람교도의 손아귀로부터 구해낸 영웅'으로 추앙받는 오이겐 공자는 1663년 10월 18일 파리에서 태어났습니다. 아버지 오이겐 모리스 Eugen Maurice는 사보이 공국 Ducato di Savoia의 방계 일족이었으며, 어머니 올림피아 만치니 Olympia Mancini는 추기경 마자랭 Mazarin의 조카이자 루이 14세의 정부情婦였다고 합니다.

5형제 중 막내였던 그는 군인이 되어 프랑스를 위해 공을 세우고 싶어 했으나 몸집이 왜소한 탓인지 입대가 거부되었습니다. 군인이 되는 대신 성직자가 되기를 강요받았지만, 위대한 군인이 되는 꿈을 접을 수 없었던 그는 오스트리아로 망명하여 합스부르크 제국의 군인이 되었습니다. 그를 받아준 이는 강력한 군대를 만들기 위해 고심하던 레오폴트 1세였지요.

그가 자신의 진면목을 보여주는 데는 많은 시간이 필요하지 않았습니다. 그의 나이 겨우 20세이던 1683년에 빈을 공격한 오스만튀르크 군대를 물리침으로써 뛰어난 전술 능력과 용맹함을 증명했으며, 일약 오스트리아의 영웅으로 떠오릅니다. 1697년에는 합스부르크 제국군의 원수가 되었으니, 그의 나이와 적국 프랑스 출신이라는 배경을 생각할 때 매우 이례적인 일이었습니다. 그 뒤로도 그는 참전하는 전쟁마다 승리하여 합스부르크 제국에 영광을 안겨줍니다. 스페인 왕위계승 전쟁에 개입하여 프랑스를 상대로 승리를 거뒀고, 1716년에 터키와 치른 페테르바라

Jacob van Schuppen, '사보이의 오이겐 공자'
(벨베데레 궁전 1층 13번 방)

다인Peterwaradein 전투에서 승리했으며, 1717년에는 베오그라드에 있던 터키의 성채를 함락시켰습니다.

군인으로서 신출귀몰하는 능력을 보여준 오이겐 공자는 정치가로서도 뛰어난 역량을 보여 레오폴트 1세, 요제프 1세, 카를 6세 등 3대에 걸쳐 황제의 자문관을 지냈습니다.

그는 1736년 4월 21일 향년 73세로 빈에서 세상을 떠난 뒤, 빈 시민들의 애도 속에 슈테판 대성당 성 십자가 예배당에 묻혔습니다.

오스트리아에는 '고귀한 기사Edler Ritter'라는 제목의 민요가 전해지는데, 오이겐 공자가 1716~1718년의 오스트리아-오스만튀르크 전쟁에서 승리한 것을 찬양하는 내용이라고 합니다. 특정 제왕이나 귀족, 정치가, 혹은 장군을 찬양하는 민요를 찾아보기 힘든 오스트리아에서 유일하게 오이겐 공자를 기리는 민요가 전해진다는 것은, 그만큼 그에 대한 오스트리아 사람들의 존경과 사랑이 지극하다는 의미일 것입니다.

지식 충전

제1차 세계대전의 원인이 된 황태자 암살 사건

1914년 6월 28일 아침, 보스니아의 수도인 사라예보에서 몇 발의 총성이 울렸습니다. 총을 맞고 쓰러진 이는 오스트리아-헝가리 제국의 황위 계승권자인 프란츠 페르디난트Franz Ferdinand와 그의 부인 조피 초테크 Sophie Chotek였지요. 그들은 군사 훈련을 참관하기 위해 사라예보를 방문했다가 세르비아인들의 비밀 결사 단체인 '검은 손Crna ruka'의 대원 가브릴로 프린치프Gavrilo Princip가 쏜 총을 맞고 목숨을 잃은 것입니다.

프란츠 페르디난트와 조피 초테크

황태자 암살 순간 현장 사진

그러면 세르비아인이 왜 보스니아를 방문한 오스트리아-헝가리 제국의 황태자를 암살한 것일까요.

당시 세르비아는 독립한 상태였고, 보스니아는 오스트리아-헝가리 제국에 의해 무력으로 병합당한 상태였습니다. 세르비아 민족주의자들은 발칸반도의 남슬라브 민족은 세르비아를 중심으로 통일 국가를 세워야 한다고 주장했는데, 프란츠 페르디난트가 보스니아에 자치권을 부여하려 하자 반발한 것입니다. 보스니아가 자치권을 얻으면 세르비아 중심의 통일 국가 건설에 협조하지 않을 것이라고 보았기 때문이지요.

그렇기 때문에 세르비아 민족주의자들은 황태자를 눈엣가시로 여기고 암살하려고 했는데, 그런 상황에서 사라예보를 방문한 프란츠 페르디난트는 위험 속으로 뛰어든 셈이었지요.

자신들의 뜻을 이루기 위해 황태자 암살이라는 극단적인 방법을 선택한 세르비아 사람들은 예상치 못한 사건 전개에 당황합니다. 제1차 세계대전이라는 전대미문의 대참사가 그로부터 비롯되었기 때문입니다.

제1차 세계대전이 어떻게 시작되었는지 알아보기 전에, 우선 프란츠 페르디난트가 누구인가를 알아봅시다.

그는 황태자라고 불렸지만, 사실 황제의 아들이 아니었습니다. 당시 황제였던 프란츠 요제프 1세의 조카(둘째 동생의 큰아들)였지요. 황태자였던 황제의 외아들 루돌프가 자살하고, 황제의 첫째 동생이었던 막시밀리안 1세는 자녀를 두지 못한 채 멕시코 땅에서 처형당했기 때문에 둘째 동생인 카를 루트비히를 후계자로 지명할 수밖에 없었습니다. 그는 프란츠 페르디난트의 아버지이지요. 그런데 카를 루트비히가 황제인 형보다 먼저 세상을 떠나는 바람에 그의 큰아들인 프란츠 페르디난트가 황태자로 책봉된 것입니다.

새로 황태자가 된 프란츠는 큰아버지인 황제와 사이가 원만하지 못했다고 합니다. 정치적인 견해 차이도 있었지만, 제일 큰 문제는 황실이 반대하는 결혼을 한 점이었지요. 장차 황제가 될 사람인 만큼 황실의 권위에 걸맞은 신분의 여자와 결혼하기를 요구하는 황제에 맞서 프란츠는 백작의 딸인 조피 초테크와 결혼하겠다고 고집을 부린 것입니다. 백작의 딸이면 평민은 아니지만, 귀족의 서열 중 낮은 편이므로 황태자의 배필로는 어울리지 않는다는 것이 당시 황실 사람들의 생각이었지요.

황태자가 끝내 고집을 꺾지 않아 결혼에는 성공했지만, 이들은 황실 안에서 냉대를 받았다고 합니다. 조피 초테크는 황태자의 부인이었음에도 황태자비로 인정받지 못해 황실 행사 때는 가장 뒷자리에 앉아야 했고, 그녀가 낳은 자식들은 아버지의 성을 물려받을 수 없었으며 후계자가 될 수도 없었습니다. 그래서 그가 죽은 뒤 새로이 황태자가 된 것은 그의 아들이 아니라 그의 조카인 카를 1세였던 것입니다.

황실 안에서 이런 대접을 받던 황태자 부부였으므로 그들이 암살당했을 때 크게 슬퍼한 사람은 없었을 것입니다. 그러나 그들의 죽음은 정치적으로 이용됩니다. 발칸반도에 세력을 키우려던 오스트리아-헝가리 제국에 좋은 빌미가 된 것입니다.

오스트리아-헝가리 제국은 황태자 암살 사건에 세르비아 정부가 개입되었다며 7월 28일 선전포고를 합니다. 그러자 발칸반도에 세력을 확대하려는 야심을 품은 러시아가 세르비아 편을 들어 오스트리아에 선전포고를 했지요. 독일은 오스트리아의 동맹임을 내세워 러시아에 선전포고하고, 곧이어 러시아의 동맹인 프랑스에도 선전포고를 합니다. 그러자 영국은 프랑스의 동맹임을 내세워 독일에 선전포고를 하였지요.

이렇게 되니 암살당한 황태자나 암살 사건에 관련된 세르비아와 보스니아는 뒷전으로 밀려나고, 유럽은 오스트리아-헝가리 제국, 독일, 러시아, 프랑스, 영국 등 당시의 강대국들이 모두 전쟁에 뛰어든 셈이 되었습니다.

제1차 세계대전은 황태자의 무고한 죽음에서 비롯되었지만, 누구도 그의 죽음을 진심으로 애도하지 않았습니다. 다만 자국의 이익을 극대화하려는 강대국들의 야욕이 유럽 대륙을 살육의 벌판으로 만들었던 것입니다.

벨베데레의 공간과 작품들 ②

여행자들이 벨베데레 궁전을 찾는 중요한 목적은 아마도 클림트의 '키스'를 보려는 것이 아닐까 합니다. 그래서 하 벨베데레는 건너뛰고 상 벨베데레 입장권만 사는 사람이 많고, 상 벨베데레에서도 유독 '키스'가 전시된 1층 5번 방에만 사람들이 많습니다.

바로크 건축의 걸작이라고 일컬어지는 벨베데레 궁전은 건물 자체로서의 아름다움도 빼어난 데다가 클림트의 작품 이외에도 오스트리아가 자랑하는 유명한 화가들의 작품이 많이 소장되어 있으므로 차분하게 감상하는 시간을 갖는 게 좋을 것입니다.

상 벨베데레 안으로 들어선 사람이 제일 먼저 만나는 공간은 살라 테레나Sala terrena라고 하는, 현관에 해당하는 곳입니다. 우리 식으로는 1층에 해당하지만 유럽식으로는 0층인 이곳은 네 명의 남자가 고통스러운 자세로 천장을 떠받치고 있는데, 이것은 서양 건축에서 '아틀란테스atlantes'라고 하는 양식의 기둥입니다. 여인이 지붕을 떠받치고 있는 '카리아티드caryatid'와 대조되는 개념이지요. 아틀란테스는 그리스 신화에서 티타노마키아Titanomachia(제우스를 주축으로 한 올림포스산의 신들과 그들의 선대 신인 티탄 신들이 치른 전쟁) 때 올림포스 신들에게 패한 뒤 천공을 떠

네 개의 아틀란테스 기둥이 천장을 떠받치고 있는 살라 테레나

0층 중세 미술품이 전시된 방

받치는 벌을 받고 있다고 생각하는 티탄 신 아틀라스에서 가져온 이미지입니다.

   살라 테레나의 오른쪽에는 중세 시대에 제작된 기독교 관련 미술품들이 전시되어 있습니다. 독실한 기독교 신자들에게는 의미 깊은 곳이겠지만, 클림트의 명성에 이끌려 벨베데레 궁전을 찾은 여행자들에게 상대적으로 소홀한 대접을 받는 곳이기도 합니다.
   이제 계단을 따라 올라가 봅시다.

대리석의 방

계단을 따라 1층으로 올라가면 붉은색 대리석으로 장식된 넓은 공간이 나오는데, '대리석의 방Marmorsaal, Marble Hall'이라고 불립니다. 1955년에 '오스트리아 국가 조약'이 체결된 이 방은 대리석 벽면과 천장의 프레스코화가 장엄한 분위기를 자아냅니다.

이 방에서 체결되었다는 오스트리아 국가 조약Österreichischer Staatsvertrag에 대해 잠깐 알아봅시다.

1938년에 나치 독일에 합병된 오스트리아는 1939년에 발발한 제2차 세계대전 때 좋든 싫든 독일 편에서 전쟁을 치를 수밖에 없었습니다. 이때 오스트리아는 독일의 일부였으니까요.

제2차 세계대전의 원인을 한마디로 요약하기는 어렵겠지만, 식민지 쟁탈을 위해 경쟁하던 유럽의 강대국들이 자신들의 국익을 위해 충돌한 것으로 보는 견해가 우세합니다. 직접적으로는 1939년 9월 1일에 독일이 폴란드를 침공하였고, 이에 대해 영국과 프랑스가 독일을 상대로 선전포고한 것을 전쟁의 시발점으로 봅니다.

동아시아에서의 패권을 차지하려던 일본이 추축국樞軸國(제2차 세계대전 당시 연합국과 싸웠던 나라들이 형성한 국제 동맹. 독일, 이탈리아, 일본이 중심이 됨)에 가담하였으므로, 일본의 식민지 상태였던 우리나라도 제2차 세계대전과 무관하다고 할 수 없지요. 남북 분단의 원인이 거기에 있기 때문입니다.

1939년에 발발한 제2차 세계대전은 1945년 8월 15일 일본이 항복함으로써 종전되었지만, 유럽의 경우는 5월 8일 독일이 항복하면서 전쟁이 끝난 것으로 봅니다. 독일의 항복으로 오스트리아는 패전국 신세

대리석의 방   대리석의 방 천장화

가 되었지요. 제1차 세계대전을 일으켰다가 패전한 뒤 다시금 패전국이 된 것입니다.

추축국의 항복으로 전쟁은 멈추었지만, 전후 처리 문제는 간단하지 않았습니다. 연합국의 이해관계가 서로 달랐기 때문이지요. 특히 공산주의 국가인 소련은 독일이라는 공동의 적에 대항하기 위해 연합국의 일원으로 싸웠지만, 미국 등의 서방 세계와 지향하는 바가 같지 않았습니다.

전후 처리 과정에서 전범국인 독일이 동서로 분단되고, 수도였던 베를린이 소련이 접수한 동베를린과 미국, 영국, 프랑스가 접수한 서베를린으로 나뉜 것은 그런 까닭에서였습니다.

그러면 오스트리아는 어떻게 처리되었을까요.

오스트리아 또한 독일과 마찬가지로 연합국에 의해 네 지역으로 분할 점령되어 1955년까지 신탁통치를 받았습니다. 오스트리아의 동부 지역을 차지한 소련은 빈을 포함한 점령 지역을 공산화하려는 계획을 세웠지만 빈 시민들의 저항에 막혀 포기했다고 합니다. 그 뒤로 10년에 걸친 지루한 협상 끝에 오스트리아가 독일과 연합하지 않고 영세중립국으로 남는다는 조건과 합스부르크 황실을 되살리지 않는다는 조건하에 독립하는 것을 연합국이 동의하여 1955년 5월 15일에 오스트리아 국가 조약이 체결된 것입니다.

생 베르나르의 나폴레옹

대리석의 방에서 오른쪽(정문 쪽을 보고 섰을 때)으로 가면 '키스'가 걸려 있는 5번 방이 나오는데 클림트의 작품은 따로 설명하기로 하고, 그 밖의 화가들의 작품 몇 점을 감상하도록 하겠습니다.

Jacques Louis David, '생 베르나르의 나폴레옹'

1층 20번 방에는 자크 루이 다비드가 그린 '생 베르나르의 나폴레옹 Napoleon at the Great St. Bernard'이 있습니다. 갈기를 휘날리는 흰 말을 타고 군대를 지휘하는 나폴레옹을 그린 작품으로, '알프스를 넘는 나폴레옹 Napoleon Crossing the Alps'이란 제목의 다른 그림들과 쌍둥이 같은 작품입니다. 마치 "나의 사전에는 불가능이란 없다."라고 외치는 것 같습니다.

나폴레옹은 1800년 5월에 이탈리아를 정복하기 위해 군대를 이끌고 알프스의 산을 넘습니다. 혹자는 나폴레옹이 로마를 공격하기 위해 알프스를 넘었던 한니발 장군을 모방한 것이라고 하며, 또 다른 이는 프랑스에서 가장 빨리 이탈리아 제노바로 가는 길은 알프스를 넘는 것이었기 때문에 선택한 것이라고 합니다. 하여튼 알프스의 생 베르나르 고개를 넘어 이탈리아로 간 나폴레옹은 비록 제노바 전투에서는 패했지만, 6월의 마렝고 전투에서 승리하며 이탈리아 원정을 승리로 이끌었습니다.

이 그림을 그린 자크 루이 다비드는 열렬한 나폴레옹 숭배자로, 위대한 승리자로서의 나폴레옹을 부각시키기 위해 이처럼 멋진 자세로 알프스를 넘는 것으로 표현했다고 합니다. 나폴레옹의 요구에 따른 것일 수도 있지요.

그러나 눈 덮인 알프스를 넘는 나폴레옹을 사실적으로 묘사한 그림은 따로 있습니다. 객관적으로 비교해 보아도 폴 들라로슈의 그림이 훨씬 설득력이 있습니다. 자크 루이 다비드의 작품이 나폴레옹을 미화하기 위한 정치적 선전물 대접을 받는 것은 어쩔 수 없는 일인 것 같습니다.

Paul Delaroche, '알프스를 넘는 나폴레옹'

오스트리아의 3대 화가

세기말(19세기 말부터 20세기 초)의 빈은 다양한 예술 분야에서 유럽의 중심이었다고 할 수 있습니다. 비단 음악뿐만 아니라 미술, 건축, 실내 장식, 무대 예술 등에서도 역량 있는 예술가들이 모여들어 빈은 문화적 황금기를 누렸지요. 현재의 빈은 그런 세기말의 예술 성과를 내세워 수많은 여행자들을 유혹하는 것입니다.

미술에서는 구스타프 클림트Gustav Klimt, 에곤 실레Egon Schiele, 오스카 코코슈카Oskar Kokoschka 등이 특히 유명하며 중요합니다. 클림트의 대표작인 '키스'가 전시되어 있는 벨베데레 궁전에서, 오스트리아의 3대 화가라고 할 수 있는 그들에 대해 알아봅시다.

구스타프 클림트

구스타프 클림트는 오스트리아가 자랑하는 화가로, 제체시온 운동의 핵심 인물이었습니다. 그는 회화뿐만 아니라 미술사박물관과 부르크 극장, 제체시온 회관의 벽과 천장에 그린 그림으로도 자신의 역량을 충분히 보여주고 있지요.

금세공 장인의 아들로 태어난 클림트는 빈 예술공예학교에 입학하여 그림을 공부했습니다. 그의 그림에 황금색이 많이 쓰이고, 금속 공예품을 연상시키는 문양이 자주 보이는 것은 아마도 어린 시절 아버지의 작업을 보면서 자란 것과 무관하지 않을 것입니다.

학교를 졸업한 뒤 클림트는 링슈트라세 주변의 공공건물 벽화와 천장화 작업으로 실력을 인정받았고, 프란츠 요제프 1세로부터 황금공로훈장을 받기도 했습니다. 그 무렵 그에게는 탄탄대로가 열린 것만 같았지요.

그러나 1894년에 의뢰받은 빈 대학교 대강당 천장화는 그가 보수적인 빈 화단과 결별하고 제체시온을 창설하는 계기가 되었습니다. 그는 철학, 의학, 법학의 알레고리를 자신만의 독특한 표현 양식으로 그려냈는데, 지나치게 에로틱한 것이 문제가 되었습니다. 신성한 학문의 전당에 포르노그래피 같은 저속한 그림을 그렸다 하여 비난이 들끓었던 것입니다. 결국 여론을 수용하여 수위를 낮춘 그림으로 수정한 이후 클림트는 다시는 공공 작업을 맡지 않았습니다.

'모든 시대에는 그 시대의 예술을, 예술에는 자유를'이라고 부르짖으며 제체시온을 창설하고 자신들만의 작품 세계를 자유롭게 펼치는 데 주력한 것이지요.

자, 그러면 벨레데레의 핵심이라고 할 수 있는 구스타프 클림트의 그림을 감상하여 봅시다. 벨베데레는 클림트의 작품을 가장 많이 소장하고 있기도 하거니와 가장 중요한 작품들을 소장하고 있는 미술관으로 이름 높습니다. 클림트 애호가들에게는 성지聖地 같은 곳이지요.

클림트의 대표작이라고 할 수 있는 '키스'는 1층 5번 방에 전시돼 있습니다. '키스'는 그가 알마 쉰들러Alma Schindler(구스타프 말러와 결혼하여 알마 말러로 불리는 여인으로, 당대의 유명한 화가였던 에밀 제이콥 쉰들러의 딸이므로 처녀적에는 알마 쉰들러로 불렸음)와 키스한 일을 그림으로 표현한 것이라는 주장이 있습니다. 두 사람은 알마가 구스타프 말러와 결혼하기 전에 잠깐 사귄 적이 있지만 결혼에 이르지는 못했고, 그 뒤로 두 사람은 각각 복잡한 애정 편력을 남기게 됩니다.

'키스'가 걸려 있는 1층 5번 방은 '클림트의 방'이라고 할 수 있으며, 주로 클림트의 인물화들이 전시되어 있습니다. 그의 그림에서 주목할 만한 것은 악처 또는 요부와 같은 이미지를 풍기는 여성들을 그린 작품과 에로틱한 느낌을 주는 작품들입니다. '유디트', '물뱀', '키스' 등이 대표적인 예이며, 벨베데레에는 없지만 '다나에'도 그런 유형의 작품이지요.

그러나 클림트가 인물화만 그렸던 것은 아닙니다. 그가 그린 다양한 풍경화를 우리는 상 벨베데레에서 볼 수 있습니다. 풍경화는 주로 1층 7번 방에 전시되어 있습니다.

에곤 실레의 작품을 가장 많이 소장하고 있는 곳은 레오폴트 미술관이지만, 그 못지않게 상 벨베데레에도 많은 작품이 있으므로 에곤 실레를 좋아하는 사람들에게는 반가운 곳일 겁니다. '포옹'(1층 8번 방), '죽음과 소녀'(1층 8번 방), '가족'(1층 9번 방), '창이 있는 벽'(1층 8번 방), '출판업자 에두아르트 코스마크의 초상화'(1층 8번 방) 등, 그의 특징이 한눈에 드러나는 작품들을 한곳에서 감상할 수 있습니다.

에곤 실레는 구스타프 클림트를 존경하여 그의 문하에서 그림을 공부했습니다. 클림트는 실레의 실력에 깊은 관심을 갖고 아꼈다고 합니다.

에곤 실레의 그림은 보는 이를 당혹스럽게 만드는 면이 있습니다. 인체를 뒤틀리고 괴이하게 표현하는가 하면, 여인의 몸을 지나치게 노골적으로 묘사하여 음란해 보이기까지 하기 때문입니다. 그는 빈 근처 노이렝바흐Neulengbach란 마을에 머물 때 미성년인 소녀를 유혹했다는 죄목

키스 / 유디트 / 물뱀
클림트, 시골집 / 에곤 실레, 죽음과 소녀

으로 체포된 적이 있는데, 경찰이 그의 스튜디오에서 발견한 스케치를 포르노물로 생각하여 기소했다는 이야기가 전합니다.

그러나 그의 그림은 다른 화가들의 그림에서는 찾아볼 수 없는 그만의 독특한 개성이 있으므로 세기말의 빈 화단을 대표하는 화가로 평가받는 것입니다.

1층 9번 방에는 오스카 코코슈카의 자화상이 있습니다. 그는 표현주의적인 인물화와 풍경화에 뛰어난 솜씨를 보였는데, 화가로서의 활약상보다는 오히려 구스타프 말러의 부인이었던 알마 말러Alma Mahler와의 스캔들로 더 유명합니다.

알마 말러는 세기말 '빈의 뮤즈'란 별칭으로 불릴 정도로 많은 예술가들과 염문이 있었는데, 그중에 오스카 코코슈카도 있었습니다. 두 사람은 알마의 첫 번째 남편인 구스타프 말러가 사망한 후 약 2년 동안 사귄 것으로 알려졌습니다.

오스카 코코슈카는 알마와 사귈 때 그녀의 초상화와 그녀를 모델로 한 그림, 그리고 두 사람의 격정적인 사랑을 암시하는 '바람의 신부Bride of the Wind'를 그렸는데, 그럼에도 불구하고 결혼에는 이르지 못했습니다.

알마와의 사랑이 끝난 뒤에도 알마를 닮은 인형을 가지고 다닐 정도로 그녀에 대한 오스카 코코슈카의 사랑은 집착에 가까운 것이었지요.

오스트리아의 3대 화가와 관련해서 빠뜨릴 수 없는 곳이 또 있습니다. 바로 레오폴트 미술관Leopold museum입니다. 빈 박물관 지구 Museumsquartier(19세기 말부터 현대에 이르는 예술을 테마로 한 미술관과 박물관이 모여 있는 곳으로 미술사박물관 근처에 있음)에 있는 이곳은 오스트리아의 근·현대 미술 작품을 감상하기에 좋은 곳이며, 특히 에곤 실레를 좋아하는 사람에게는 최고의 미술관이 아닐까 합니다. 에곤 실레의 작품을 가장 많이 소장하고 있는 곳이기 때문입니다.

레오폴트 미술관은 미술품 수집가였던 루돌프 레오폴트Rudolf Leopold가 수집한 5,000여 점의 미술 작품을 토대로 설립되었습니다. 미술관의

레오폴트 미술관 외관
레오폴트 미술관 내부
에곤 실레, '꽈리 열매와 함께 있는 자화상'
클림트, '죽음과 삶'

이름은 루돌프 레오폴트로부터 비롯된 것이지요.

 레오폴트 미술관에는 에곤 실레뿐만 아니라 빈을 대표하는 화가인 구스타프 클림트와 오스카 코코슈카의 작품도 다수 전시되고 있는데, 미술관 측에서는 클림트의 '죽음과 삶Death and life', 에곤 실레의 '꽈리 열매와 함께 있는 자화상Self Portrait with Physalis'을 대표작으로 내세우는 듯합니다.

하 벨베데레

하 벨베데레는 오이겐 공자가 살아있을 당시에는 그의 여름 별궁으로 사용되었습니다. 미혼이었던 그가 세상을 떠나자 조카인 안나 빅토리아(오이겐 공자의 형 토마스의 딸)가 유일한 상속자로서 오이겐 공자의 막대한 유산을 물려받았는데, 유감스럽게도 그녀는 숙부의 유산을 관리하는 데는 관심이 없었습니다. 벨베데레 궁전은 합스부르크 왕가에 팔았고, 벨베데레 궁전에 소장되어 있던 수많은 장서와 미술품도 함께 팔아넘겼습니다. 현재 왕궁도서관(제국도서관)에 소장된 귀중한 서적 대

하 벨베데레

부분이 오이겐 공자가 수집한 것들인 까닭이 거기에 있습니다. 그 밖의 미술품은 황실에서, 가구들은 귀족들이 다투어 구입했다고 알려져 있습니다.

하 벨베데레는 상 벨베데레에 비해 주목을 받지 못하기 때문에 관람객이 적어 도리어 차분하게 감상할 수 있으며, 각 방마다 인테리어가 독특해 보는 재미가 있으므로 빠뜨리지 말고 둘러보기를 권합니다. '궁전'이라고 불리는 벨베데레의 진면목을 알기에는 오히려 하 벨베데레 쪽이 더 낫지 않은가 생각합니다.

비록 전시물의 유명세 측면에서는 상 벨베데레에 밀리지만, 정교하고 개성 있는 실내 인테리어를 감상하는 것만으로도 여행의 즐거움을 만끽할 수 있을 것입니다.

하 벨베데레의 아름다운 방들

Part 2.
빈의 성당

1장
슈테판 대성당
St. Stephen's Cathedral

빈의 심장, 슈테판 대성당 ①

슈테판 대성당Stephansdom, St. Stephan's Cathedral은 빈의 중심에 있습니다. 서 있는 위치로 보나, 빈 사람들의 삶에서 차지하는 비중으로 보나, 슈테판 대성당은 빈의 심장과 같은 존재입니다.

1147년에 최초로 세워진 슈테판 대성당은 로마네스크 양식Romanesque style의 건물이었는데, 아마도 당시의 유행을 따른 것으로 보입니다. 로마네스크 양식이란, 10~12세기 무렵에 유행한 기독교 건축 양식으로 로마 시대 건축의 주된 특징인 둥근 아치를 폭넓게 받아들인 데서 붙은 이름입니다. 두꺼운 벽, 둥근 아치, 커다란 탑 등이 특징으로, 뒤이어 나타나는 고딕 양식과는 외형상 뚜렷한 차이점이 있습니다.

최초의 슈테판 대성당이 어떤 모습이었는지를 짐작할 수 있는 단서가 남아 있습니다. '슈테판 대성당 건설 현장을 방문한 하인리히 공작 Duke Heinrich visits the construction site of the Stefanskirche'이란 제목의 그림이 그것입니다. 여기서 말하는 하인리히 공작은 오스트리아의 첫 번째 통치 가문인 바벤베르크 가문Babenberger Dynastie의 8번째 군주로, 재위 시기가 1141~1177년인 하인리히 2세Heinrich II를 말합니다. 슈테판 대성당 건설 당시 그는 오스트리아 변경백邊境伯(중세 세습 귀족 중 타국과 영토가 맞닿은 지역을 관할하던 봉건 영주를 말하며, 외적의 침략에 대비하기 위한 군사권과 자

Part 2 빈의 성당

슈테판 대성당 건설 현장을 방문한 하인리히 공작　　　　　　　현재의 슈테판 대성당 정면(서쪽 면)

치권을 갖고 있었음)과 바이에른 공작公爵을 겸하고 있었습니다.

　그림 속의 슈테판 대성당을 보면, 정면 부분이 현재의 모습과 거의 비슷한 것을 알 수 있습니다. 현재의 대성당 파사드에 최초의 로마네스크 양식 흔적이 남아 있는 것입니다.

　12세기에 완공된 최초의 슈테판 대성당은 1230~1245년에 개축됩니다. 바벤베르크 가문의 마지막 지배자인 프리드리히 2세Friedrich II(재위 1230~1246년) 때의 일로, 이때는 후기 로마네스크 양식에 초기 고딕 양식이 결합된 형태였다고 합니다.

　슈테판 대성당은 1304년에 알브레히트 2세Albrecht II가 빈의 위상을 높일 목적에서 증축을 명함으로써 새로운 모습으로 도약할 토대를 다졌고, 루돌프 4세Rudolf IV 때 현재와 같은 고딕 양식의 웅장한 건물로 완공되었습니다. 대성당 안에 들어가 보면, 종교적으로 빈의 위상을 높이고자 했던 알브레히트 2세의 목적이 충분히 달성되었음을 알 수 있습니다. 그러나 슈테판 대성당의 상징이라고 할 수 있는 고딕 양식의 첨탑(남쪽 탑)은 1440년에야 비로소 완성되었으며, 북쪽 탑은 끝내 제 모습을 갖추지 못한 채 오늘에 이르고 있습니다.

슈테판 대성당의 모형을 들고 있는 루돌프 4세　　폭격으로 화재에 휩싸인 슈테판 대성당
(1945년 4월 12일)

주교의 문(대성당 북쪽 면에 위치) 안에 슈테판 대성당의 모형을 들고 있는 루돌프 4세의 조각상이 있는데, 그가 들고 있는 모형을 보면 이교도의 탑이라고 불리는 두 개의 탑만 보일 뿐, 고딕 양식의 탑은 보이지 않습니다. 아마도 루돌프 4세 당시에는 첨탑에 대한 계획이 없었던 듯합니다.

빈의 심장이자 영혼인 슈테판 대성당은 외침外侵이 있을 때마다 맨 먼저 공격 대상이 되는 신세를 피할 수 없었습니다. 대표적인 예가 오스만 튀르크의 침공 때와 제2차 세계대전 때로, 당시 크게 파괴되었지만 빈 시민들이 힘을 합쳐 복구하여 현재에 이르고 있습니다.

지식 충전

고딕 양식 건축물의 특징

슈테판 대성당은 고딕 양식의 특징을 잘 보여주는 건축물입니다. 슈테판 대성당 외에도 보티프 성당Votivkirche이 고딕 양식의 교회 건물로 분류됩니다. 이들 성당을 이해하기 위해 먼저 고딕 양식의 건축물(특히 교회 건물)이 어떤 특징을 갖는지 알아봅시다.

고딕Gothic이란, '고트족스러운'이란 뜻으로 멸시의 의미를 담은 말이었습니다. '야만스러운 것'이란 말과 같은 뜻이었지요. 이탈리아의 건축가이자 화가였던 조르조 바사리Giorgio Vasari는 고딕 양식을 이렇게 폄하했습니다. 그런데 재미있는 것은 그의 지적에 고딕 양식의 특징이 잘 요약되어 있다는 점입니다.
"고트족(즉, 참된 고전을 배운 적이 없는 야만인들)은 독자적인 양식을 발전시켰으나, 그것은 고전의 소박한 아름다움이라고는 찾아볼 수 없는 드높은 첨탑과 기괴하고 불필요한 장식을 모아놓은 것에 불과하다."

고딕 양식의 첨탑. 보티프 성당

르네상스 시대의 사람들이 보기에는 아름답기는커녕 기괴하고 우스꽝스러울 뿐인 양식이었는지 모르지만, 고딕 양식은 그 뒤로도 교회 건축물에 즐겨 응용되었습니다. 하늘에 닿고자 하는 기독교 신자들의 염원을 표현하기에 적합한 양식이었기 때문입니다.

먼저 고딕 양식 건축물의 특징적인 요소들을 살펴봅시다. 가장 먼저 언급되는 것이 높이 치솟은 첨탑尖塔(지붕이 뾰족하게 솟은 탑)입니다. 내부분 고딕 양식의 교회 건물에서는 대칭을 이루는 쌍둥이 첨탑을 볼 수 있는데, 우리는 보티프 성당에서 일반적인 첨탑 양식을 볼 수 있습니다. 남쪽 탑 하나만 첨탑으로 된 슈테판 대성당은 예외적인 경우입니다.

고딕 양식의 첨두아치. 슈테판 대성당(왼쪽)과 보티프 성당(오른쪽)

고딕 양식의 스테인드글라스. 슈테판 대성당(왼쪽)과 보티프 성당(오른쪽)

로마네스크 양식에서 많이 사용된 둥근 아치와는 달리, 반원형 아치보다 몇 배 이상의 하중을 버틸 수 있는 폭이 좁고 끝이 뾰족한 첨두아치pointed arch가 사용된 것도 고딕 양식의 특징입니다. 가급적 하늘에 닿을 듯 높이 지으려니 당연한 선택이었을 것입니다. 첨두아치는 슈테판 대성당과 보티프 성당에서 공통적으로 찾아볼 수 있습니다.

폭이 좁고 키가 높은 창을 스테인드글라스로 아름답게 장식하는 것도 고딕 양식의 중요한 특징입니다. 스테인드글라스는 성서의 내용을 그림으로 표현해 신자들에게 설명하는 효과도 있었지만, 색유리를 통해 교회 안으로 들어오는 신비로운 빛은 마치 하늘의 축복이 내리는 듯한 느낌을 주었을 것입니다.

리브 볼트ribbed vault도 고딕 양식의 건축물에서 특히 발달한 특징입니다. 리브 볼트란, '안쪽에

고딕 양식의 리브 볼트. 슈테판 대성당(왼쪽)과 보티프 성당(오른쪽)

리브(두께가 얇은 부분을 보강하기 위해 덧붙이는 뼈대)를 부착한 볼트(아치에서 발달한 반원형 천장)'란 뜻인데, 고딕 건축물의 천장을 보면 그 형태를 알 수 있습니다. 마치 천장에 갈빗대가 드러난 것처럼 보이는 것이 리브 볼트로, 천장의 무게를 분산시켜 무너지지 않도록 하는 역할을 합니다.

그 밖에 플라잉 버트레스flying buttress(벽 날개)도 고딕 양식 건축물의 특징인데, 이는 높은 수직 벽이 받는 압력을 분산시키기 위해 건물 외벽에 세우는 날개 모양의 구조물을 말합니다.

파리 노트르담 대성당 외벽의 플라잉 버트레스

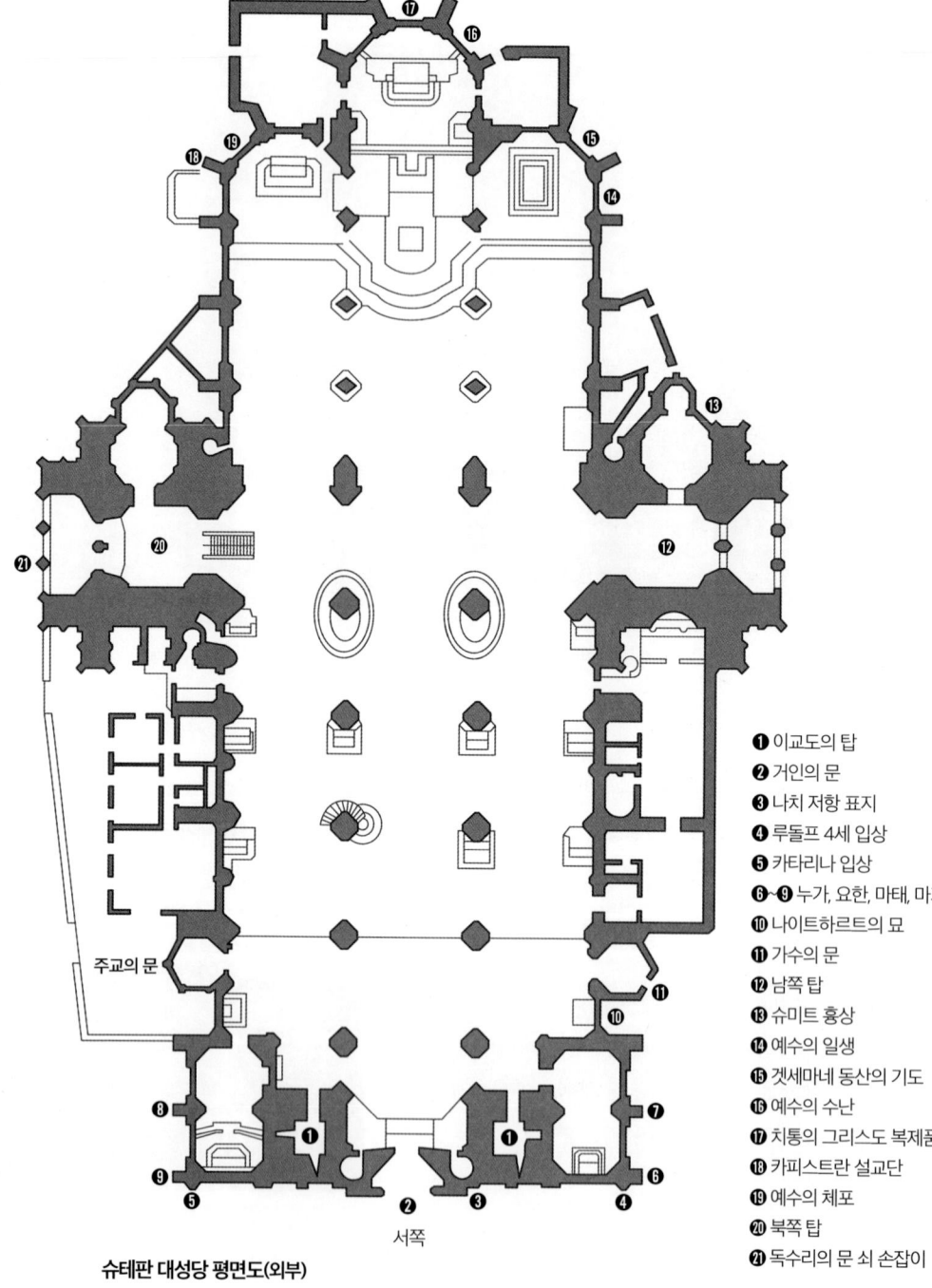

슈테판 대성당 평면도(외부)

서쪽

❶ 이교도의 탑
❷ 거인의 문
❸ 나치 저항 표지
❹ 루돌프 4세 입상
❺ 카타리나 입상
❻~❾ 누가, 요한, 마태, 마가
❿ 나이트하르트의 묘
⓫ 가수의 문
⓬ 남쪽 탑
⓭ 슈미트 흉상
⓮ 예수의 일생
⓯ 겟세마네 동산의 기도
⓰ 예수의 수난
⓱ 치통의 그리스도 복제품
⓲ 카피스트란 설교단
⓳ 예수의 체포
⓴ 북쪽 탑
㉑ 독수리의 문 쇠 손잡이

슈테판 대성당의 외부 ❷

슈테판 대성당 외벽에는 많은 조각물이 붙어 있습니다. 당연히 기독교와 관련된 인물이나 사건을 표현한 것들이지요.

'신이 인간을 지배한 시대'라고 요약할 수 있는 중세 시대에는 누구나 예외 없이 기독교 신앙을 갖고 살았습니다. 문제는 대부분의 신자들이 문맹자라서 성서의 내용을 읽고 해석할 수 없다는 점이었지요. 그들은 사제의 설교를 통해 기독교의 교리를 이해하려고 노력했을 테지만, 확성기가 없던 시절이라 미사에 참여한다고 해도 사제의 설교를 들을 수 있는 사람은 한정되어 있었습니다.

고육지책으로 교회가 생각해 낸 방법이 바로 성서 관련 내용을 담은 조각이나 회화를 활용하는 것이었습니다. 그래서 중세 시대의 성당들은 한 권의 성경책이라고 해도 지나치지 않을 정도로 많은 내용이 교회 안팎에 미술품의 형태로 장식되어 있는 것입니다.

성당 외벽에 붙어 있는 많은 조각물

중세 고딕 양식의 대표적 사례인 슈테판 대성당에 많은 조각물들이 설치된 것은 그런 까닭이며, 따라서 조각물 하나하나를 이해하며 보는 것이 필요합니다.

슈테판 대성당의 서쪽 면

서쪽 면의 탑과 외부 조각들

입구가 있는 서쪽 면(정면)은 앞에서 잠깐 살펴보았듯이 로마네스크 양식의 건물 흔적이 남아 있는데, 특히 '이교도의 탑'이라 부르는 두 개의 탑은 그 모습이 독특하여 눈길을 끕니다. 서쪽 면에서는 두 탑과 함께 출입문 역할을 하는 거인의 문, 그리고 그 주변의 조각상을 살펴보겠습니다.

이교도의 탑

슈테판 대성당 정면의 두 개의 탑은 로마네스크 양식으로 지어졌던 초기 건물의 유산입니다. 좌우 대칭으로 지어진 이 탑을 '이교도의 탑 Heidentürme, Pagan's Tower'이라고 하는데, 이 탑의 재료가 로마인(이교도, 혹은 이교도인 독일인을 의미)들이 사용하던 건축물에서 가져온 것이기 때문에 그렇게 부른다는 설명이 있고, 이교도 사원의 탑(모스크의 미나렛을 의미하는 듯)을 연상시키기 때문이라고 설명하는 경우가 있습니다.

그러나 로마네스크 양식이나 고딕 양식의 교회 건물에서 쌍둥이 탑이 설치되는 예가 자주 발견되는 것을 생각하면, 이교도의 탑은 중세 시대 기독교 건축물의 특징이 잘 드러난 사례로 볼 수 있습니다.

밤베르크 대성당의 쌍둥이 탑

거인의 문과 그 주변

규모가 큰 성당의 경우, 정면에 세 개의 문을 갖고 있는 예가 흔한데 슈테판 대성당은 하나의 문이 있을 뿐입니다. 정확한 유래는 알기 어렵지만, '거인의 문Riesentor'이라는 이름을 갖고 있는 문입니다. 어떤 이는 슈테판 대성당에서 거인의 뼈(실제로는 매머드의 뼈로 판명됨)가 발견되었기 때문에 그런 이름이 붙었다고 하고, 또 어떤 이는 남쪽 탑을 세울 때 거대한 운반 장치(독일어로 Riesen)를 이용했기 때문이라고 하는데, 어느 쪽이 맞는지는 알 수 없습니다.

거인의 문 주변에는 몇 가지 주목할 만한 조각들이 있습니다.

먼저, 오른쪽 상단부에 사자의 입을 찢는 남자의 조각상이 보입니다. 그의 머리가 긴 것으로 보아 삼손Samson이 분명합니다. 삼손은 헤라클레스에 버금가는 괴력을 지녔던 인물로, 젊은 시절 사자의 입을 찢어 죽인 일이 있었습니다. 그에 대해서는 미술사박물관(389쪽)에서 다시 할 예정이므로 설명을 생략합니다.

삼손 옆으로 상반신은 독수리이고 하반신은 사자인 동물이 보입니다.

사자의 입을 찢는 삼손　　그리핀

가시를 빼는 남자   가시를 빼는 소년(영국박물관)   성 스테판

상상 속의 동물인 그리핀Griffon입니다. 그리핀은 알 대신 마노瑪瑙(보석의 일종)를 낳고 황금으로 집을 짓고 살면서 약탈자로부터 자신의 재물을 지키기 위해 용맹하게 싸운다고 믿었으므로, 귀한 것이 있는 곳에 파수꾼 삼아 그리거나 새겨놓곤 했습니다.

문 왼쪽 상단부에는 발의 가시를 빼는 남자 조각상이 있습니다. 이 작품을 종교적으로 해석하여 '교회에 와서 신에게 기도함으로써 가시(인간 세상의 고통)를 뺄 수 있다.'는 내용으로 이해하는 사람도 있고, 또 그것이 맞는 해석일 수도 있기는 합니다. 그러나 고대 미술 유형에 '가시를 빼는 사람Spinario'이 따로 있을 정도로 비슷한 작품들이 많이 전하므로 그와 관련이 있지 않을까 추측할 수도 있습니다.

가시를 빼는 남자 옆으로 한 남자가 보입니다. 그는 책을 들고 있는데 그 위에 여러 개의 돌멩이가 놓여 있습니다. 이 성당을 봉헌 받은 주인공인 성 스테판St. Stephan(슈테판의 영어식 표현)입니다. 그는 돌멩이를 맞아 순교했으며 최초의 순교자였는데, 스테판의 순교에 관해서는 중앙 제단의 제단화를 보면서 자세히 설명할 예정입니다.

거인의 문 안쪽의 판토크라토르 　　　　　Pammakaristos Church의 판토크라토르

문 안쪽에는 두 명의 천사가 보좌하는 가운데 오른손으로는 하늘을 가리키고 왼손에는 책을 든 예수가 앉아 있습니다. 전형적인 판토크라토르Pantokrator로, 만물의 지배자이자 심판자인 예수를 의미합니다. 가장 비슷한 자세의 판토크라토르를 이스탄불의 Pammakaristos Church에서 볼 수 있습니다.

그 밖에 정문 왼쪽 아랫부분에 쇠막대기 두 개가 부착되어 있고 그 윗부분은 둥글게 파인 게 보입니다. 이것은 당시의 척도 표시로 둥근 부분은 빵의 크기를 재는 도구였고, 쇠막대기는 옷감 등의 길이를 재는 도구였다고 합니다. 만약 거래 중에 분쟁이 생기면 슈테판 대성당에 와서 확인할 수 있었던 것입니다. 당시 사람들은 대부분 독실한 기독교 신자였으니, 신 앞에서 거짓말할 엄두를 내지 못했을 것 같습니다.

나치에 대한 저항 표지

거인의 문에서 오른쪽으로 몇 걸음 이동하면 '05'라는 숫자를 투명

| 척도 표시 | 나치에 대한 저항 표지 |

플라스틱으로 보호하고 있는 것이 보입니다. 그리 크지 않기 때문에 관심을 갖지 않는다면 모르고 지나칠 수 있습니다. 그 주위에 묘비명 Epitaphs들이 많지만 투명 플라스틱으로 보호받고 있는 것은 오로지 이것 하나뿐입니다. 뭔가 중요한 의미가 있다는 뜻일 겁니다.

이것은 나치에 대한 저항 표지라고 알려져 있습니다.

제2차 세계대전이 한창이던 때, 빈에서 활동하던 레지스탕스들은 빈으로 진군하는 연합군 사령부와 연락하기 위한 암호로 '05'라는 숫자를 사용했다고 합니다. 그 의미는 명확하지 않지만 0은 알파벳 O와 모양이 비슷하고 5는 알파벳의 다섯 번째 글자인 E를 의미하는 것으로 보아, OE(OESERREICH의 앞 글자, 즉 오스트리아)를 나타내는 암호가 아닐까 추정합니다.

레지스탕스들은 나치 비밀경찰에 협조한 사람들의 집에 페인트로 05라는 숫자를 적어 놓아 그들의 정체를 알고 있다는 암시를 했다는 설도 있는데, 그렇다면 슈테판 대성당의 벽면에 그 숫자를 새겨놓은 뜻은 무엇인지 의문입니다.

루돌프 4세와 그의 부인 카타리나 조각상

정면 파사드의 양쪽 가장자리에는 주목할 만한 인물들의 조각상이 있습니다. 바로 슈테판 대성당의 중창重創을 명한 오스트리아 대공 루돌프 4세Rudolf IV, Duke of Austria(오른쪽)와 그의 부인인 보헤미아의 카타리나 Katharina von Böhmen(왼쪽)입니다.

루돌프 4세는 합스부르크 제국의 주춧돌을 놓은 인물로 평가됩니다. 알브레히트 2세Albrecht II의 장남으로 태어나 합스부르크 가문의 공작위公爵位를 계승한 그는, 신성로마제국 황제인 카를 4세Karl IV, Holy Roman Emperor의 딸 카타리나와 결혼하면서 정치적 위상이 높아집니다. 그는 재위 기간 내내 합스부르크 가문의 지위를 높이기 위해 노력했고, 그 과

카타리나   루돌프 4세

루돌프 4세 부처(夫妻)의 기념비 위치　　　루돌프 4세 부처의 기념비

정에서 장인과의 충돌도 마다하지 않았습니다. 카를 4세가 선제후選帝侯(중세 독일에서 황제를 선출할 자격을 가진 제후) 가문의 특권을 확대하는 칙령을 내리면서 합스부르크 가문은 제외하자, 위조한 서류를 내세우며 자신을 '대공작大公爵, Grand Duke'이라고 주장했다 합니다. 이러한 돌발 행동이 카를 4세와의 마찰을 불렀지만 현명한 카타리나의 중재 덕분에 전쟁으로 비화되지는 않았고, 나중에는 대공국의 지위를 인정받았다고 하니 그의 뚝심을 알아줘야 할 것입니다.

그는 빈을 대공국의 수도에 걸맞은 도시로 개조하기 위해 의욕적으로 건설 사업을 벌였는데, 슈테판 대성당을 웅장한 규모로 다시 짓도록 한 것도 그러한 계획의 일환이었습니다.

빈 대학을 설립하고, 티롤 지방을 합스부르크 영토에 편입시키는 등 활발한 활동을 하던 루돌프 4세는 스물여섯 살의 젊은 나이에 세상을 떠나고 맙니다. 유언에 따라 부인 카타리나와 함께 슈테판 대성당의 지하 묘지에 안장되었고, 중앙 제단과 비너 노이슈타트 제단 사이에 석관 형태의 기념비가 있어 지금도 볼 수 있습니다.

4대 복음서 저자의 상

거인의 문을 바라보고 오른쪽으로 이동하여 서쪽과 남쪽이 만나는 모서리 부분에 이르면 4대 복음서 저자인 누가와 요한의 입상이 보입니다. 그들의 발밑에 새겨진 상징물을 보면 왼쪽이 누가(소)이고 오른쪽이 요한(독수리)임을 알 수 있습니다.

그리고 4대 복음서 저자의 나머지 두 명은 반대편의 대칭되는 위치, 즉 서쪽과 북쪽이 만나는 모서리에 있습니다. 마태(천사, 왼쪽)와 마가(사자, 오른쪽)입니다.

서쪽과 남쪽이 만나는 곳의 누가와 요한　　　서쪽과 북쪽이 만나는 곳의 마태와 마가

기독교에서 4대 복음서는 중요한 책이므로 저자들 또한 중요 인물로 여겨집니다. 그래서 성당 안팎에는 어떤 양식으로든지 그들의 모습이 표현되는데, 천장·제단 주변·제단 장식·정면 파사드 등에 주로 나타납니다. 슈테판 대성당의 경우는 파사드 측면에 나타나는 것입니다.

복음서 저자들은 대개 각자의 상징물과 함께 표현되지만, 때로는 상징물 자체가 저자를 대신하는 경우도 있습니다. 여행하다가 성당에 들르게 되면, 돔 천장 주변이나 중앙 제단 문 등에서 4대 복음서 저자들을 찾아보는 것도 재미있을 듯합니다.

돔 천장 주변의 4대 복음서 저자(바티칸 성 베드로 대성당)
제단 장식의 4대 복음서 저자(상트페테르부르크 카잔 대성당)

남쪽 면

남쪽 면의 탑과 외부 조각들

정면(서쪽 면)에서 오른쪽으로 돌아가면 슈테판 대성당의 상징인 고딕 첨탑이 하늘을 찌를 듯 서 있는 것이 보입니다. 이쪽이 남쪽 면입니다. 그러나 첨탑까지 가기 전에 몇 가지 살펴볼 것이 있으니 발걸음을 조금만 천천히 합시다.

나이트하르트 푹스의 묘지

앞서 본 누가와 요한의 입상에서 옆으로 몇 걸음 옮기면, 나이트하르트 푹스Neidhart Fuchs의 묘지, 혹은 '어릿광대의 묘지'라고 불리는 시설이 있습니다.

이것이 실제로 나이트하르트 푹스의 묘지인지에 대해서는 정확히 알 수 없습니다. 그러나 그렇게 입에서 입으로 전해지고 있으니, 나이트하르트 푹스라는 인물에 대해 잠깐 알아보고 갑시다.

나이트하르트 푹스의 묘지

그는 오토 대제Otto I(신성로마제국의 초대 황제) 시절의 궁정악사였다고 합니다. '어릿광대의 묘지'라는 이름은 여기에서 비롯된 것입니다. 시인이기도 했던 그는 풍자적인 시를 주로 썼는데, 마을 사람들로부터 미움을 받는 처지였어요. 아마도 10세기 무렵의

나이트하르트 푹스의 제비꽃 일화를 표현한 삽화   나이트하르트 폰 로이엔탈의 석관을
                                              공격하는 농민들

사람들이 풍자시를 이해하기는 어려웠던 모양입니다. 그래서인지 이런 일화가 전한답니다.

당시 빈에는 봄에 맨 처음 제비꽃을 본 사람은 대공에게 달려가 그 사실을 알리는 관습이 있었다고 합니다. 제비꽃이 피었다는 것은 곧 봄이 왔다는 뜻이니, 긴 겨울을 견디느라 고생한 사람들에겐 무엇보다 반가운 소식이었을 겁니다.

어느 해 봄에 나이트하르트 푹스가 제비꽃을 숲에서 보고는 대공에게 달려갔습니다. 그는 자신이 발견한 제비꽃을 다른 사람이 보지 못하게 모자로 가려두고 갔는데, 그 모습을 훔쳐본 마을 사람이 그 자리에 대변을 보고 모자로 덮어놓았다고 하는군요. 의기양양하게 대공을 모시고 온 푹스가 모자를 들어 보였을 때, 그 안에는 제비꽃 대신 대변이 있었으니 그는 아마도 몹시 곤란한 지경에 처했을 겁니다.

사람들이 우스갯소리로 전한 일화로 보이지만, 그래도 그 내용이 그림으로 전하기에 설명했습니다.

어쩌면 이 묘지의 주인은 나이트하르트 푹스가 아니라, 13세기의 음유시인인 나이트하르트 폰 로이엔탈Neidhart von Reuenthal일지도 모릅니다.

바이에른 출신의 그는 당시 유행하던 미네장Minnesang(연애시)에서 벗어나 농민을 주제로 한 풍자시를 주로 썼는데, 당시 농민들이 거부감을 보였다고 하니 나이트하르트 푹스와 비슷한 면이 있는 시인이었던 것 같습니다.

농민들이 나이트하르트 폰 로이엔탈의 석관을 공격하는 장면을 그린 그림을 보면, 슈테판 대성당의 묘지가 나이트하르트 푹스의 것이 아니라 그의 것일 수도 있겠다는 생각이 듭니다.

가수의 문

나이트하르트 푹스의 묘 오른쪽에 있는 출입문은 '가수의 문Singers' Portal, Singertor'입니다.

가수의 문 정면에는 돌에 맞아 순교하는 성 스테판의 모습이 보이고, 왼쪽에는 기독교 성인으로 추정되는 인물이, 그리고 오른쪽에는 자신의 옆구리 상처를 가리키는 예수가 보입니다.

가수의 문과 그 주변 · 성인 · 스테판의 순교 · 예수

Rudolf von Alt, 슈토크 임 아이젠 광장에서 본 슈테판 대성당 전경 (오스트리안 갤러리 벨베데레 소장)
그림을 보면 가수의 문을 통해 사람들이 드나드는 것을 확인할 수 있다.

    이 문의 이름이 '가수의 문'인 것은 주로 성가대 대원들이 드나들던 문이라서이지 않을까 짐작됩니다. 예전에는 남자 전용 출입문이었는데 현재는 사용하지 않으며, 만약 그곳을 통해 성당 안으로 들어간다면 '푀츄의 마돈나 제단'을 만나게 될 것입니다. 슈테판 성당이 대칭 구조의 건물이므로 반대편인 북쪽 면의 같은 위치에는 '주교의 문'이 있습니다.
    가수의 문 안쪽에는 슈테판 대성당의 모형을 들고 있는 루돌프 4세의 조각상이 있다고 하는데 출입이 불가하므로 볼 수 없어 아쉽습니다. 루돌프 4세는 앞에서 설명했듯이 슈테판 대성당의 건축을 명한 사람으로, 주교의 문 안쪽에도 대성당 모형을 들고 있는 그의 모습(202쪽)이 새겨져 있습니다.

남쪽 탑

성당 건물은 대부분 좌우 대칭 양식으로 지어집니다. 고딕 양식의 경우도 예외가 아니지요. 고딕 양식의 대표적인 사례인 쾰른 대성당을 보면 이해할 수 있을 것입니다. 그런 관점에서 보자면 빈의 슈테판 대성당은 좌우 균형이 맞지를 않습니다. 남쪽 면에만 고딕 양식의 첨탑이 서 있기 때문입니다. 아마도 설계 당시에는 슈테판 대성당도 좌우에 같은 높이의 첨탑을 세울 예정이었으나 건축이 진행되는 동안 피치 못할 사정이 생겨 변경되었을 것입니다.

설계 당시의 모습을 상상하여 그린 그림이 남아 있어 원래의 계획대로 지어졌다면 어떤 모습일까를 짐작하게 합니다. 현재의 모습을 그린 그림과 비교해 보면 그 차이를 쉽게 이해할 수 있습니다.

쾰른 대성당

Ludvík Kohl,
'St. Stephan's Cathedral in Vienna'(1814년)

Eduard Gurk,
'St. Stephan's Cathedral in Vienna'(1830년)

136m에 달하는 남쪽 탑은 1683년 2차 오스만튀르크의 빈 침공 때 군사적 용도로 활용되었습니다. 드높이 솟은 탑은 빈의 성벽을 포위하고 맹렬한 공격을 퍼붓는 적의 움직임을 파악하기에 안성맞춤이었습니다. 빈 시민들은 필사적으로 저항하며, 남쪽 탑에서 수집한 적들의 동향을 성 밖의 연합군에게 알렸습니다. 이는 전세를 뒤집는 데 결정적인 역할을 했지요.

전쟁은 결국 오스만튀르크의 패배로 끝났습니다. 빈 시민들은 자신들이 거둔 승리를 기리기 위해 적들에게서 빼앗은 무기를 녹여 종을 만들고, 남쪽 탑에는 반달과 별을 달았습니다. 어떤 이는 이것을 이슬람교의 상징으로 보아 기독교 세계가 이슬람 세계를 제압했다는 뜻으로 해석하기도 하고, 또 어떤 이는 이것을 교황과 황제의 상징으로 보아 두 세력이 협력하여 이교도에게 승리했음을 의미한다고 보기도 합니다. 반달과 별은 그 뒤 합스부르크 왕가를 상징하는 독수리와 기독교를 상징하는 십자가로 대치되어 오늘에 이르고 있습니다.

원래의 탑 장식(반달과 별)

현재의 탑 장식(십자가와 독수리)

남쪽 탑의 벽면에 한 남자의 흉상 부조가 새겨져 있습니다. 오른손에 건축용 제도기를 들고 있는 것으로 보아 건축가인 듯합니다. 이 남자는 누구일까요. 바로 프리드리히 프라이헤르 폰 슈미트Friedrich Freiherr von Schmidt로, 슈테판 대성당의 주임 건축가였던 사람입니다. 그뿐만 아니라 빈 시청사Rathaus를 건축하기도 했으니, 슈테판 대성당에 흔적을 남길 만한 자격이 충분한 사람이라고 할 수 있습니다.

슈미트 흉상의 위치 　　　　프리드리히 폰 슈미트의 흉상

　독일에서 태어나 쾰른 대성당 건축 당시 석공으로 일하며 건축 세계에 뛰어든 그는 1863년에 슈테판 대성당의 주임 건축가가 되었습니다. 슈테판 대성당은 그 당시에 이미 현재의 모습에 가깝게 완성된 상태였으므로, 그가 대성당을 설계하고 건물을 세웠다는 의미는 아닙니다. 완공된 이후로도 꾸준히 보완 작업이 이루어졌으니 주임 건축가로서 그런 작업을 총괄 지휘했다는 의미일 것입니다. 어쨌든 고딕 양식의 대표적 건축물인 두 성당의 작업에 모두 관여했으니 고딕 양식에 관한 한 최고의 전문가였을 것으로 보입니다. 그의 또 다른 역작인 빈 시청사(450쪽 참조)가 네오 고딕 양식으로 분류되는 것은 우연의 일치가 아닐 것입니다.

　그는 빈 명예시민으로 추대되고 1886년에는 오스트리아 제국으로부터 남작의 작위를 받았으며, 죽은 뒤에는 중앙 묘지 예술가 묘역(그룹 14A의 54번)에 안장되었습니다.

남쪽 탑 옆 지붕의 쌍두 독수리 문장

슈테판 대성당을 밖에서 보았을 때 가장 특징적인 요소라면, 남쪽에 세워진 고딕 양식의 첨탑을 우선 꼽을 수 있습니다. 슈테플Steffl('작은 슈테판 성당'이란 뜻)이란 별칭으로 불리는 첨탑은 고딕 양식으로 분류되는 슈테판 대성당의 가장 큰 특징입니다.

그 다음으로 중요한 것을 꼽자면, 수십만 장의 기와로 장식된 지붕일 것입니다. 특히 남쪽 지붕의 쌍두 독수리와 북쪽 지붕의 두 마리의 독수리는 슈테판 대성당의 상징처럼 여겨집니다.

남쪽 지붕의 쌍두 독수리 문장

북쪽 지붕의 독수리 문장

초기 신성로마 제국의 문장

후기 신성로마제국의 문장

독수리 문장紋章은 신성로마제국의 상징이었습니다. 신성로마제국은 초기에는 머리가 하나인 독수리를 문장으로 사용하다가 룩셈부르크 왕가 출신의 지기스문트Sigismund 황제가 쌍두 독수리로 교체한 다음부터는 줄곧 쌍두 독수리를 문장으로 사용했습니다. 합스부르크 가문의 지배자가 대대로 신성로마제국의 황제를 겸했다는 사실을 알면, 합스부르크 제국의 심장이었던 빈의 대성당 지붕에 독수리 문장이 새겨진 이유를 알 수 있습니다.

오스트리아에서는 쌍두 독수리를 오스트리아와 헝가리의 상징으로 보기도 하는데, 1918년 오스트리아-헝가리 제국이 해체되기 전까지 두 나라는 '이중 왕국(두 나라의 국방과 외교권은 오스트리아가 갖고, 나머지 권한은 각자 행사하는 방식)'으로 존재했기 때문입니다.

모서리 부조 두 점

이제 남쪽 면은 거의 다 보았습니다. 모서리를 돌아가면 제단이 설치된 방향인 동쪽입니다. 그런데 남쪽에서 동쪽으로 돌아가는 부분에도 눈여겨봐야 하는 부조가 두 점 있으니 잠깐만 발길을 멈춰봅시다. '예수의 일생'과 '겟세마네 동산의 기도'라고 제목을 붙일 수 있는 작품들입니다.

예수의 일생을 다룬 부조는 중앙에 마리아와 요셉의 결혼 장면을 배치하고, 그 주위에 예수의 탄생과 죽음에 이르는 과정을 7개의 그림으로 표현한 것입니다. 예수의 일생은 널리 알려진 내용이므로 간단히 설명하겠습니다. 왼쪽 맨 아래쪽에서부터 시계 방향으로 이야기가 전개됩니다.

남쪽 면과 동쪽 면이 만나는 지점에 설치된 부조 두 점

예수의 일생
❶ 마리아와 요셉의 결혼
❷ 아기 예수의 할례
❸ 이집트로의 도피
❹ 성전에서 토론하는 소년 예수
❺ 예수의 체포
❻ 십자가를 메고 가는 예수
❼ 십자가에 매달린 예수
❽ 예수의 장례

❶ 마리아와 요셉의 결혼 : 나사렛 마을에 살던 목수 요셉은 다윗 왕의 후손으로 알려져 있습니다. 다윗의 후손 중에서 세상의 죄를 구원할 사람이 태어나게 하려는 하느님의 뜻에 따라 마리아와 약혼하게 됩니다. 그는 약혼녀가 임신한 사실을 알고 파혼하려 했지만 천사가 찾아와 하느님의 뜻을 전하자 순종했으며, 예수의 아버지로서 최선을 다했다고 합니다.

❷ 아기 예수의 할례 : 유대인들은 태어난 지 8일째 되는 날 할례를 받는 관습이 있었으므로, 예수도 그러했을 것으로 봅니다. 기독교에서는 예수의 탄생을 12월 25일로 보아 1월 1일을 '그리스도 할례 축일'로 기립니다.

❸ 이집트로의 도피 : 예수 탄생 직후, 유대의 왕이 될 아기가 태어났다는 말을 들은 헤롯왕은 그 무렵에 태어난 아기들을 모두 죽이라고 명령합니다. 요셉은 꿈에 천사가 일러준 대로 급히 이집트로 피해 예수의 목숨을 구할 수 있었습니다.

❹ 성전에서 토론하는 소년 예수 : 예수가 열두 살 되던 해, 마리아와 요셉은 예수를 데리고 예루살렘으로 갑니다. 유월절 행사에 참여하기 위함이었습니다. 일정을 마치고 고향으로 돌아가다가 문득 예수가 보이지 않아 예루살렘으로 되돌아가 찾고 보니 예수는 성전에서 율법학자들과 토론하고 있었다고 합니다.

❺ 예수의 체포 : 제자들과의 최후의 만찬을 마친 예수는 겟세마네 동산에 올라 기도하고 있었는데, 유다가 로마 병사들을 데리고 찾아와 예수를 체포합니다.

❻ 십자가를 메고 가는 예수 : 빌라도의 법정에서 십자가형을 선고받은 예수는 당시의 관례에 따라 자신이 매달릴 십자가를 메고 골고다 언덕으로 갑니다.

❼ 십자가에 매달린 예수 : 예수는 로마 병사들에게 끌려가 십자가에 매달린 후 사망합니다.

❽ 예수의 장례 : 십자가에서 죽은 중죄인의 시신은 수습하지 않는 것이 당시의 관례였지만, 아리마테아의 요셉이란 사람이 빌라도에게 요청하여 장례를 허락받습니다. 예수는 아리마테아의 요셉이 자신을 위해 마련해 둔 바위 무덤에 안장되었다가 사흘 만에 부활한 것으로 알려졌습니다.

예수의 일생을 다룬 부조의 오른쪽에 있는 것은 겟세마네 동산에서 기도하고 있는 예수를 새긴 것입니다. '겟세마네 동산의 기도'는 기독교 성화에서 많이 다뤄진 주제로, 공통되는 내용은 간절히 기도하는 예수와 그를 바라보는 천사, 그리고 멀찍이서 곯아떨어진 세 명의 제자(베드로, 큰 야고보, 요한)입니다. 이 부조 또한 같은 내용을 담고 있습니다.

슈테판 성당 외벽 '겟세마네 동산의 기도'

안드레아 만테냐, '겟세마네 동산의 기도'(우피치 미술관 소장)

동쪽 면

동쪽 면의 외부 조각들

다른 성당과 마찬가지로 슈테판 대성당도 동쪽에 중앙 제단이 위치해 있습니다. 따라서 동쪽은 밖에서보다 안에서 보아야 가치가 제대로 드러날 것입니다. 그래서인지 동쪽 외부에서는 언급할 만한 게 그리 많지 않으므로, 동쪽 면 정중앙의 치통의 그리스도와 그 옆에 위치한 예수의 수난 벽화에 대해 설명하도록 하겠습니다.

치통의 그리스도

동쪽 면 정중앙에는 '치통의 그리스도' 조각상이 설치된 공간이 있는데, 진품은 대성당 안(독수리의 문Eagle's Portal 안쪽)에 있고 여기에 있는 것은 복제품입니다(278쪽 참조). '치통의 그리스도'에 대한 설명은 진품을 보면서 하도록 하겠습니다.

'치통의 그리스도' 왼쪽(보는 이의 입장에서)에는 대리석에 조각된 석장짜리 부조가 있습니다. 왼쪽부터 '십자가에 매달린 예수', '예수의 장례', '예수의 부활'을 다루고 있습니다.

그리고 배경의 그림은 최후의 심판 때 성모 마리아가 사람들을 구원하려 애쓰는 내용으로 보입니다. 최후의 심판을 주재하는 것은 예수이지만, 자애로운 마리아는 죄인들을 불쌍히 여기는 존재로 여겨집니다. 가톨릭 기도문 '성모송聖母頌'의 이 구절이 그림의 내용을 이해하는 데 도움이 될 듯합니다.

'천주의 성모 마리아님, 이제 와 저희 죽을 때에 저희 죄인을 위하여 빌어 주소서.'

예수의 수난

　예수의 수난을 주제로 한 프레스코 벽화가 그려진 공간을 살펴봅시다. 지금은 그림을 보호하기 위해 지붕을 세우고 유리를 씌웠으나, 오랜 세월에 지워진 흔적이 군데군데 남아 있습니다. 예수의 수난 과정에서 있었던 가장 중요한 사건을 여섯 점의 연작 그림으로 표현했는데, 왼쪽부터 그 내용을 간단히 설명하면 다음과 같습니다.

　1. 빌라도의 법정에 선 예수: 열두 명의 제자 중 한 사람이었던 유다의 배신으로 예수는 겟세마네 동산에서 체포되어 당시 총독이었던 빌라도에게 끌려갑니다.

　2. 기둥에 묶인 채 태형 당하는 예수: 빌라도의 법정으로 끌려간 예수는 십자가형을 선고받은 뒤, 형이 집행되기 전에 태형笞刑(매로 때리는 형벌)을 당합니다.

　3. 가시 면류관을 쓰고 조롱당하는 예수: 예수는 '유대의 왕'이라고 불

'예수의 수난' 벽화 위치　　　　　'예수의 수난' 벽화

렸는데, 군중들은 그것을 조롱하기 위해 예수에게 가시 면류관을 씌우고 야유합니다.

4. 십자가형을 선고받고 법정 밖으로 끌려 나오는 예수: 빌라도의 법정에서 십자가형을 선고받은 뒤 갖은 모욕과 신체적 학대를 당한 예수는 밖으로 끌려나옵니다.

5. 자신은 예수의 죽음에 책임이 없다며 손을 씻는 빌라도: 빌라도는 예수의 행적에서 십자가형에 처할 만큼의 중대한 범죄 행위를 찾지 못했지만 군중들의 압력에 굴복해 어쩔 수 없이 십자가형을 선고한 다음, "나는 이 사람이 흘릴 피에 대해서는 책임이 없다."라고 선언하고 손을 씻습니다.

6. 십자가를 메고 가는 예수: 십자가형이 집행될 장소인 골고다 언덕까지 예수는 자신이 매달릴 십자가를 메고 갑니다.

북쪽 면의 앞쪽(탑을 중심으로 오른쪽)

북쪽 탑

카피스트라노의 설교단

예수의 체포

북쪽 면의 뒤쪽(탑을 중심으로 왼쪽) 카피스트라노 설교단의 위치

북쪽 면의 탑과 외부 조각들

이제 마지막으로 북쪽 면을 살펴봅시다. 이곳 또한 벽면에 많은 성인 조각상이 설치되어 있고, 벽 하단부에는 묘비(혹은 기념비)로 보이는 명판들이 부착되어 있습니다. 그리고 고딕식 첨탑으로 설계되었다가 미완성에 그친 것으로 짐작되는 북쪽 탑이 있는데, 남쪽 탑과는 달리 건물 밖에서는 올라갈 수 없습니다.

슈테판 대성당에서 출발하는 관광용 마차는 북쪽 탑 근처에서 대기하므로, 혹시 마차를 이용할 생각이 있다면 이곳을 찾으면 될 것입니다.

카피스트라노의 설교단과 예수의 체포 부조

북쪽 면의 가장 왼쪽에는 규모가 제법 큰 조각상이 있는데, '요하네스 카피스트라노의 설교단Kanzel von Johannes Capistrano(혹은 카피스트라노의 설교단)'이라고 합니다. 아랫부분은 고딕 양식의 설교단이고 윗부분은 바로크 양식의 '카피스트라노의 성 요한Saint John of Capistrano(독일어로는 요하네스Johannes von Capistrano)' 조각상이 있으므로 그렇게 부릅니다.

그리고 그 왼쪽에는 겟세마네 동산에서 기도하는 예수, 로마 병사를 끌고 오는 유다, 체포되는 예수를 새긴 세 조각의 부조가 있습니다. 공간의 구조로 보아 다른 것이 더 있었을 듯하지만, 지금 남아 있는 것은 그것이 전부입니다.

카피스트라노의 성 요한 조각상 | 예수의 체포 관련 부조 | 겟세마네 동산의 기도 | 예수의 체포 | 예수의 체포 관련 부조(확대) | 로마 병사를 끌고 오는 유다 | Bartolomeo Vivarini, 'San Giovan da capestrano'(루브르박물관 소장)

　예수의 수난과 관련된 내용은 간단하게나마 앞에서 설명했으니 생략하고, 여기서는 카피스트라노의 성 요한에 대해 알아보겠습니다.

　1386년에 이탈리아의 카피스트라노에서 출생한 그는 페루지아Perugia와 말라테스타Malatestas 사이의 분쟁을 해결하기 위해 대사로 파견되었다가 감옥에 갇히게 됩니다(1416년). 그때 성 프란체스코San Francesco d'Assisi의 발현을 목격한 후 석방되었고, 이미 결혼한 뒤였으나 아내의 동의를 얻어 결혼을 무효화한 다음 프란체스코 수도회에 들어가 1420년에 사제 서품을 받습니다.

　그런데 슈테판 대성당에 그를 기리는 기념비가 세워진 것은, 단순히 그가 가톨릭 사제였기 때문은 아닐 것입니다. 오랜 가톨릭 역사에서 사제였던 사람들은 하늘의 별처럼 많을 테니까요.

사제가 된 그는 교황의 명으로 동유럽에 파견되어 얀 후스Jan Hus 추종자들을 소탕하는 데 공을 세웠다고 전합니다. 얀 후스는 마르틴 루터보다 이른 시기에 교회와 성직자의 부패를 비판하며 종교 개혁을 주장한 보헤미아의 성직자로, 1415년에 이단으로 몰려 처형당했습니다. 그러나 그의 주장을 지지하던 많은 신자들은 황제와 교회를 상대로 반란을 일으켰는데, 이를 '후스 전쟁(1419~1436년)'이라고 합니다. 카피스트라노의 성 요한이 활약한 것은 이 무렵이거나, 아니면 후스 전쟁이 끝난 뒤에도 산발적으로 저항하던 잔당을 소탕할 때가 아닐까 싶습니다. 참고로, 얀 후스와 그의 추종자들의 동상을 우리는 프라하 구시가지 광장에서 볼 수 있습니다.

얀 후스와 추종자들의 동상(프라하 구시가지 광장)

독실한 가톨릭 국가인 오스트리아로서는 종교 개혁을 주장한 이단자들을 소탕한 카피스트라노의 성 요한이 위대하게 여겨졌을 것입니다. 그래서 종교적 측면에서 그를 기리기 위해 기념비를 세웠다고 볼 수도 있지만, 더 중요한 업적은 따로 있습니다. 바로 오스만튀르크를 물리치는 데 공헌한 것입니다.

1453년 술탄 메흐메드 2세Mehmed II는 현재의 동유럽 지역을 공격합니다. 오스트리아와 헝가리가 직접적인 위협을 받게 되었고, 특히 빈은 기독교 세계의 마지막 방어선이었습니다. 그런데 22일에 걸친 베오그라드 공방전(1456년)에서 치열한 전투 끝에 존 후냐디John Hunyadi, Hunyadi János 장군이 지휘하는 기독교 세력이 이슬람 세력을 물리칩니다. 이때 카피스트라노의 성 요한도 참전하여 공을 세웠다고 하는데, 슈테판 대성당의 기념비는 그때의 공로로 인한 것이 아닌가 싶습니다.

베오그라드 공방전에서 십자가를 들고 군대를 지휘하는 카피스트라노의 성 요한(중앙)

이슬람교도들과의 전쟁에서 눈부시게 활약하며 'Soldier Saint'라는 별칭을 얻었던 그이지만, 적의 공격이 아닌 흑사병으로 세상을 떠납니다. 베오그라드 공방전을 승리로 이끈 뒤 얼마 되지 않은 1456년의 일이었습니다.

북쪽 탑

분명히 북쪽 탑은 미완성 상태입니다. 남쪽 탑과 북쪽 탑의 기단부를 비교해 보면 동일한 모양인 것을 알 수 있습니다. 애초의 설계는 두 탑을 같은 모양으로 만드는 것이었는데, 중간에 사정이 생겨 포기한 것으로 보입니다. 아무튼 하늘 높이 치솟는 첨탑 형태로 설계되었다가 중간

남쪽 탑   북쪽 탑

에 공사가 중단되었기 때문에 북쪽 탑은 매우 어정쩡한 모양새가 되었습니다.

계단을 통해 꼭대기까지 올라갈 수 있는 남쪽 탑(입구는 프리드리히 폰 슈미트의 흉상 조각 근처에 있으며 무료로 이용)과는 달리, 북쪽 탑은 엘리베이터를 타고 올라가야 하며(입구는 대성당 내부 독수리의 문 근처에 있음) 따로 입장권이 필요합니다. 입장권은 대성당 내부 관람과 카타콤(지하 무덤) 가이드 투어, 북쪽 탑 엘리베이터 이용이 포함된 것으로 대성당 안에서 구입합니다.

북쪽 탑은 전망대로서도 훌륭하지만, 오스트리아에서 가장 큰 종인 품메린Die Pummerin이 있어 중요한 공간입니다. 품메린은 오스만튀르크와의 전쟁이 끝난 뒤 노획한 적의 대포를 녹여 만들었기 때문에 오스트리아 사람들에게는 더욱 각별한 의미가 있는 물건입니다. 품메린을 제작한 후 슈테판 대성당으로 옮길 당시의 기록화를 보면, 그들이 이 종을 얼마나 중요하게 생각하는지 짐작할 수 있습니다.

북쪽 탑 꼭대기에 걸린 품메린　　완성된 품메린을 슈테판 대성당으로 옮기는 빈 시민들(1711년)

북쪽 탑에 난 문을 독수리의 문Eagle's Portal, Adlertor이라고 하는데, 거기에 있는 작은 쇠 손잡이에 대해 설명하겠습니다. 아마도 모르고 지나치는 사람이 대부분일 겁니다.

이것은 원래 독수리 문의 손잡이였는데 지금은 기둥에 고정시켜 놓았습니다. 이것을 '레

쇠 손잡이 '레오'

오'라는 애칭으로 부르는 유래를 알고 보면 현명했던 한 지도자의 자세에 감동하게 됩니다.

예전에는 독수리의 문 안쪽에 박해받는 자들이 대피할 수 있는 공간이 있었다고 합니다. 누구든지 교회에 보호를 요청하면 대개 받아들여졌다고 하지요. 특히 오스트리아 공작이었던 레오폴트 6세Leopold VI는 자신이 빈에 없는 동안 정치적으로 모함 받은 신하는 일단 이곳에 대피해 있도록 지시했다고 합니다. 자신이 돌아와 공정하게 처리하기 전에 억울한 일을 당하는 사람이 없도록 하기 위해서였을 겁니다. 거기에서 유래하여 이 손잡이를 '레오Leo(레오폴트의 약자)'라고 한다고 하니, 비록 눈에 잘 띄지 않을 정도로 사소한 물건이지만 거기에 담긴 뜻은 깊다고 여겨 설명했습니다.

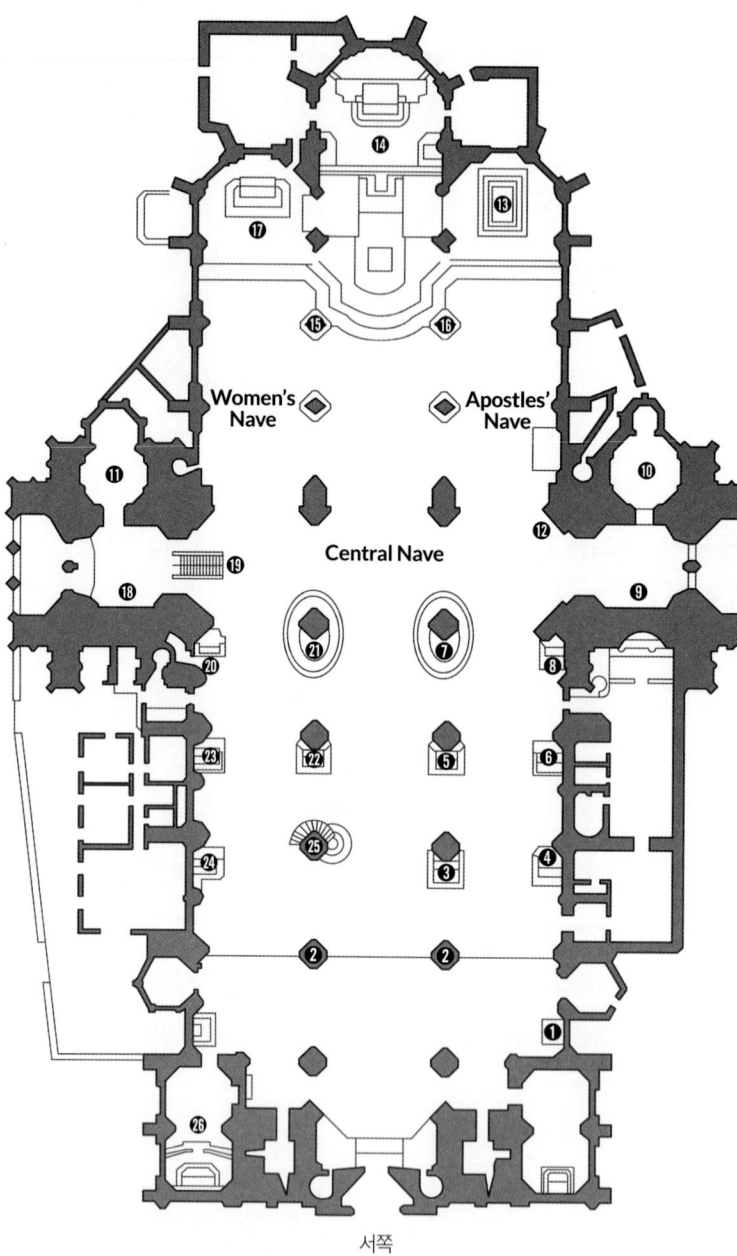

슈테판 대성당 평면도(내부)

❶ 푀츄의 마돈나 제단
❷ 보호의 옷을 입은 성모 마리아
❸ 성 요한 제단
❹ 성 세바스찬 제단
❺ 성 야누아리우스 제단
❻ 삼위일체 제단
❼ 성 요셉 제단
❽ 레오폴트 제단
❾ 오스만튀르크 퇴치 기념비
❿ 성 카타리나 예배당
⓫ 성 바르바라 예배당
⓬ 하인들의 성모
⓭ 프리드리히 3세의 석관
⓮ 중앙 제단
⓯ 네포무크 제단
⓰ 보르메오 제단
⓱ 비너 노이슈타트 제단
⓲ 치통의 그리스도
⓳ 카타콤 입구
⓴ 베드로와 바울 제단
㉑ 여인들의 제단
㉒ 세실리아 제단
㉓ 프란시스 하비에르 제단
㉔ 프란시스 제단
㉕ 안톤 필그람의 설교단
㉖ 성 십자가 예배당

슈테판 성당의 내부 ③

슈테판 대성당의 외관을 대강 훑어보았으니, 이제 안으로 들어가 봅시다.

안으로 들어서서 맨 처음 느끼는 감정은 아마도 고딕 양식 특유의 드높은 공간감에서 오는 장엄함일 겁니다. 슈테판 대성당은 남쪽 탑의 까마득한 높이에서 고딕 양식의 특징을 느낄 수 있지만, 내부의 공간 설계는 더욱 확실한 특징을 보여줍니다.

Women's Nave   Central Nave   Apostles' Nave

슈테판 대성당의 내부는 크게 세 개의 네이브Nave(身廊)로 이루어졌습니다. 중앙 제단을 향해 뻗어있는 네이브를 Central Nave, 오른쪽을 Apostles' Nave, 왼쪽을 Women's Nave라고 합니다.

네이브란, '배'라는 의미의 라틴어 '나비스navis'에서 유래한 건축 용어로 바실리카 양식의 교회 건물에서 중앙의 신자석을 일컫는 용어였습니다. 슈테판 대성당의 Central Nave가 정확한 의미의 네이브인 것입니다. 네이브 양쪽으로 난 길쭉한 공간은 측랑側廊(aisle)이라고 하는데, Apostles' Nave와 Women's Nave는 엄밀히 말하면 측랑이 맞는 것이지요. 그러나 슈테판 대성당의 경우는 공식 책자에서 Nave란 용어를 쓰고 있으므로 그에 따르기로 합니다.

오른쪽(남쪽) 네이브 쪽 제단과 예배당들

이제부터 본격적으로 슈테판 대성당의 내부를 살펴보도록 하겠습니다. 슈테판 대성당은 건물 안으로 들어서는 데는 따로 입장료를 받지 않지만, 내부를 제대로 보기 위해서는 입장권을 구입하는 것이 좋습니다. 입구 쪽에 관람객의 접근을 막는 시설을 설치해 놓아 성당 안쪽을 보기 어렵기 때문입니다.

이 책에서는 입장권을 구입하여 대성당 내부 구역으로 들어간 다음 오른쪽의 Apostles' Nave를 차례대로 보면서 Central Nave까지 간 다음, 다시 Women's Nave를 보면서 정문인 거인의 문 쪽으로 나오는 동선을 따르겠습니다.

성당 안쪽으로의 접근을 차단하는 시설

푀츄의 마돈나 제단

 슈테판 대성당의 정문에 해당하는 거인의 문을 통해 안으로 들어가면 오른쪽에 아담한 예배 공간이 있습니다. 위치로 보면 가수의 문 바로 옆이며, '푀츄의 마돈나Madonna von Pötsch'를 모신 곳이지요. 이곳은 입장권이 없어도 볼 수 있습니다.

 17세기에 제작된 비잔틴 양식의 이콘화인 '푀츄의 마돈나'에는 이런 이야기가 전합니다.
 오스만튀르크와의 전쟁이 한창일 때 어떤 헝가리 사람 하나가 포로

푀츄의 마돈나 제단

로 잡혔다가 구사일생으로 탈출하였다고 합니다. 그는 고향 마을인 푀츄로 돌아간 뒤, 성모 마리아에게 감사하기 위해 이 그림을 바쳤다고 하지요. 기독교 신앙이 돈독한 유럽에서는 이런 이유로 제작된 성화가 적지 않을 것입니다.

그림을 살펴보면 아기 예수는 왼손에 세 송이의 장미를 들고 있는데 이는 삼위일체를 의미하는 것이라고 하며, 성모 마리아가 오른손을 펴서 뭔가를 가리키는 것은 아들인 예수가 앞으로 당할 고난과 영광을 암시하는 것이라고 해석합니다.

푀츄의 마돈나 이콘

그런데 헝가리의 푀츄 마을에 있던 그림이 빈의 슈테판 대성당으로 옮겨오게 된 연유는 무엇일까요.

오스만튀르크의 부대가 헝가리를 침공했을 때 푀츄의 마돈나가 눈물을 흘린다는 소문이 퍼졌습니다. 이를 들은 합스부르크 황실에서는 푀츄의 마돈나를 빈으로 가져와 슈테판 대성당에 안치하는데, 당시는 헝가리가 합스부르크 제국의 일원이었기 때문에 별로 문제가 안 되는 일이었습니다.

슈테판 대성당으로 옮겨온 뒤로도 종종 푀츄의 마돈나는 눈물을 흘렸는데, 여기에 와서 기도하면 병이 낫는다는 소문이 널리 퍼지면서 많은 사람들이 찾아와 기도드리는 일이 생겼습니다. 지금도 간질한 마음을 지닌 사람들이 찾아와 기도드리는 모습을 쉽게 볼 수 있습니다.

보호의 옷을 입은 성모 마리아

본격적으로 Apostles' Nave의 제단들을 보기 전에 '보호의 옷을 입은 성모 마리아Madonna with the Protective Cloak'란 이름이 붙은 조각상을 살펴봅시다. Central Nave 양쪽의 두 번째 기둥 상단에 있는데, 두 개의 조각이 비슷하면서도 약간 다릅니다. 중앙 제단을 바라보는 위치에서 왼쪽 기둥에 있는 조각의 마리아 옷이 더 화려합니다.

보호의 옷을 입은 성모 마리아란 이름이 붙은 것은, 아기 예수를 안고 있는 성모 마리아의 옷자락 안에 사람들의 모습이 보이는데 그것이 마치 마리아의 옷에 의해 보호를 받고 있는 것처럼 보이기 때문입니다.

이 조각상을 기증한 이는 빈 시장을 지낸 콘라트 포아라우프Konrad Vorlauf의 부인인 도로테아Dorothea로 알려졌습니다. 그녀는 정치적 이유로 처형당한 남편을 위해 이 조각상을 슈테판 대성당에 바쳤습니다. 성모 마리아의 오른쪽에 모자를 벗고 경건한 자세로 무릎 꿇고 있는 이가 콘라트 포아라우프이며, 뒤의 둘은 수호성인, 그 뒤의 셋은 천사라고 합니다. 수호성인과 천사들의 보호를 받는 콘라트 포아라우프를 보면서 우리는 남편의 무죄함을 주장한 도로테아의 목소리를 들을 수 있습니다. 성모 마리아의 왼쪽에 묵주를 들고 간절히 기도하는 이가 바로 도로테아이며, 그녀 뒤의 두 사람은 그녀의 딸, 그 뒤의 셋은 천사라고 합니다. 성모 마리아 발밑에는 앞발을 치켜든 말이 새겨진 포아라우프 가문의 문장紋章이 보입니다.

콘라트 포아라우프는 정치적으로는 패배했는지 모르지만, 부인의 돈독한 신심과 현명함으로 인해 명예를 지킬 수 있었던 것입니다.

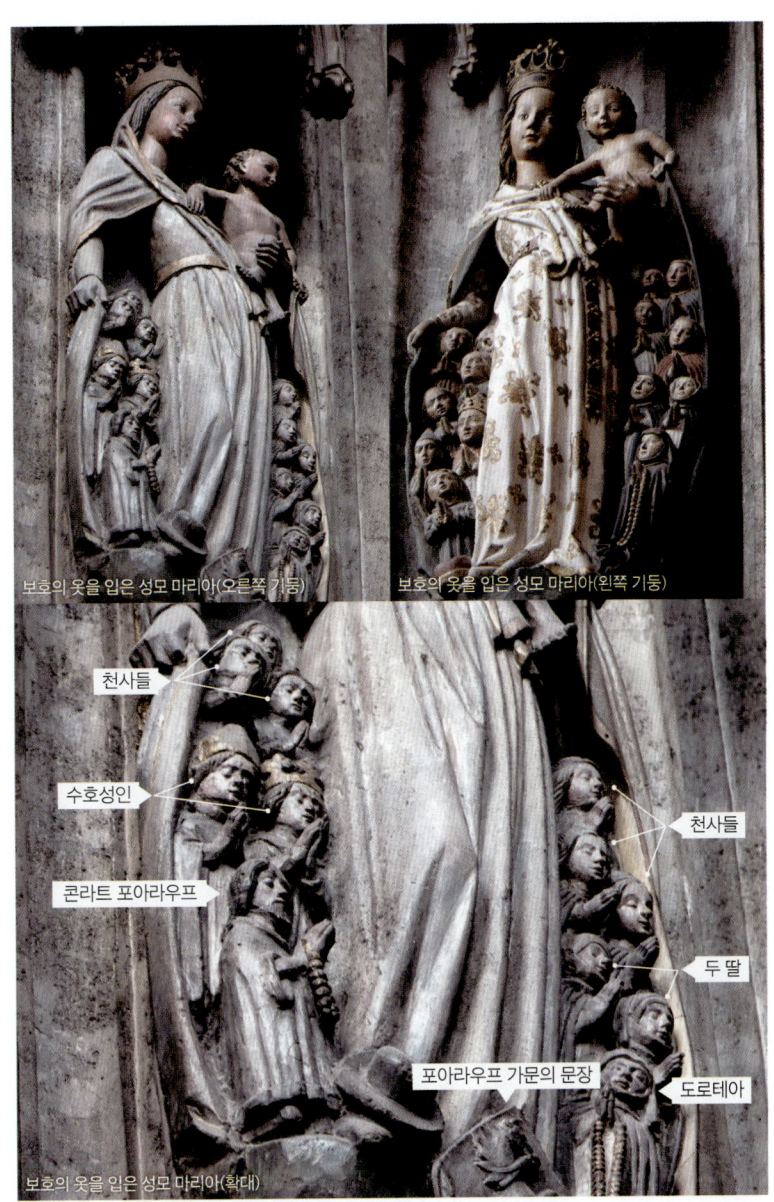

보호의 옷을 입은 성모 마리아(오른쪽 기둥) / 보호의 옷을 입은 성모 마리아(왼쪽 기둥)

천사들
수호성인
콘라트 포아라우프
천사들
두 딸
포아라우프 가문의 문장
도로테아

보호의 옷을 입은 성모 마리아(확대)

성 요한 제단과 성 세바스찬 제단

Apostles' Nave에서 제일 먼저 만나는 제단은 성 요한 제단St. John's Altar(왼쪽)과 성 세바스찬 제단St. Sebastian Altar(오른쪽)입니다.

성서에 등장하는 요한이란 인물은 대개 예수에게 세례를 준 세례자 요한John the Baptist이나, 예수의 열두 제자 중 한 사람으로 〈요한복음〉을 저술한 사도 요한John the Apostle을 가리킵니다. 그러면 성 요한 제단은 그 둘 중 누구에게 봉헌된 것일까요. 제단화를 보면 짐작할 수 있습니다.

제단화를 보면 나이든 여인이 갓 태어난 아기를 안고 있고, 발치에는 어린 양이 있습니다. 세례자 요한은 제사장이었던 사가랴와 그의 부인

성 요한 제단　　　　　성 요한 제단의 제단화

Part 2 빈의 성당

엘리사벳이 늘그막에 얻은 아들이었습니다. 예수보다 몇 개월 먼저 태어나 장차 예수가 세상에 와서 할 일을 준비하는 역할을 맡았던 그는 그림에서 어린 양과 함께 나타나곤 합니다. 이런 점들을 고려할 때, 이 제단은 세례자 요한에게 봉헌된 것으로 보입니다. 성서에서 사도 요한의 탄생에 관한 내용은 찾아보기 어렵습니다.

성 세바스찬은 기독교를 박해한 로마 제국 디오클레티아누스 황제 당시 순교한 사람입니다. 무수히 많은 화살을 맞고 죽었다 하여 성화에서는 대개 화살에 맞는 모습으로 표현됩니다. 그러나 다른 설에 의하면 많은 화살을 맞았음에도 죽지 않고 살아서 황제 앞에서 자신의 종교적 신념을 굽히지 않다가 몽둥이로 맞아 순교했다고도 합니다.

성 세바스찬 제단   성 세바스찬 제단의 제단화

우리는 성 세바스찬 제단의 제단화에서 그의 순교 장면을 볼 수 있고, Women's Nave의 베드로와 바울 제단 왼쪽 위 벽에서 화살을 맞고 순교하는 세바스찬의 조각상을 볼 수 있습니다. 그리고 보호의 옷을 입은 성모 마리아 조각상(왼쪽 기둥) 위에도 무수히 많은 화살을 맞은 그의 모습이 조각되어 있습니다.

성 야누아리우스 제단과 삼위일체 제단

다음으로 나타나는 제단은 성 야누아리우스 제단 St. Januarius Altar(왼쪽)과 삼위일체 제단 Trinity Altar(오른쪽)입니다.

성 야누아리우스는 나폴리의 주교였으며 디오클레티아누스 황제 때 순교한 인물입니다. 그에 관한 기록은 많지 않지만, 기독교 신자들을 숨겨주다가 자신마저 체포되어 참수당한 것으로 전해지고 있습니다.

'삼위일체三位一體'란, 성부聖父(하느님)와 성자聖子(하느님의 아들 예수)와 성령聖靈은 동일한 위격을 갖는다는 기독교의 기본 교리입니다. 그림으로 표현될 때 성령은 대개 비둘기 형상으로 나타나지요. 삼위일체 제단의 그림도 마찬가지입니다. 왼쪽에 예수가, 오른쪽에 하느님이, 그리고 그들의 머리 위쪽에 비둘기가 보입니다.

성 야누아리우스 제단   삼위일체 제단

성 요셉 제단과 레오폴트 제단

성 요셉 제단St. Joseph Altar은 마리아의 남편이자 예수의 아버지인 성 요셉에게 봉헌된 제단입니다. 마리아가 성령으로 예수를 잉태한 것으로 되어 있으니 예수의 생물학적 아버지는 아니지만, 그는 하느님이 선택한 예수의 양육자였습니다. 그가 다윗의 후손이기 때문에 선택된 것으로 보입니다. 이스라엘 사람들에게는 '다윗의 후손 중에서 세상을 구할 메시아가 나온다.'는 믿음이 널리 퍼져 있었으므로 예수가 메시아로 인정받기 위해서는 다윗의 후손에게서 태어날 필요가 있었던 것입니다.

아기 예수와 함께 있는 요셉을 그린 그림은, 성모자 그림에 비하면 드문 편입니다.

성 요셉 제단　　　　　　　　성 요셉 제단 제단화

레오폴트 제단Leopold Altar은 다른 제단들과 달리 그림이 아닌 조각상이 설치되어 있습니다. 그런데 그는 왕관을 쓰고 다섯 마리의 독수리가 새겨진 방패를 오른손으로 잡고 있습니다. 독수리를 문장에 사용했던 합스부르크 왕가의 왕이자 신성로마제국의 황제라는 것을 알 수 있습니다. 그리고 왼손에는 두 개의 쌍둥이 탑(이교도의 탑)이 솟아 있는 교회 건물 모형을 들고 있습니다. 이쯤 되면 이 사람이 로마네스크 양식의 조촐한 성당을 고딕 양식의 웅장한 슈테판 대성당으로 환골탈태시킨 레오폴트 4세라는 걸 쉽게 짐작할 수 있습니다. 이곳은 바로 그에게 바쳐진 제단인 것입니다. 아직 고딕 양식의 첨탑이 보이지 않는 까닭은, 레오폴트 4세 이후에 남쪽 탑이 세워지기 때문입니다.

레오폴트 제단   레오폴트 제단의 레오폴트 4세 조각상

오스만튀르크 퇴치 기념비

레오폴트 제단에서 앞으로 몇 걸음 걸어가면 오른쪽으로 익랑翼廊, transept에 해당하는 공간이 나옵니다. 남쪽 탑과 연결되는 곳이지만, 현재는 닫혀 있어 출입이 불가합니다. 이곳에는 오른쪽 벽에 오스만튀르크를 물리친 것을 기념하여 세웠던 기념비의 흔적이 남아 있고, 왼쪽에는 세례당으로 사용하던 카타리나 예배당이 있습니다. 먼저, 오른쪽 벽을 주목해 봅시다.

중앙 상단에는 왼팔로 아기 예수를 안고 있는 성모 마리아가 있고, 그 아래로 교황(왼쪽)과 황제(오른쪽)가 무릎 꿇은 채 성모자를 우러르고 있습니다.

오스만튀르크를 물리친 것을 기념하는 비

이것은 슈테판 대성당에 설치되었던 '오스만튀르크 퇴치 기념비 Türkendenkmal'의 일부라고 합니다. 왼쪽의 유리관에는 기념비의 원래 모습을 알 수 있도록 미니어처로 만든 것이 들어 있습니다.

앞서 '먼저 읽는 역사 이야기 3. 합스부르크 제국과 오스만튀르크의 악연'에서 살펴봤듯이, 빈은 서유럽으로 진출하고자 하는 이슬람 세력을 막아내는 최전선 역할을 해야만 했습니다. 1683년에 있었던 2차 빈 공성전도 그런 전쟁의 하나였지요. 오스만 제국의 군대는 빈을 포위한 채 공격의 고삐를 늦추지 않았습니다. 빈 함락은 시간문제처럼 여겨졌지요. 다행히도 이를 전체 기독교 세계의 위기로 받아들인 폴란드 왕 얀 3세 Jan III Sobieski가 구원병을 이끌고 달려온 덕에 빈은 함락을 면할 수 있었습니다. 이 일로 인해 얀 3세 소비에스키는 '유럽 기독교의 수호자'란 명예로운 별칭을 얻었으며, 적국인 오스만 제국에서조차 그를 '레히스탄(폴란드를 뜻하는 오스만어)의 사자 Lion of Lechistan'라고 부르며 경외했다고 합니다.

Jerzy Siemiginowski-Eleuter, '빈 전투에서의 얀 3세 소비에스키'(바르샤바 국립 박물관 소장)

그 일이 있은 지 200여 년 뒤인 1894년에 에드문트 헬머 Edmund Hellmer가 빈 공성전에서의 승리를 기념하는 비를 만들어 슈테판 대성당에 설

원래의 모습을 재현한 미니어처 오스만튀르크 퇴치 기념비 자료 사진

치했습니다.

1945년 제2차 세계대전의 와중에 슈테판 대성당은 화재로 큰 피해를 입었는데, 그때 이 기념비도 대부분 파손되어 원래의 모습을 되찾기 어렵게 되었습니다. 다만 기념비의 꼭대기에 있던 성모상과 교황, 황제의 조각만이 원형을 유지해 지금과 같이 전시되고 있는 것입니다.

왼쪽의 미니어처를 통해 원래의 모습을 짐작할 수 있기는 한데, 정작 성모상과 교황, 황제의 모습은 찾아보기 어려워 의아합니다. 자료 사진과 비교해 보면 차이점을 알 수 있으며, 미니어처가 원래의 기념비와 다소 다르게 만들어진 것으로 보입니다.

성 카타리나 예배당

오스만튀르크 퇴치 기념비 맞은편에는 성 카타리나 예배당St. Catherine Chapel이 있습니다. 성 카타리나 예배당은 세례당으로 이용되었습니다. 예배당 안에 보이는 아름다운 그릇이 세례반洗禮盤입니다. 제단 장식을 보면 중앙에 수레바퀴와 칼을 든 여인이 서 있는데, 바로 성녀 카타리나입니다.

이곳은 남쪽 탑에 속하는 공간이고, 북쪽 탑의 같은 위치에는 성 바르바라 예배당St. Barbara Chapel이 있습니다. 이들은 성화聖畫에서 함께 나타나는 경우가 많고, 빈의 성당을 돌아다니다 보면 또 만나게 될 것이므로 여기서 함께 설명하도록 하겠습니다.

성 카타리나 예배당   성 카타리나 예배당 제단 장식   성 바르바라 예배당의 제단

성녀 카타리나는 이집트 알렉산드리아 출신으로 기독교를 박해한 로마 황제 막센티우스 때 순교했습니다. 그녀를 설득하는 데 실패한 황제는 아사형餓死刑을 선고했으나 비둘기가 먹을 것을 물어다 주어 굶어 죽지 않았다고 합니다. 그 뒤 못이 잔뜩 박힌 수레바퀴에 묶어 굴려 몸이 찢기도록 하려 했지만 천사가 나타나 수레를 부수는 바람에 목숨을 건졌고, 결국 참수되어 순교했습니다. 그래서 그녀의 제일 중요한 상징물은 부서진 수레바퀴이며, 칼도 함께 나타나는 경우가 많습니다.

성녀 바르바라는 소아시아(지금의 터키 지역) 출신으로, 아버지 디오스코루스Dioscorus에 의해 탑에 유폐된 채 자랐습니다. 미모가 워낙 빼어나 남자들의 주목을 받자 세파에 오염될 것을 우려해 감금했다고 합니다. 그녀는 탑에서 지내는 동안 유모를 통해 기독교 신앙을 갖게 되었습니다. 이교도였던 그녀의 아버지는 그 사실을 알고 크게 분노하여 기독교를 버리도록 강요했지만, 그녀는 거부하고 탈출하였습니다. 그러나 결국 붙잡혀 참수당하는데, 일설에 의하면 그녀의 아버지가 직접 딸의 목을 치고 집으로 돌아가다가 번개를 맞아 죽었다고 합니다. 그런 이유로 그녀는 번개와 포탄을 맞아 죽은 사람들의 수호성인으로 여겨졌습니다.

탑에서 유폐되어 자랐기 때문에 바르바라의 가장 중요한 상징물은 탑입니다. 탑 근처에 있거나 탑을 들고 있는 성녀를 보면 바르바라로 보면 됩니다. 그 밖에 칼(참수당해 죽었으므로), 종려나무 가지, 성작聖爵(미사 때 사용하는 포도주 잔) 등도 그녀의 상징물입니다.

두 성녀는 특히 제단화에서 성모 마리아의 양쪽에 나란히 등장하는 경우가 많으니, 그녀들의 상징물을 참고하여 구분하면 좋을 것입니다.

카타리나와 바르바라가 있는 제단화(바르샤바 국립 박물관)

성 카타리나 예배당 입구에 설치된 모차르트 관련 명판

　슈테판 대성당은 모차르트의 결혼과 자녀들의 세례가 이루어진 곳으로 유명한데, 그 사실을 알려주는 명판이 카타리나 예배당 앞에 붙어 있습니다. 이런 내용이라고 합니다.

　'1782년 8월 4일 볼프강 아마데우스 모차르트와 콘스탄체 베버가 본 성당에서 본당 신부의 주례로 혼배성사를 올렸다. 이들의 세 번째 자녀인 요하네스와 여섯 번째 자녀인 프란츠가 본 성당에서 세례를 받았다. 1791년 12월 5일 모차르트가 세상을 떠난 직후에 알려진 것은 그가 본 성당 상임지휘자의 조수 자리에 응모했었다는 점이다. 12월 6일에는 본 성당의 크로이츠 카펠레(성 십자가 예배당)에서 그를 위한 진혼곡이 연주되었다. 모차르트 탄생 250주년을 계기로 본 성당이 이 명판을 설치한다.'

하인들의 성모

카타리나 예배당을 본 다음 다시 Apostles' Nave로 나오면 복도 끝에 프리드리히 3세의 석관이 보입니다. 그곳으로 가기 전에 오른쪽 벽을 잠깐 보면 검은색 성모자상이 보일 것입니다. '하인들의 성모'라고 불리는 조각상입니다.

이것을 하인들을 수호해주는 성모상이라고 부르게 된 데는 다음과 같은 사연이 전한다고 합니다.
옛날 빈에 한 백작 부인이 살고 있었습니다. 신앙심이 지극했던 그녀는 집안에 예배실을 만들고 검은색 성모상을 안치해두었습니다. 날마다 열심히 기도를 올린 건 당연한 일이겠지요. 그러나 극진한 신앙심과는 달리 마음이 곱지는 않았던가 봅니다.

하인들의 성모상 위치

하루는 보석이 없어진 사실을 깨닫고 부리던 하녀를 닦달했습니다. 그녀가 훔쳐 갔다고 생각한 것이지요. 아무 죄가 없는 하녀는 자신의 결백을 호소했지만 소용없었습니다. 경찰서에 끌려갈 처지에 놓인 그녀는 백작 부인의 예배실로 뛰어들어가 검은 성모상 앞에서 눈물을 흘리며 자신의 억울함을 하소연했습니다.

그 모습이 어찌나 절실해 보였던지 경찰은 집안을 다시 수색했고, 결국 보석은 다른 하인의 방에서 나왔다고 합니다.

하인들의 성모상

보석을 되찾기는 했지만, 자신의 성모상이 하찮은 하녀의 소원을 들어줬다고 생각하니 마음이 언짢아진 백작 부인은 그것을 슈테판 대성당에 기증했습니다. 그때부터 그 성모상이 하녀의 억울함을 풀어줬다고 소문이 나서 많은 사람들, 특히 하인과 하녀들이 찾아와 기도드리는 대상이 되었다고 합니다. 그래서 이름이 '하인들의 성모'인 것입니다.

프리드리히 3세의 석관

　Apostles' Nave의 가장 안쪽, 즉 중앙 제단 오른쪽에 커다란 석관이 놓여 있습니다. 따로 슈테판 대성당 관람권을 사지 않은 사람은 접근하기 어려운 위치에 있으므로 대개의 여행자는 먼발치에서 볼 수밖에 없습니다. 붉은빛이 도는 이 대리석 석관의 주인은 신성로마제국의 황제 프리드리히 3세로, 합스부르크 왕가의 중흥 시조인 막시밀리안 1세의 아버지였습니다. 프리드리히 3세 당시의 합스부르크 가문은 한미한 편이었으나, 막시밀리안이 부르고뉴의 마리와 결혼하면서 가세가 팽창하기 시작한 이야기는 빈을 여행하는 동안 자주 듣게 될 것입니다.

프리드리히 3세의 석관

프리드리히 3세는 정치적으로 유능한 편은 아니었지만, 적대자들보다 오래 살아남아 결국엔 자신이 원하는 것을 얻을 수 있었던 행운아였습니다. 그는 당시로서는 놀라울 정도로 오래 살았는데 (1415~1493년), 자신에게 반기를 든 동생, 조카, 이웃 왕들이 모두 먼저 죽는 바람에 최후의 승자가 되곤 했습니다. 그렇게 지켜낸 것

프리드리히 3세의 초상

들을 바탕으로 아들(막시밀리안 1세)과 손자(펠리페 1세), 증손자(카를로스 5세) 대에 합스부르크 가문이 강성하게 되었으니 그의 장수는 축복이었던 셈입니다.

프리드리히 3세는 생전에 조각가 니클라스 게르하르트 반 레이덴 Niclas Gerhaert van Leyden을 불러 석관 제작을 의뢰했는데, 그가 세상을 떠났을 때는 채 완성되지 않아 대공들의 묘소에 임시로 안치되었다고 합니다. 그는 죽은 후 20년이 지나서야 겨우 자신이 원하던 아름다운 석관에 들어갈 수 있었으니 슈테판 대성당의 석관이 바로 그것입니다.

중앙 제단과 그 앞의 제단들

자, 드디어 중앙 제단에 도착했습니다. 중앙 제단 앞쪽에는 형태가 거의 비슷한 두 개의 제단이 있는데, 그려진 그림만 다른 이 두 제단은 네포무크 제단(왼쪽)과 보로메오 제단(오른쪽)입니다. 중앙 제단을 먼저 살펴본 후 이 두 제단에 대해서도 살펴보도록 하겠습니다.

중앙 제단

중앙 제단

중앙 제단 뒤쪽에 있는 스테인드글라스는 제단 장식에 가려 잘 보이지 않지만, 제2차 세계대전의 참화 속에서도 훼손되지 않은 원본이라고 합니다. 전쟁 중에 스테인드글라스가 훼손될 것을 우려한 슈테판 대성당의 성직자들이 그것을 떼어내 지하 묘지(카타콤)에 숨겨놓았는데, 그 덕에 화재가 발생했을 때도 피해를 입지 않았다는 것입니다. 문화유산을 지키기 위해 애쓴 선인들의 노력을 생각하면서 본다면 더욱 각별한 느낌이 들 것입니다.

중앙 제단은 성당 안에서 가장 핵심적이고 성스러운 공간으로, 해당 성당이 중요하게 생각하는 바가 드러나기 마련입니다. 슈테판 대성당은 순교자 성 스테판(혹은 슈테판)에게 봉헌되었기에, 그는 이 성당에서 제일 중요한 인물이라고 할 수 있습니다. 제단화에 성 스테판의 순교 장면이 담긴 까닭은 바로 그 때문인데, 먼저 그에 대해 알아보겠습니다.

〈사도행전〉에 따르면, 스테판은 첫 번째 교회인 예루살렘 교회에서 선출한 일곱 명의 부제(사제 아래의 성직자) 중 한 사람이었습니다. 주로 가난한 이들을 구호하는 일을 맡았다고 합니다. 그는 믿음이 충만하여 여러 가지 기적을 일으켰으며 성서 관련 지식이 해박하여 유대교도들과 논쟁을 벌이기도 했습니다. 문제는 그가 예수를 메시아로 인정하지 않는 유대교도들과 논쟁하는 과정에서 유대교를 비판했는데, 이것이 랍비들의 분노를 산 것입니다. 랍비들은 그를 성 밖으로 끌어내 군중들로 하여금 돌로 치도록 하였는데, 그는 "하늘 문이 열리며 하느님의 영광이

스테판의 순교 장면이 그려진 제단화

Peter Paul Rubens, '성 스테판의 순교' (발랑시엔 미술관 소장)

Adam Elsheimer, '돌을 맞는 성 스테판' (스코틀랜드 국립 미술관 소장)

보인다."는 말을 남기고 숨을 거두었다고 합니다. 그래서 그의 순교 장면을 그린 그림들을 보면 투석형投石刑을 당하는 스테판을 하느님(예수와 함께 있는 경우가 많음)이 내려다보는 모습이 대부분입니다. 슈테판 대성당의 제단화도 예외가 아니어서, 스테판이 하늘나라에 있는 삼위일체(십자가를 든 예수, 성령의 상징인 비둘기, 하느님)를 올려다보는 모습으로 그려졌습니다.

중앙 제단의 제단화와 함께 스테판의 순교를 주제로 한 그림 두 점을 함께 보여드립니다.

네포무크 제단과 보로메오 제단

이제 중앙 제단 앞의 두 제단을 살펴보도록 하겠습니다. 바로 네포무크 제단과 보로메오 제단입니다.

네포무크Johannes von Nepomuk는 프라하를 여행한 사람한테 친숙한 인물일 것입니다. 카를교에 '얀 네포무츠키Jan Nepomucky' 동상이 서 있어 한 번쯤 소원을 빌며 동상 좌대를 쓰다듬었을 텐데, 그가 바로 네포무크입니다.

프라하 대주교의 총대리였던 네포무크는 보헤미아 왕 바츨라프 4세Václav IV에 의해 체포되어 고문을 받은 후, 블타바강에 던져져 순교했습니다. 전하는 이야기로는, 왕비의 정절을 의심한 바츨라프 4세가 왕비의

네포무크 제단　　　　　　　보로메오 제단

Szymon Czechowicz, '성 네포무크의 순교'(바르샤바 국립 박물관 소장)

Giovanni Battista Tiepolo, '성 보로메오'(신시내티 아트 뮤지엄 소장)

고해성사 내용을 밝히라고 요구했지만 거절한 까닭에 죽임을 당했다고 합니다. 그는 고해성사의 비밀을 준수하기 위하여 목숨을 버린 최초의 순교자이므로 다른 사람으로부터 비방을 받은 사람들의 수호성인이 되었으며, 강물에 던져져 익사하였기 때문에 홍수 피해자들의 수호성인이기도 합니다.

보로메오Carlo Borromeo는 카를 교회를 설명할 때 다시 언급하게 될 인물입니다. 밀라노 대주교를 역임하며 성직자의 부패를 척결하고 가톨릭 개혁을 위해 애써 가톨릭의 실추된 위상을 회복시킨 공로가 큰 인물입니다.

왼쪽(북쪽) 네이브 쪽 제단과 예배당들

이제 중앙 제단을 기준으로 왼쪽, 즉 Women's Nave를 보면서 북쪽 방향에 있는 여러 제단과 예배당, 기념비들을 살펴보겠습니다.

Women's Nave 좌우의 제단들

비너 노이슈타트 제단

중앙 제단의 왼쪽에는 비너 노이슈타트 제단Wiener Neustadt Alter이 있습니다. 비너 노이슈타트는 '빈의 새로운 도시'란 뜻으로 빈 근처에 있는 도시를 말합니다. 1194년에 레오폴트 5세가 도시의 기초를 닦았고 프리드리히 3세가 다스리던 15세기에 가장 번성하였다고 하니, 아마도 프리드리히 3세는 자신의 업적을 기릴 목적에서 이 제단을 만들어 슈테판 대성당에 바친 것으로 보입니다.

필자는 이곳에 놓인 두 개의 각각 다른 제단을 보았는데, 하나는 회화로, 다른 하나는 조각으로 되어 있었습니다. 어떤 이는 회화로 된 제단은 일요일에 사용하고, 조각으로 된 제단은 그 밖의 날에 사용한다고 설명하기도 합니다.

회화로 된 제단

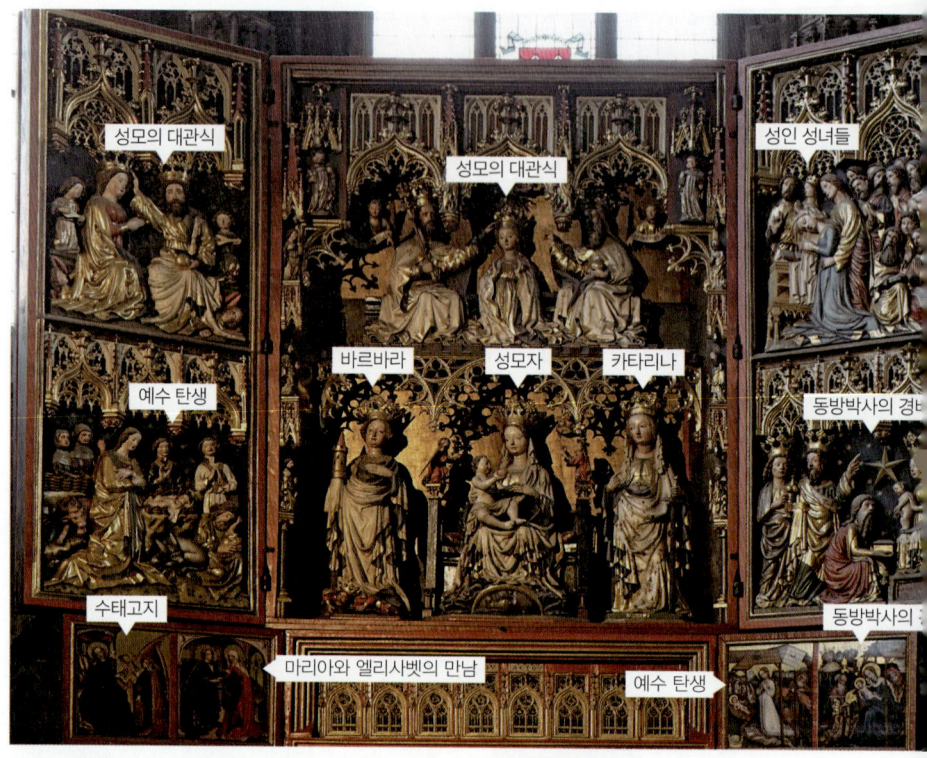
조각으로 된 제단

여기서는 조각으로 된 제단을 좀 더 자세히 보겠습니다. 고딕 양식의 3단짜리 이 제단은 신성로마제국 황제 프리드리히 3세Friedrich III의 명으로 제작되었는데, 그는 중앙 제단 오른쪽에 있는 석관에 묻힌 인물입니다.

제단의 내용은 주로 예수의 탄생과 성모의 일생에 관한 것으로, 일반적인 제단 장식(혹은 기독교 관련 미술품)에서 흔히 볼 수 있는 주제이므로 사진을 통해 하나하나의 주제를 확인하시기 바랍니다.

이제 제단 아래에 새겨진 문자에 대해 알아보겠습니다. 육안으로 알아보기는 어렵지만, 아기 예수를 안고 있는 성모 마리아의 아래쪽에 'AEIOU(당시는 U라는 알파벳이 없어서 V로 표기)'라는 글자가 두 번 적혀 있습니다. 이것은 프리드리히 3세가 자주 사용한 말로, 그 의미에 대해서는 아직도 의견이 분분하지만 대체로 '세계는 오스트리아 땅이다'라는 의미의 독일어 'Alles Erdreich Ist Österreich Untertan', 혹은 라틴어 'Austriae Est Imperare Orbi Universo'의 앞 글자를 딴 것이 아닐까 추측합니다.

프리드리히 3세는 자신이 사용한 물건이나 수집한 예술품, 심지어 거주한 건물에까지 'AEIOU'라는 서명을 남겼습니다. 아마도 자신의 소유임을 밝히기 위해 그러지 않았나 싶습니다.

프리드리히 3세 이후로 이 말은 합스부르크 왕가의 구호처럼 사용되었는데, 같은 합스부르크 왕가 출신으로 신성로마제국 황제였던 카를로스 5세Carlos V의 'PLUS ULTRA(보다 먼 세계로)'가 연상됩니다. 그들의 야심이 느껴지는 것입니다.

프리드리히 3세의 상징 구호인 AEIOU

치통의 그리스도

치통의 그리스도

북쪽 탑의 안쪽 공간, 그러니까 성 바르바라의 예배당(성 바르바라 예배당은 성 카타리나 예배당에서 함께 설명하였으므로 생략함)이 있는 곳에는 '치통의 그리스도Toothache Lord'라는 별칭이 붙은 조각상이 벽에 붙어 있습니다. 위치로 보면 '오스만튀르크 퇴치 기념비'와 대칭적인 자리입니다.

밖(동쪽 면)에서 보았던 치통의 그리스도는 복제품이었고, 이것이 진품입니다. 원래 이름은 '십자가에 매달린 예수'로, 가시 면류관(가시의 형태는 보이지 않지만)을 쓰고 옆구리와 손등에 상처를 입은 예수의 상반신 조각상입니다.

원래의 이름을 두고 '치통의 그리스도'란 다소 우스꽝스런 이름으로 불리는 데에는 이런 일화가 전한다고 합니다.

본디 이것은 어느 공동묘지에 놓여 있던 조각상이었습니다. 그런데 그곳을 찾았다가 십자가에서 당한 수난으로 인해 몹시 고통스런 표정을 짓고 있는 예수를 본 짓궂은 청년들이 "예수님이 이가 아프신 모양이야!"라고 농담을 했다는 것입니다. 그런데 공교롭게도 그날 밤, 청년들은 갑자기 치통에 시달리게 되었고, 자신들이 벌을 받는 거라고 생각한 청년들은 그리스도 조각상을 찾아가 속죄의 기도를 올린 뒤에야 지독한 통증에서 해방될 수 있었다고 합니다. 이 일이 소문 나 그 뒤로 치통의 그리스도란 별칭을 얻었다고 하는군요.

카타콤

카타콤Catacomb이란 초기 기독교 당시의 지하 묘지를 말합니다. 기독교 박해 당시는 묘지이면서 비밀 예배 장소로 쓰였다고 하며, 그런 까닭에 로마 제국의 영토였던 곳에 카타콤이 많이 남아 있습니다.

애초에 카타콤이란 용어는 고유명사로, 앞에서 살펴봤던 성 세바스찬(화살을 맞고 순교한 성인)의 무덤을 가리키는 말이었습니다. 그의 무덤이 두 언덕 사이에 있었기 때문에 '낮은 지대의 모퉁이Catacombe'란 뜻으로 그렇게 불렀다는 것입니다. 그러다가 나중에는 기독교 신자들이 묻힌 지하 무덤을 일컫는 말로 의미가 확장되었고, 더 나중에는 모든 지하 묘지를 일컫는 말이 되었습니다.

슈테판 대성당의 지하에는 중요한 세 개의 납골당이 있고, 수를 헤아리기 어려울 정도로 많은 유골이 쌓인 공간이 있습니다. 이곳을 카타콤(독일어로는 Katakombe)이라고 하며, 원하는 사람은 가이드 투어를 통해 내부를 볼 수 있습니다. 가이드 투어는 정해진 시간에 가이드를 만나 카타콤 입구(성 바르바라 예배당 앞)로 들어가 내부를 돌아보며 설명을 들은 다음 카피스트라노 설교단 근처에 있는 출구로 나오는 것입니다. 내부 사진 촬영은 엄격히 금지되며, 워낙 개미굴처럼 이리저리 길이 뚫려 있어 개인적으로 들어갔다가는 길을 잃겠다 싶었습니다.

카타콤 안에는 주교들의 납골당Bishops' Vault, 본당 사제의 납골당Provost Vault, 공국 납골당Ducal Vault이 있습니다. 공국 납골당은 합스부르크 가문 사람들의 장기臟器(내장 기관)를 안치한 곳인데, 특이하게도 그들은 시신을 몇 부분으로 나누어 서로 다른 장소에 보관하는 풍습이 있었습니다.

슈테판 대성당 지하에 있는 카타콤의 공국 납골당   카타콤 내부에 무질서하게 쌓여 있는 유골들

카타콤에서 사람들이 당혹스러워하면서도 호기심을 갖는 것은 차곡차곡 쌓아놓은 수많은 유골입니다. 대성당 지하에 이렇게 많은 유골이 쌓여 있는 이유는 무엇일까요.

지금도 유럽을 여행하다 보면, 교회 주변에 공동묘지가 들어선 것을 심심찮게 볼 수 있습니다. 기독교가 모든 것을 지배하던 중세 시대에 교회 안에 묻힐 수 있는 것은 소수의 특혜 받은 사람들뿐이었지만, 그 밖의 사람들도 교회 근처에 묻히면 최후의 심판 날에 구원받을 가능성이 높아진다고 생각했습니다. 그래서 교회 주변에 묘지들이 들어서기 시작했는데, 그 전통이 오늘날까지 이어지고 있는 것입니다. 아마도 슈테판 대성당도 그런 이유로 중세 시대에는 주변에 공동묘지가 들어섰을 것으로 추측됩니다.

문제는 흑사병이 유럽을 휩쓸 때 발생했습니다. 빈에서도 흑사병으로 인해 갑자기 많은 사람들이 죽자, 정상적으로 시신을 매장할 수 없게 된 것입니다. 매장할 공간도 부족하고, 매장해줄 사람도 부족했기 때문에 시신을 대성당 지하에 던져 넣는 것으로 장례를 대신했다고 합니다.

그로 인해 악취가 발생하고 전염병이 우려되자 유골들을 정리해 차곡차곡 쌓아서 보관했는데, 카타콤 투어 중에 그것을 확인할 수 있습니다.

베드로와 바울 제단

북쪽 탑으로 올라가는 엘리베이터를 타는 입구 쪽에 베드로와 바울 제단이 있습니다. 출입구 바로 옆에 있다 보니 다른 제단들과는 달리 제단 앞에 기도드릴 만한 공간은 없습니다.

이곳이 '베드로와 바울 제단'인 까닭은, 제단화를 보면 알 수 있습니다. 제단화의 왼쪽에는 열쇠를 든 베드로가, 오른쪽에는 긴 칼을 든 바울이 있습니다. 이 둘은 함께 나타나는 경우가 매우 흔한 편입니다.

베드로와 바울 제단

El Greco, '성 베드로와 성 바울' (에르미타주 미술관 소장)

베드로와 바울 교회(그라나다)

베드로와 바울 제단 근처 벽면과 오르간 좌대 아래의 안톤 필그람(확대)

　베드로와 바울 제단에서는 왼쪽 벽면을 주목할 필요가 있습니다. 거기에 거장 안톤 필그람Anton Pilgram의 자취가 있기 때문입니다. 잠시 뒤 설교단을 설명할 때 다시 말하겠지만, 슈테판 대성당에서 그의 위치는 확고합니다. 이 오르간 좌대도 그중의 하나이지요.

　전하는 이야기에 따르면, 안톤 필그람이 설계한 오르간 좌대가 아름답기는 하지만 무거운 오르간을 떠받칠 수 있을 정도로 튼튼해 보이지 않는다는 지적이 있었다고 합니다. 그러자 자존심이 상한 필그람은 "이것이 튼튼하지 못해 문제가 된다면 내가 떠받치고 있겠다."라며 좌대 아래쪽에 자신의 모습을 새겨 넣었다고 합니다. 그래서인지 오르간 좌대 아래쪽에 새겨진 필그람의 표정을 보면 그리 힘들어 보이지는 않습니다. 필그람은 손에 직각자와 컴퍼스를 들고 있어 자신이 건축가임을 분명히 밝히고 있습니다.

여인들의 제단

베드로와 바울 제단 오른쪽에는 여인들의 제단Women's Altar이 있습니다. 아마도 Women's Nave에 있기 때문에 그런 이름이 붙은 것 같은데, 내용으로 보면 '성모자 제단(혹은 성모 마리아 제단)'이라고 해도 될 듯합니다. Central Nave를 중심으로 본다면 오른쪽에는 아기 예수와 함께 있는 성 요셉이 그려진 제단이 있고, 왼쪽에는 아기 예수를 안고 있는 성모 마리아가 있는 여인들의 제단이 있습니다. 위치나 내용으로 볼 때, 이 둘은 의도적으로 대성당 중앙에 나란히 배치된 것으로 보입니다.

여인들의 제단 위치　　　　　　　　여인들의 제단

세실리아 제단

세실리아 제단Cecilia Altar은 위치로 보면 프란시스 하비에르 제단과 묶어 설명하는 것이 옳지만, 프란시스 하비에르 제단은 프란시스 제단과 함께 따로 설명하겠습니다.

로마 제국 당시 귀족 가문에서 태어난 세실리아는 일찍이 기독교 신앙을 접한 뒤, 동정을 지키기로 맹세합니다. 그 사실을 알지 못했던 그녀의 아버지는 발레리안이라는 귀족 가문의 청년과 결혼시키는데, 세실리아는 첫날밤에 남편에게 자신이 결심한 바를 얘기합니다. 발레리안은 천사가 자신을 지켜주고 있다는 세실리아의 말을 듣고, "내게 천사를 보여주면 당신 말을 믿겠다."고 했다 합니다.

세실리아 제단　　　　　　　세실리아 제단의 제단화

세실리아는 당시의 교황 우르바노 1세Urbano I의 도움을 받아 남편을 개종시키기에 이릅니다. 발레리안은 동생과 함께 기독교 신앙을 받아들였다가 참수형을 받고 순교합니다.

세실리아 또한 체포되어 신앙을 버리기를 강요당했으나 단호히 거부하고 죽음을 선택합니다. 처음에는 증살형蒸殺刑(뜨거운 열기로 쪄 죽이는 형벌)을 선고했으나 그녀가 죽지 않자 다시 참수형에 처했다고 합니다. 그래서인지 세실리아 제단에는 칼을 들고 있는 그녀의 모습이 그려져 있습니다.

그러나 세실리아는 일반적으로 악기를 들고 있는 모습으로 표현됩니다. 그녀가 음악의 수호성인이기 때문입니다. 그녀는 결혼식 날, 마음속으로 하느님을 찬양하는 노래를 부르며 결혼 축하연에서 들리는 세속적 음악을 물리쳤다고 합니다. 그런 연유로 그녀는 음악의 수호성인으로 여겨지며 비올라 등의 악기를 든 모습으로 그려지는 것입니다.

Guido Reni, '성 세실리아'(노튼 사이먼 뮤지엄 소장)   Carlo Saraceni, '성 세실리아와 천사'
(바르베리니 궁전 국립고전회화관 소장)

프란시스 하비에르 제단과 프란시스 제단

프란시스 하비에르 제단Francis Xavier Altar과 프란시스 제단Francis Altar은 슈테판 대성당의 북쪽 벽, 그중에서도 베드로와 바울 제단과 기념품 가게 사이에 나란히 있습니다. 세실리아 제단 옆이 프란시스 하비에르 제단이고, 설교단 옆이 프란시스 제단입니다.

프란시스 하비에르는 예수회 소속의 스페인 선교사로, 일본에 최초로 기독교를 전한 사람입니다. 예수회는 1534년에 27세이던 그가 이그나티우스 데 로욜라와 함께 창설한 수도회였지요.

그는 교황특사로서 동양 일대의 선교 책임을 맡아 일본에 기독교를 전하고, 1545~1547년에는 주로 말라카 제도 포교에 전념하였으며, 1552년에 중국에 선교하려고 광둥항에 도착하였으나 열병으로 죽었습니다.

'동양의 사도'라는 별칭에 맞게 제단화를 보면 동양인 앞에 십자가를 높이 들어 보이는 그의 모습이 보입니다.

프란시스 제단은 아시시의 성 프란시스St. Francis of Assisi에게 봉헌된 것으로 보입니다. 그는 성 프란체스코라는 이름으로 더 널리 알려졌습니다.

이탈리아 아시시 지방의 부유한 상인 집안에서 태어난 프란체스코는 젊은 시절 방탕한 생활을 했다고 합니다. 그러다 문득 세속적 즐거움에 환멸을 느끼고 봉사와 헌신의 삶을 살기로 다짐합니다. 그런 선택을 반대하는 아버지와 인연을 끊은 뒤 거지와 병자들을 돌보는 생활에 전념하는 한편, 뜻을 같이하는 사람들을 모아 프란체스코 수도회를 창설했

프란시스 하비에르 제단   프란시스 제단

습니다.

　프란체스코의 행적 중 가장 유명한 것은, 1224년 9월 14일에 라 베르나La Verna산에서 기도하던 중 예수의 수난 상흔受難傷痕(예수가 십자가에서 수난을 당할 때 몸의 다섯 군데-두 손과 두 발, 그리고 옆구리-에 상처를 입은 것)과 같은 상흔을 받은 것입니다. 프란시스 제단의 그림도 프란체스코가 상흔을 받는 순간을 표현하고 있습니다.

　그는 청빈한 삶을 살며 오로지 하느님을 섬기다 간 성인으로 추앙받고 있습니다.

1장 슈테판 대성당　287

안톤 필그람의 설교단

아마도 슈테판 대성당 내부에서 안톤 필그람의 설교단만큼 자주 사람들의 입에 오르내리는 시설도 드물 것입니다.

확성기가 등장하기 전에는 육성으로 설교해야 했기 때문에 설교단이 필수적인 시설이었습니다. 사제는 설교단 위에 올라가 성당 안에 모인 신자들을 내려다보며 설교했으므로 어느 성당이든 설교단이 있습니다.

건축가이자 조각가인 안톤 필그람이 제작한 슈테판 대성당의 설교단은 특히 조각이 섬세하고 아름다워 보는 이마다 절로 감탄하게 되는데, 거인의 문을 통해 성당 안으로 들어갔을 때 Central Nave의 왼쪽에 있습니다.

설교단의 아름다운 외양을 충분히 감상했다면, 이제 거기에 새겨진 인물들의 면면을 알아봅시다. 설교단 윗부분에는 '라틴 교회의 4대 교부'라고 일컬어지는 4명의 인물이 조각되어 있습니다.

교부敎父란 직역하면 '교회의 아버지'라고 할 수 있는데, 단순히 고위 성직자를 일컫기보다는 초기 교회 당시 종교상의 교리와 신학을 수립한 지도자 및 저술가를 말합니다. 그중에서도 라틴 교회의 4대 교부(혹은 서방 교회의 4대 교부)라고 하면 암브로시우스, 히에로니무스, 아우구스티누스, 대大 그레고리우스를 말하는데, 800년경 베네딕토회의 수사인 요한은 이들을 일컬어 '낙원에서 흘러온 네 줄기의 강'이라고 칭송했습니다. 그리고 1280년에는 교황 보니파시우스 8세가 이들을 서방 교회의 4대 교부라고 공식 선언하였습니다. 안톤 필그람은 이들을 설교단에 새긴 것입니다.

안톤 필그람의 설교단

그럼 4대 교부로 꼽히는 이들이 누구인지 간단히 알아봅시다.

맨 왼쪽에 있는 이는 아우구스티누스Aurelius Augustinus입니다. 초기 기독교가 낳은 위대한 철학자이자 사상가로 추앙받는 아우구스티누스는 로마 제국 당시 북아프리카 누미디아에서 태어났습니다. 기독교도인 어머니를 통해 기독교를 접하게 되었고, 밀라노의 주교 성 암브로시우스의 영향으로 기독교도가 되었다고 합니다. 그는 대표 저서인 『고백록』을 통해 신과 영혼에 대한 깊은 이해를 드러내고 있습니다.

아우구스티누스의 오른쪽에 있는 이는 대 그레고리우스Gregorius I Magnus입니다. 최초의 수도사 출신 교황으로 로마 교황권을 확립시킨 위대한 인물로 여겨집니다. 교회의 여러 규정을 새로이 정하고 성가를 정비했는데, 이때 정비된 성가를 그의 이름을 따서 그레고리안 성가Gregorian Chant라고 합니다. 그를 그린 그림에 종종 비둘기가 함께 그려지는 것은, 그가 비둘기로부터 영감을 받아 성가를 정리했다는 일화가 있기 때문입니다.

아우구스티누스   Gerard Seghers, 'Saint Augustine of Hippo'   그레고리우스

교황 다마소 1세의 비서였던 히에로니무스Eusebius Hieronymus는 다마소 1세 사후 베들레헴으로 가서 학문 연구에 전념하면서 많은 저술을 남겼으며 베들레헴에서 사망했습니다. 그의 가장 큰 업적은 제각각으로 번역되어 사용되던 고대 라틴어 성경들을 원전에 맞게 정확하게 개정(불가타 성경)하여 교회의 표준 성경으로 자리매김하도록 한 것입니다.

밀라노의 주교였던 암브로시우스Ambrosius는 아리우스파와 이교도 세력에 대항하여 정통파 신앙을 수호한 인물로 기록되어 있습니다. 4대 교부 중의 한 명인 아우구스티누스를 개종시킨 것도 암브로시우스였습니다. 또한 그는 로마 황제인 테오도시우스 1세와 대립한 끝에 황제를 굴복시킨 일이 있는데, 그 내막을 알아보면 이러합니다.

테오도시우스 황제는 테살로니카 주민들이 로마군 수비대장을 살해한 사건이 발생하자 격분한 나머지 주민들을 학살하도록 지시합니다. 그 사실을 안 암브로시우스는 황제를 만류했지만, 테오도시우스는 듣지

Gerard Seghers, 'Saint Gregory the Great'

히에로니무스

Gerard Seghers, 'Saint Jerome'

암브로시우스   Gerard Seghers, 'Saint Ambrose'

않고 끝내 7,000여 명을 죽음으로 몰아넣었습니다. 그러자 암브로시우스는 황제를 파문한 다음 성당 출입과 성체 성사를 거부했습니다. 기독교를 국교로 삼을 정도로 신앙심이 깊었던 테오도시우스 황제는 결국 황제의 관을 벗고 베옷을 입은 채로 암브로시우스에게 사죄한 다음에야 용서를 받을 수 있었다고 합니다. 암브로시우스가 그 정도로 단호한 인물이었다는 뜻일 겁니다.

Pier Francesco Sacchi, 'The Doctors of the Church'(루브르박물관 소장)
왼쪽부터 아우구스티누스, 그레고리우스, 히에로니무스, 암브로시우스이다.

4명의 교부는 그림이나 조각에 함께 등장하는 경우가 많으니 필그람의 설교단에 새겨진 모습과 비교하며 보는 것도 좋을 듯합니다.

마지막으로 필그람의 설교단에서 눈여겨볼 만한 것을 하나 더 설명하겠습니다. 암브로시우스 조각 아래쪽으로 '펜스터구커Fenstergucker'라고 불리는 부조가 있습니다. '창밖을 내다보고 있는 사람'이란 뜻의 이 부조는 안톤 필그람 자신을 새겨놓은 것이라고 합니다. 오르간 좌대에서 보았던 것처럼 여기서도 필그람은 손에 컴퍼스를 들고 있는데, 자신이 건축가임을 자랑스럽게 생각하는 것으로 여겨집니다.

펜스터구커의 위치   안톤 필그람의 부조

성 십자가 예배당

출입구 쪽 벽 끝을 보면 철문이 굳게 닫혀 있는 공간이 보입니다. 성 십자가 예배당, 혹은 성 삼위일체 예배당이라고 하는 곳입니다.

슈테판 대성당은 워낙 규모가 크고 눈길을 사로잡는 아름답고 웅장한 시설이 많다 보니 문이 닫힌 이곳은 무심코 지나치기 쉽지만, 알고 보면 두 가지 점에서 중요한 의미를 갖는 곳입니다.

첫째는, 1791년 12월 6일에 이곳에서 모차르트의 장례 미사가 집전되었다는 점입니다. 흔히 슈테판 대성당에서 그의 장례 미사가 있었다고 하면 본당에서의 의식을 떠올리기 쉬운데, 실제로는 이곳에서 미사가 집전된 것입니다. 공간의 규모로 볼 때 그의 유명세와는 달리 조촐한

성 십자가 예배당의 위치

장례 미사였을 것으로 짐작됩니다. 제단 십자가의 하단에 이곳에서 모차르트의 장례 미사가 집전되었다는 내용의 명판이 붙어있다고 하는데, 안으로 들어갈 수 없다 보니 육안으로 확인할 수 없어 아쉽습니다.

다른 하나는, 이곳에 오스트리아의 영웅 '사보이의 오이겐 공자'의 유해(심장)가 안치되어 있다는 것입니다. 그래서 이곳을 '오이겐 공자의 예배당 Prince Eugene Chapel'이라고도 합니다. 예배당 안쪽 한구석에는 오이겐 공자를 기념하는 부조가 설치되어있다고 하는데, 밖에서는 보이지 않습니다.

사보이의 오이겐 공자에 대해서는 벨베데레 궁전에서 다루었으므로 설명을 생략합니다.

성 십자가 예배당 내부. 모차르트의 장례 미사가 집전되었으며, 오이겐 공자의 심장이 안치되어 있다.

이곳을 성 십자가 예배당이라고 하는 이유는 예수가 매달린 십자가가 제단 위에 걸려 있기 때문이며, 다른 이름으로 성 삼위일체 예배당이라고 부르는 까닭은 십자가 뒤에 그려진 그림에 하느님(성부)과 비둘기(성령)가 있기 때문입니다. 그 아래에 십자가에 매달린 예수(성자)가 있으니 삼위일체인 것입니다.

삼위일체가 표현된 제단

참고로, 십자가에 매달린 예수의 수염이 자라기 때문에 해마다 성 금요일(예수가 십자가에서 사망한 날)에 슈테판 대성당의 성직자들이 수염을 조심스럽게 깎아준다는 이야기가 있습니다. 그래서 이 예배당의 또 다른 이름이 '주님의 수염이 자라는 예배당Chapel of Our Lord's Hairgrowth'이라니 재미있습니다.

2장

그 밖의 성당들

카를 교회

카를 교회 Karlskirche ①

알프스 이북 지역에서 가장 아름다운 바로크 양식의 교회라는 평을 듣는 카를 교회Karlskirche는 페스트가 물러간 것을 기념하기 위해 세웠다고 전해집니다.

유럽은 14세기에 페스트가 창궐하여 인구의 1/3이 사망했으며, 그로부터 400여 년이 흐른 뒤인 18세기 초에야 비로소 페스트의 공포로부터 벗어날 수 있었습니다. 빈의 경우는 1712년에 페스트가 완전히 물러간 것으로 기록되었습니다.

당시의 황제였던 카를 6세는 페스트가 물러간 것을 신의 은총으로 보고 감사의 의미로 교회를 짓기로 결정했습니다. 그는 자신과 이름이 같은 성인인 카를로 보로메오Carlo Borromeo(독일어식으로 표기하면 Karl Borromäus)에게 새로 짓는 교회를 봉헌하기로 하고, 교회 이름을 '카를 교회'라고 지었습니다. 이탈리아의 추기경이면서 가톨릭 개혁을 주장한 인물이었던 보로메오는 역병으로 고통받는 사람들을 치료해줘 존경받는 인물이었습니다. 페스트를 물리친 기념으로 짓는 교회를 봉헌하기에 적합한 사람이었지요. 아마 카를 6세 자신과 이름이 같다는 점도 교회를 그에게 바치는 데 중요한 이유가 되었을 것입니다.

1713년에 공사가 시작된 카를 교회 건축은 앞서 호프부르크에서도 언급되었던 당대의 유명 건축가인 요한 피셔 폰 에어라흐가 총책임을 맡고, 요한 루카스 폰 힐데브란트 등이 조수로 참여하였습니다.

몇 년 후 요한 피셔 폰 에어라흐가 사망하고, 그의 아들인 요제프 에마누엘 피셔 폰 에어라흐가 총감독이 되어 공사를 지휘한 끝에 21년 뒤인 1737년에 완공되었습니다.

카를 교회는 합스부르크 제국이 막을 내린 1918년까지 제국의 수호 교회로서 그 역할을 다한, 중요한 의미를 갖는 교회였습니다.

정면의 원기둥과 천사상

카를 교회를 정면에서 바라보면, 푸른색 돔이 먼저 눈에 들어옵니다. 높이가 72m에 달한다는 이 돔은 바티칸의 성 베드로 대성당 돔을 연상시킵니다. 지붕 꼭대기의 황금색 공과 그 위에 설치된 십자가도 같은 모양입니다.

카를 교회는 다른 교회에서 보기 어려운 특이한 구조물을 갖고 있는데, 건물 좌우에 우뚝 서 있는 33m 높이의 원기둥(칼럼)이 그것입니다. 이와 비슷한 형태의 원기둥을 우리는 로마와 파리에서 볼 수 있습니다. 로마 '황제들의 포룸'에 서 있는 트라야누스의 원기둥은 트라야누스 황제의 전쟁 승리를 기록하기 위해서, 그리고 파리 방돔 광장의 원기둥은

카를 교회의 돔 지붕

바티칸 성 베드로 대성당의 돔 지붕

가. 교회의 원기둥
트리야누스의 원기둥
나폴레옹의 원기둥

나폴레옹이 오스테클리츠 전투에서 거둔 승리를 기록하기 위해 세운 것입니다.

그러면 카를 교회에 서 있는 원기둥은 무엇을 기록하기 위해서 세웠을까요?

합스부르크 제국과 신성로마제국을 각각 상징한다는 주장도 있고, 스페인 영토였던 지브롤터가 영국에 넘어간 것이 아쉬워 세웠다는 주장도 있습니다. 전자의 주장은 그렇다 치고, 후자의 주장이 나오는 근거를 생각해 봅시다.

지브롤터Gibraltar(이베리아반도 끝)는 원래 '헤라클레스의 기둥'이 있다고 믿어진 곳입니다. 게리온의 소 떼를 훔치러 가던 헤라클레스가 아틀라스 산맥을 넘어가기 귀찮아 밀어버리고, 양쪽에 기둥 하나씩을 세웠다는 것이지요. 지브롤터는 원래 스페인 영토였는데 스페인 왕위 계승 전쟁의 와중에 영국에게 점령당했고, 1713년 위트레흐트 조약에 따라 정식으로 영

신성로마제국의 황제 카를로스 5세의 문장에 나타난 헤라클레스의 기둥

국 소유가 되었습니다. 그러니 스페인과 혈연관계로 맺어졌던 오스트리아 입장에서는 지브롤터의 양도가 자신들이 입은 피해인 양 아쉬웠을 수 있습니다. 특히 신성로마제국의 황제였던 카를로스 5세는 자신의 문장에 헤라클레스의 기둥을 새겨 넣을 정도로 중요하게 생각했으니, 카를로스 5세의 후손인 오스트리아 사람들은 지브롤터의 양도가 더욱 아쉬웠을 듯합니다. 지브롤터가 영국으로 넘어간 것이 1713년의 일이고, 카를 교회가 착공된 것이 또한 1713년이니 상관관계가 있을 수도 있다는 생각이 듭니다.

교회 앞에 서 있는 천사상도 눈길을 끕니다. 페스트가 물러간 것을 기념하여 세운 교회답게 질병 퇴치와 관련 있습니다. 왼쪽의 천사는 뱀이 감고 올라가는 십자가를 들고 있는데, 이는 의술의 신 아스클레피오스의 지팡이를 연상시킵니다. 그리고 오른쪽의 천사가 들고 있는 십자가는 페스트 퇴치가 신의 권능으로 이루어진 것이라는 의미를 담고 있는

왼쪽의 천사상   오른쪽의 천사상

카를 교회 입구 박공에 새겨진 부조

것으로 보입니다.

   그리고 두 개의 원기둥 사이로 그리스 신전 모양의 공간이 있는데, 박공 속에 페스트에 걸린 사람들의 참혹한 모습과 그들을 지키려는 십자가 든 천사의 모습이 보입니다.

중앙 제단

교회 건축물에서 제일 중요한 곳은 중앙 제단 부분이 아닐까 싶습니다. 그러니 카를 교회도 중앙 제단을 먼저 살펴봅시다. 중앙 제단은 건축가인 요한 피셔 폰 에어라흐와 그의 아들인 요제프 에마누엘 피셔 폰 에어라흐의 작품으로 알려져 있습니다.

맨 위로 '세상을 보는 눈All-seeing Eye(혹은 섭리의 눈Eye of Providence)'이 보입니다. 여기서의 삼각형은 기독교의 삼위일체를 상징하고, 그 주변으로 햇살처럼 뻗어 나가는 선은 햇빛이 세상 만물을 골고루 비추듯 신의 혜안이 세상 모든 것을 다 굽어본다는 뜻으로 해석합니다. 이것을 '세상

카를 교회 중앙 제단

2장 그 밖의 성당들

'야훼'라는 의미의 히브리 문자가 새겨진 '세상을 보는 눈'   암브로시우스와 대 그레고리우스(왼쪽)

히에로니무스와 아우구스티누스(오른쪽)   보로메오

을 보는 눈'이라고 하는 것은 대개 삼각형 안에 눈이 그려져 있기 때문인데, 카를 교회 제단에는 눈 대신 '야훼Yahweh'라는 의미를 갖는 히브리 문자가 있습니다. 야훼가 세상 만물을 꿰뚫어 본다는 본래의 의미에는 변함이 없는 것입니다.

'세상을 보는 눈' 아래로 양쪽에 각각 두 명씩의 기독교 교부가 자리 잡고 있습니다. 기독교의 4대 교부는 슈테판 대성당 편에서 안톤 필그람의 설교단을 설명할 때 나왔던 바로 그들입니다. 왼쪽에 암브로시우스와 대★그레고리우스가, 오른쪽에 히에로니무스와 아우구스티누스가 있습니다.

그리고 제단 중앙에 있는 인물이 바로 이 교회를 봉헌 받은 장본인인 보로메오입니다. 천사들이 옹위하는 가운데 하늘을 바라보며 신에게 페스트가 물러가도록 해달라고 간절히 요청하는 자세를 취하고 있습니다.

프레스코 천장화

카를 교회 천장화는 요한 미하엘 로트마이어Johann Michael Rottmayr의 작품입니다. 그는 독일 바이에른에서 태어나 베네치아에서 그림 공부를 했으며, 궁전이나 성당의 프레스코화 작업에서 두각을 나타냈습니다. 합스부르크 제국의 궁정화가로 활동할 당시 작업한 카를 교회의 프레스코 천장화를 그의 대표작으로 꼽습니다.

카를 교회 천장화는 성 삼위일체가 그려진 쪽(중앙 제단 위)이 중심이 됩니다. 왼쪽에 예수(성자)가 앉아 있고 오른쪽에 하느님(성부)이 있으며,

카를 교회 천장화

성자 예수(왼쪽)와 성부 하느님(오른쪽) / 성령을 의미하는 비둘기(돔 꼭대기)

수난 도구들과 성모 마리아, 보로메오 / 수난 도구들(확대)

성령을 의미하는 비둘기는 중앙 돔 꼭대기에 따로 그려져 있습니다.

예수의 발 아래로 보이는 지구본 형상의 물체는 우주 전체를 의미하며, 예수가 세상을 구원하기 위해 지상에 온 존재(구세주)임을 나타냅니다. '살바토르 문디Salvator Mundi(세상을 구원하는 자)'는 대개 예수가 둥근 물체를 손에 들고 있는 형태로 표현되는데, 여기서는 아기 천사들이 대신 들고 있습니다.

예수 뒤편으로는 수난 도구Arma Christi인 십자가와 창, 가시관, 채찍 등이 보이고, 아래쪽으로는 성모 마리아와 함께 있는 보로메오가 보입니다. 성모 마리아는 신에게 직접 요청 사항을 말하기 어려운 인간을 위해 옆에서 도와주는 역할을 하는 것으로 믿어집니다. 가톨릭 신자들이 암송하는 '성모송'에는 '천주의 성모 마리아님, 이제 와 저희 죽을 때에 저희 죄인을 위하여 빌어주소서.'란 구절이 있습니다. 이 그림에서도 페스트로 고통받는 인간들을 구원해 달라고 하느님에게 간청하는 보로메오를 성모 마리아가 옆에서 지원해주는 것입니다.

하느님 발 아래쪽으로 칼을 칼집에 넣고 있는 대천사의 모습이 보입니다. 이것은 바티칸 천사의 성에 있는 천사상을 연상시키며, 대천사 미카엘을 표현한 것으로 보입니다. 전하는 이야기에 따르면, 6세기경 로마에 페스트가 창궐하여 많은 사람들이 죽어 나갈 때 교황 그레고리우스 1세가 대천사 미카엘이 칼을 칼집에 넣는 환영幻影을 보았는데, 그 뒤로 페스트가 물러갔다고 합니다. 그래서 페스트를 물리친 공을 미카엘에게 돌리며 바티칸의 천사의 성에 칼을 칼집에 집어넣는 미카엘 상을 세웠다고 하지요. 카를 교회가 페스트를 물리친 뒤 그를 기념하여 세운 곳이라는 점을 고려한다면, 천장화에 대천사 미카엘이 등장하는 것은 당연한 일일 겁니다.

칼을 칼집에 넣는 대천사 미카엘　　　　　　　　바티칸 '천사의 성'의 대천사 미카엘 상

자비로운 행동을 표현한 그림

    대천사 미카엘 오른쪽으로는 여러 가지 자비로운 행동을 표현한 그림이 있는데, 이것은 기독교에서 말하는 '일곱 가지 자비로운 행동The Seven Works of Mercy'과 관련 있어 보입니다.

    기독교에서 말하는 일곱 가지 자비로운 행동이란, 굶주린 사람에게 먹을 것을 주는 행위, 목마른 사람에게 마실 것을 주는 행위, 나그네를 따뜻이 대접하는 행위, 헐벗은 사람에게 입을 것을 주는 행위, 병든 사람을 돌보는 행위, 감옥에 갇힌 사람을 찾아주는 행위, 죽은 사람을 장사지내주는 행위를 말합니다.

    이것은 〈마태복음〉에 실려 있는 예수의 말에서 유래된 것으로, 성서에는 예수가 "너희는 내가 굶주렸을 때 먹을 것을 주었고, 내가 목말랐을 때 마실 것을 주었으며, 내가 나그네였을 때 따뜻이 맞아들였다. 또 내가 헐벗었을 때 입을 것을 주었고, 내가 병들었을 때 돌보아주었으며, 내가 감옥에 있을 때에 찾아주었다."라고 했다 합니다.

일곱 가지 자비로운 행동을 표현한 그림으로 가장 유명한 것은 카라바조의 작품이니, 참고삼아 감상하는 것도 좋을 것입니다.

Caravaggio, '일곱 가지 자비로운 행동'

마르틴 루터의 책을 불태우는 천사   루터 옆에 그려진 사악한 존재들
(뱀의 유혹을 받는 탕자와 허영과 가식으로 물든 여인)

카를 교회의 천장화에서 특히 주목할 것은 마르틴 루터Martin Luther의 책을 불태우는 천사를 그린 부분이 아닐까 합니다. 이 부분은 성 삼위일체를 바라보고 선 상태에서 볼 때 왼쪽에 있습니다.

이 그림을 보면 당시의 구교(가톨릭)가 신교(프로테스탄트)와 마르틴 루터에 대해 어떤 적대적 감정을 가졌었는지를 짐작할 수 있으며, 특히 루터 옆에 사악한 존재들을 함께 그린 것을 보면 그린 이의 의도를 더욱 분명하게 알 수 있습니다.

잘 알려진 것처럼, 마르틴 루터는 로마 교황청의 부패에 맞서 종교 개혁을 주장한 사람입니다. 16세기 초, 로마 교황청은 바티칸의 성 베드로 대성당 신축에 막대한 자금이 들어가자 면죄부를 팔아서 자금을 마련하려고 했습니다. "돈이 헌금 상자에 떨어지는 순간, 지옥에 있는 조상들의 영혼이 지옥 밖으로 나오게 된다."는 교회의 주장에, 당시 사람들은 다투어 헌금을 했다고 합니다. 종교가 삶의 모든 것을 좌우하던 시절이었으므로, 사람들은 교회의 주장을 믿었을 겁니다. 그러나 더 많은 돈이 필요했던 교회는 끝없이 헌금을 요구했고, 점차 사람들은 돈으로 구원을 살 수 있다는 주장을 의심하게 되었습니다. 그래도 감히 교회에 맞설 생각은 못했지요. 교회에 밉보여 파문이라도 당하게 되면, 목숨조차 부지할 수 없는 것이 중세 시대의 현실이었기 때문입니다.

이러한 상황에서 과감하게 교회의 주장을 반박하고 나선 사람이 바로 가톨릭 사제였던 마르틴 루터입니다. 그는 돈으로 죄의 사면을 산다는 것에 대해 저항하며, 믿음만이 구원할 수 있다고 주장했습니다. 그는 자신의 주장을 95개 조항으로 정리하여 1517년 10월 31일, 독일 비텐베르크성의 교회 정문에 내걸었습니다. 이것이 바로 종교 개혁의 시발점이 된 사건이지요.

교황청의 회유와 협박에도 자신의 주장을 굽히지 않았던 루터는 결국 교황청으로부터 파문당하고, 목숨을 위협받는 상황에 놓이게 됩니다. 그때부터 그는 바르트부르크성에서 은둔 생활을 하며 라틴어로 되어 있는 성서를 독일어로 번역하는 작업에 몰두합니다. 그 전까지는 라틴어를 배운 사제들만이 성서의 내용을 신자들에게 설명할 수 있었는데, 루터의 번역 작업으로 일반인들도 사제를 통하지 않고 하느님의 가르침을 이해할 수 있게 된 것입니다. 이는 교회와 사제의 권위를 떨어뜨리는 효과가 있어, 가톨릭 입장으로서는 매우 못마땅한 일이었지요.

카를 교회의 천장화에 그려진 '마르틴 루터의 책을 불태우는 천사'는 그런 상황을 알고 보아야 마르틴 루터에 대한 가톨릭의 적대감을 이해할 수 있습니다.

Lucas Cranach the Elder, '마르틴 루터의 초상'
Ferdinand Pauwels, '1517년에 자신의 95개 주장을 내거는 루터'

카푸친 성당 Kapuzinerkirche ②

빈의 카푸친 성당Kapuzinerkirche은 교황청에서 파견한 카푸친 수도사들이 합스부르크 황실의 후원을 받아 세운 곳이라고 합니다. 그래서인지 카푸친 성당은 건물 색깔이 카푸친 수도사의 옷과 비슷한(그리고 카푸치노 커피 색깔과도 비슷한) 진한 갈색입니다.

성당 안에서 눈여겨볼 만한 것은, 2003년에 시복諡福(종교적으로 모범이 된 인물을 복자품에 올림)된 카푸친 수도회의 수도사 마르코 다비아노 Marco d'Aviano(1631~1699)의 묘입니다. 그는 1663년 오스만 제국이 빈을 공격했을 때 감동적인 설교로 기독교군의 사기를 고취시켜 승리를 이끌었고, 1686년에는 부다(현 헝가리 수도 부다페스트)를, 1688년에는 베오그라드(현 세르비아의 수도)를 이슬람 세력으로부터 해방시키는 데 큰 역할을 한 인물입니다. '다비아노가 없었다면 동유럽은 이슬람교도의 땅이 되었을 것이다.'라는 말이 있을 정도로 기독교 측으로부터 추앙받는 인물인데, 카푸친 수도회 소속이었기 때문에 카푸친 성당에 묻힌 것입니다. 또한 성당 입구 왼쪽에는 그의 동상이 세워져 있습니다.

다비아노의 묘 뒤쪽에 있는 피에타는 피터 슈트루델Peter Strudel이 제작한 것으로, 십자가에서 내려진 예수의 시신을 슬픈 표정으로 안고 있는 마리아를 표현한 작품입니다.

카푸친 성당과 황실 납골당
- 다비아노 동상
- 성당 입구
- 납골당 입구
- 피에타
- 다비아노의 묘

피에타 제단과 마르코 다비아노의 묘

피터 슈트루델의 '피에디'

그러나 카푸친 성당은 마르코 다비아노 때문이 아니라, 성당의 부속 시설인 황실 납골당 때문에 유명합니다. 합스부르크 황실 사람들의 시신이 묻혀 있는 곳이 바로 황실 납골당Kaisergruft인 것이지요.

심장과 내장을 보관하는 아우구스틴 교회와 슈테판 대성당과는 달리, 카푸친 성당의 지하 납골당은 시신을 보관하는 곳이라 커다란 관들이 즐비합니다. 그중에서도 가장 규모가 큰 것은 마리아 테레지아 부부가 합장된 관으로, 장식도 매우 정교하고 화려합니다. 관 뚜껑에 마주 보고

마리아 테레지아 부부의 관

프란츠 요제츠 1세 일가의 묘(왼쪽이 엘리자베트, 중앙이 프란츠 요제프 1세, 오른쪽이 루돌프 황태자의 묘)

막시밀리안 1세의 묘

있는 여제 부부의 흉상이 있어, 생전의 금슬을 느끼게 해줍니다.

참고로, 황실 사람만을 위한 납골당에 유일한 예외가 있는데, 마리아 테레지아의 유모가 여제의 특별한 배려 덕분에 이곳에 묻힐 수 있었다고 합니다.

프란츠 요제프 1세와 엘리자베트 황후, 그리고 그들의 외아들 루돌프 황태자가 함께 묻혀 있는 곳이 사람들의 관심을 끌고, 프란츠 요제프 1세의 동생으로 멕시코의 황제였다가 처형당한 막시밀리안 1세의 묘도 이곳에 있답니다.

보티프 교회 Votivkirche ③

1853년 2월 18일, 빈에서는 프란츠 요제프 1세에 대한 암살 기도가 있었습니다. 헝가리 민족단체 소속의 한 청년이 산책 중이던 황제를 공격한 것입니다. 황제는 이때 가벼운 상처를 입었지만 곧 회복되었습니다. 비록 미수에 그치기는 했지만, 황제에 대한 암살 시도는 황실 가족들에게 충격이었을 겁니다. 이에 황제의 동생이었던 막시밀리안 Ferdinand Maximilian Joseph은 형이 무사함에 감사하는 의미로 교회를 지어 봉헌하기로 합니다. 바로 '봉헌 Votiv(영어 Votive, 프랑스어 votif)'이라는 의미를 가진 보티프 교회 Votivkirche입니다.

교회를 새로 짓기로 하고 설계를 공모에 부친 결과 하인리히 폰 페르스텔 Heinrich von Ferstel의 작품이 선정되어 1856년부터 공사가 시작되었으며, 1879년에 완공되었습니다. 그러나 멕시코 황제로 부임했던 막시밀리안은 1867년에 처형당하기 때문에 자신이 주도하여 건설을 시작한 교회의 완성을

보티프 교회

보지 못합니다.

　보티프 교회는 두 가지 면에서 우리의 관심을 끕니다. 첫째는 외관상 고딕 양식의 특징을 잘 보여준다는 점과, 교회 안에서 군사적인 요소들을 다양하게 찾아볼 수 있다는 점입니다.

　고딕 양식(보티프 교회는 19세기에 지어졌기 때문에 중세 시대의 고딕 양식과 구별하기 위해 신 고딕 양식이라고 함)의 중요한 특징으로는 하늘을 찌를 듯 높이 치솟은 날카로운 첨탑, 높은 천장과 첨두아치, 폭이 좁고 긴 창문과 거기에 성서의 내용을 새긴 아름다운 스테인드글라스 등을 꼽을 수 있습니다. 이러한 고딕 양식의 특징을 보티프 교회는 모두 갖고 있는 것입니다.

높이 치솟은 첨탑　　　높은 천장과 첨두아치　　　폭이 좁고 긴 창문과 아름다운 스테인드글라스

다음으로 볼 수 있는 특징은 군사적인 요소가 내부에서 다양하게 발견된다는 점입니다. 이는 아마도 이 교회가 군대와 전쟁 영웅을 기리는 용도로 주로 이용된 것과 관련 있을 것입니다. 전투 장면이 새겨진 석관, 군인들의 모습이 새겨진 스테인드글라스, 전쟁 영웅의 묘, 군복을 올려놓은 모양으로 제작된 묘비, 전쟁 때 사용되었을 법한 바퀴 달린 사다리 등이 다른 성당에서는 볼 수 없는, 보티프 교회만의 특징인 것입니다.

전투 장면이 새겨진 석관 / 군인들의 모습이 새겨진 스테인드글라스 / 전쟁 영웅의 묘 / 군복을 올려놓은 모양으로 제작된 묘비 / 바퀴 달린 사다리

지식충전

막시밀리안 1세는 누구인가

형인 프란츠 요제프 1세에 대한 암살 기도가 실패로 돌아간 사실에 감사하며 보티프 성당을 봉헌한 막시밀리안 1세는 어떤 인물일까요.

막시밀리안 1세

그는 프란츠 카를 대공과 조피 프리데리케 대공비 사이에서 둘째 아들로 태어났습니다. 대제국 황실 가족의 일원이었으니 남부러울 것 없는 삶을 살았을 것 같지만, 그의 인생은 굴곡이 많았고 결국 비극으로 끝나고 말았지요.

아버지를 대신해 황위를 계승한 형 프란츠 요제프가 매우 건강했기 때문에 그에게 황위가 넘어올 가능성은 거의 없었습니다. 게다가 완고한 보수주의자인 형과 개혁주의자였던 그는 정치적 성향이 크게 달라 갈등이 생길 수밖에 없었지요.

1857년 2월에 막시밀리안은 롬바르디아-베네치아 총독으로 부임합니다. 이때는 롬바르디아와 베네치아 지방이 합스부르크 왕가에 복속된 상태였으므로 황제의 동생을 총독으로 보낸 것입니

2장 그 밖의 성당들

다. 평소 개혁 정치에 대한 소신을 갖고 있던 그는 철도 부설, 은행 제도 개선, 농지 개혁 실시 등을 통해 백성들의 삶의 질을 향상시키려고 노력했습니다. 이러한 그의 정치적 행보는 좋은 평가를 받기도 했지만, 이탈리아 반도에 불어 닥친 독립 운동의 열풍에 밀려 빛을 잃습니다. 결국 2년 만에 물러나는데, 2년이란 총독 재임 기간은 그가 뜻을 펴기엔 너무 짧았지요.

그의 운명을 바꾸어 놓은 사건은 그 뒤에 일어났습니다. 1864년, 멕시코의 황제로 추대된 그는 고국을 떠나 멕시코로 가게 됩니다. 합스부르크 가문의 일원으로서 갖는 모든 권리(심지어 황제의 동생으로서 갖는 황위 계승권까지도)를 포기하고 떠난 것으로 보아, 그는 형의 그늘을 벗어나 개혁 군주로서 새 나라를 건설할 야망을 가졌던 것으로 보입니다.

그러나 그가 도착한 멕시코는 상황이 좋지 않았습니다. 그를 황제로 옹립해 불러들인 세력과 그들에 저항하는 공화파 사이에 내전이 일어난 상태였기 때문입니다. 그는 황제로서의 책무를 무겁게 느끼고 혼란을 수습하기 위해 최선을 다했지만, 역부족이었지요.

그는 황제가 된 지 3년 만인 1867년 5월 15일 공화파에 체포되었으며, 같은 해 6월 19일에 총살당합니다.

그의 비극적인 죽음을 우리는 두 점의 그림을 통해 볼 수 있습니다. 하나는 장 폴 로랑Jean Paul Laurens의 '막시밀리안 황제의 최후의 순간The Last moments of Maximilian'이란 제목의 그림인데, 아마도 처형장으로 끌려가기 직전의 모습을 그린 것으로 보입니다. 슬퍼하는 측근들을 의연한 태도로 위로하는 황제의 모습이 보입니다.

그리고 다른 하나는 에두아르 마네Édouard Manet의 '1867년 6월 19일, 멕시코 황제 막시밀리안의 처형The Execution of Emperor Maximilian of Mexico, June 19, 1867'입니다. 황제와 그의 측근을 향해 총을 쏘는 공화파 군인들을 묘사한 것으로, 막시밀리안 황제의 비극적 죽음을 세상에 알린 작품입니다.

Jean Paul Laurens, '막시밀리안 황제의 최후의 순간'

Édouard Manet, '1867년 6월 19일, 멕시코 황제 막시밀리안의 처형'

Part 3.
빈의 박물관과
미술관

1장

미술사박물관
Art History Museum

마리아 테레지아 광장과 마리아 테레지아 여제 기념상 ①

빈 미술사박물관Kunsthistorisches Museum, Vienna Museum of Art History은 오스트리아를 대표하는 박물관입니다. 소장품의 질과 양 측면에서 세계적인 명성을 얻고 있지요. 이 건물은 마리아 테레지아 여제의 기념상이 서 있는 마리아 테레지아 광장Maria Theresian Platz을 중심으로 자연사박물관과

마리아 테레지아 광장

마주보고 있는데, 두 건물은 쌍둥이처럼 닮았습니다.

마리아 테레지아 여제를 위한 기념상은 프란츠 요제프 1세의 지시에 따라 카스파르 폰 춤부슈Kaspar von Zumbusch가 제작했으며, 1888년 5월 13일에 제막되었습니다. 여제가 세상을 떠난 지 108년 뒤의 일이었지요. 이때는 합스부르크 제국이 황혼으로 치닫던 무렵인데, 아마도 강력한 통치력을 바탕으로 제국의 마지막 전성기를 이끈 마리아 테레지아에 대한 그리움과 다시 한 번 그때와 같은 영화를 되찾고 싶은 바람의 표현이었던 것 같습니다.

Part 3 빈의 박물관과 미술관

중앙에 서 있는 기념상을 자세히 살펴봅시다.

먼저 주인공인 마리아 테레지아가 위풍당당하면서도 자애로운 표정으로 앉아 있습니다. 여기서는 그녀의 왼손에 늘린 두루마리 종이에 관심을 가질 필요가 있습니다. 그것이 바로 그녀의 등극에 정당성을 부여했던 '국사 조칙'이기 때문입니다.

옥좌에 앉은 여제 주변 네 방향에 여인들이 앉아 있는데 이들은 정의, 용기, 관용, 지혜를 상징하며, 여제가 그런 덕목을 두루 갖추었다는 칭송의 의미를 담고 있습니다.

기념상 정면 왼쪽의 기마상은 레오폴트 요제프 폰 다운Leopold Joseph von Daun 백작입니다. 그는 폴란드 왕위 계승 전쟁, 오스트리아 왕위 계승 전쟁, 7년 전쟁 등에서 활약하여 나중에 육군 원수의 지위에 올랐습니다.

기념상의 뒷면으로 가서 보면 오른쪽(미술사박물관 방향)으로 루트비히 안드레아스 폰 케벤휠러Ludwig Andreas von Khevenhüller 백작의 기마상이 있습니다. 그는 사보이의 공작 오이겐 휘하에서 복무했으며, 스페인 왕위 계승 전쟁, 폴란드 왕위 계승 전쟁 등에 참전하여 명성을 얻었습니다.

정면에서 왼쪽으로 돌아가 미술사박물관을 등시고 서서 마라보면 중앙에 서 있는 인물이 합스부르크 제국의 재상을 지낸 프리드리히 빌헬름 폰 하우그비츠Friedrich Wilhelm von Haugwitz이고, 뒤에 보이는 인물들은 당시의 공부원(재성남낭관, 총독, 법관, 행정기)들이라고 합니다. 그리고 뒤 배경은 호프부르크의 자문관실입니다.

에른스트 기데온 폰 라우돈 남작 기마상   오토 페르디난트 폰 아벤슈페르크 운트 트라운 백작 기마상

   기념상을 정면에서 바라보았을 때 오른쪽에 서 있는 기마상의 주인은 에른스트 기데온 폰 라우돈Ernst Gideon von Laudon 남작입니다. 3차 슐레지엔 전쟁이라고도 불리는 7년 전쟁 때 활약한 장군이지요. 마리아 테레지아의 왕위 계승 문제를 놓고 프로이센과 전쟁을 벌였던 합스부르크 제국은 노른자위 땅인 슐레지엔을 빼앗겼습니다. 그것을 되찾기 위해 벌인 전쟁이 바로 7년 전쟁인데, 비록 슐레지엔을 수복하지는 못했지만 그때 맹활약한 에른스트 기데온 폰 라우돈 남작은 마리아 테레지아 시대를 상징하는 전쟁 영웅이었습니다.

   그리고 정면에서 오른쪽으로 돌아 자연사박물관을 등지고 섰을 때 오른쪽에는 오토 페르디난트 폰 아벤슈페르크 운트 트라운Otto Ferdinand von Abensberg und Traun 백작의 기마상이 서 있습니다. 1743년 오스트리아 왕위 계승 전쟁 당시 크게 활약한 장군입니다. 케벤휠러가 전사한 뒤 오스트리아 육군을 지휘한 사령관이기도 합니다.

기념상 정면 중앙에 서 있는 인물은 정치가 겸 외교관인 벤첼 안톤 카우니츠Wenzel Anton Kaunitz 백작이며, 그 뒤의 부조 속 인물들은 마리아 테레지아 당시의 정치가와 외교관들입니다. 부조의 배경은 잘 드러나지 않지만 쇤브룬 궁전의 정원과 글로리에테입니다.

기념상의 뒷면에 서 있는 요제프 퓌르스트 폰 리히텐슈타인Josef Fürst von Liechtenstein은 장군 겸 외교관이었으며, 그 뒤의 인물들은 군인, 혹은 전쟁과 관련 있는 사람들입니다. 배경이 된 곳은 비너 노이슈타트성으로 마리아 테레지아가 테레지아 군사학교를 설립한 곳이지요.

마지막으로 자연사박물관을 등지고 서서 정면을 바라보면 마리아 테레지아의 주치의였던 게라르트 반 스비텐Gerard van Swieten이 서 있습니다. 그리고 뒤에 서 있는 인물들은 학자 및 예술가들인데, 눈여겨볼 만한 인물은 어른들 사이에 서 있는 어린 시절의 모차르트입니다. 배경이 된 곳은 구 빈 대학교라고 합니다.

벤첼 안톤 카우니츠와 정치가·외교관들 | 요제프 퓌르스트 폰 리히텐슈타인과 군인들 | 게라르트 반 스비텐과 학자 및 예술가들

> 지식 충전

마리아 테레지아의 등극과 통치

신성로마제국의 황제이자 합스부르크 왕가의 군주였던 카를 6세는 남자만이 왕위를 계승할 수 있도록 규정한 살리카 법전Lex Salica을 대신하는 국사 조칙pragmatic sanction, 國事詔勅을 1713년에 발표하였습니다. 국사 조칙의 핵심 내용은 여성도 통치권을 상속받을 수 있도록 한 것으로, 남자 상속인이 없을 경우 통치자의 딸이나 누이, 고모 등이 상속인이 될 수 있도록 규정하였습니다. 신성로마제국에 속한 여러 제후국의 반발이 거셌지만, 카를 6세는 자신이 아들을 두지 못할 경우 다른 가문으로 통치권이 넘어갈 것에 대비해 강행했습니다.

1717년에 태어난 마리아 테레지아는 카를 6세의 장녀였습니다. 만약 카를 6세가 끝내 아들을 낳지 못한다면, 다음 왕위는 국사 조칙에 따라 그녀에게 넘어가게 되었지요. 카를 6세는 죽기 전, 마리아 테레지아가 왕위를 이을 것에 대비하여 주변국들에게 국사 조칙을 존중해 줄 것을 여러 차례 당부했다고 합니다.

그러나 카를 6세가 사망하자 주변 국가들은 그녀의 왕위 계승을 인정할 수 없다며 전쟁을 일으킵니다. '오스트리아 왕위 계승 전쟁(1740~1748년)'이 벌어진 것입니다. 특히 프로이센은 합스부르크의 영토 중에서 가장 노른자위에 해당하는 슐레지엔을 점령합니다. 이곳을 잃은 것은 마리아 테레지아에게 뼈아픈 일이었지요. 무슨 일이 있어도 슐레지엔을 회복해야 했던 마리아 테

카를 6세가 서명한 1713년의 국사 조칙

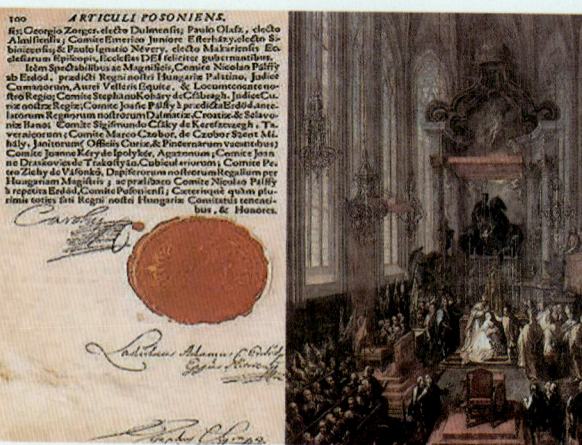

작자 미상, '마리아 테레지아의 대관식'

레지아는 1756년 프로이센을 상대로 전쟁을 일으키지만(7년 전쟁) 끝내 실패하고, 슐레지엔은 프로이센의 영토로 남게 됩니다.

여러 우여곡절을 겪으며 왕위에 올랐지만 그녀는 국정에 대한 열정과 결단력으로 혼란에 빠진 합스부르크 제국을 개혁하며 안정적으로 통치하였습니다. 재정 확보를 위해 조세 제도를 개편하고, 근대화된 군대를 양성하기 위해 군사 체계를 정비했으며, 초등학교 의무 교육을 실시하였습니다. 이 시기에 정치적 안정과 문화적 번영, 왕정의 근대화가 이루어졌으므로, 그녀의 치세를 '합스부르크의 마지막 부흥기'라고 합니다.

국사 조칙 덕분에 마리아 테레지아는 여성으로서 군주의 자리에 오를 수 있었지만(재위 1740~1780년), 신성로마제국의 황제위는 여전히 남성만이 계승할 수 있었습니다. 그리하여 합스부르크 왕조의 카를 6세가 사망한 후 신성로마제국의 황제위는 독일 비텔스바흐 왕조의 카를 7세(재위 1742~1745년)에게 넘어갑니다. 카를 7세는 카를 6세의 조카사위(카를 6세의 형인 요제프 1세의 딸 마리아 아말리아와 결혼)이자 마리아 테레지아에게는 4촌 형부가 되는 사람입니다.

신성로마제국의 황제위는 1745년 카를 7세가 사망함으로써 다시 비게 됩니다. 마리아 테레지아는 그 자리에 자신의 남편인 프란츠 1세(재위 1745~1765년)를 앉히게 되지요. 요제프 1세의 사위였던 카를 7세가 신성로마제국의 황제위를 차지한 선례가 있으니, 카를 6세의 사위인 프란츠 1세가 그 자리를 물려받는 데 큰 문제는 없었습니다.

이때부터 합스부르크 제국의 황제위는 마리아 테레지아가, 신성로마제국의 황제위는 프란츠 1세가 나누어 맡는 체제가 되었습니다. 남편을 지극히 사랑했던 마리아 테레지아가 프란츠 1세의 체면을 세워주기 위해 섭정의 지위를 주었으므로, 프란츠 1세와 마리아 테레지아를 공동 통치자로 기록하는 경우도 있습니다. 그러나 실질적인 권력은 마리아 테레지아에게 있었고, 프란츠 1세는 명목상의 통치자에 불과했다고 합니다.

마리아 테레지아는 남편 프란츠 슈테판(신성로마제국의 황제 프란츠 1세)과의 금슬이 각별하여 5남 11녀를 두었는데, 대부분의 자녀를 주변 국가와의 연합을 위해 정략결혼 시킨 것으로 유명합니다. 프로이센에 대항하는 연합 전선을 구축하는 것이 목적이었지요.

1765년에 프란츠 1세가 사망한 후 신성로마제국의 황제위는 두 사람의 아들인 요제프 2세에게 넘어갑니다. 그러니까 요제프 2세는 아버지로부터는 신성로마제국의 황제위(재위 1765~1790년)를 물려받고, 어머니로부터는 합스부르크 제국의 황제위(재위 1780~1790년)를 물려받은 것입니다.

미술사박물관 외관 ②

미술사박물관 안으로 들어가기 전에, 잠깐만 시간을 내어 외부 장식을 살펴봅시다. 오스트리아의 보물을 모두 모아놓은 중요한 건물을 설계하면서 건축가가 아무런 의미도 없는 장식을 설치하지는 않았을 것입니다. 아무래도 박물관이란 건물의 용도와 관련이 있는 장식들일 테니, 어떤 의미를 갖는 것들인지 알아봅시다.

전면의 장식들

미술사박물관 전면의 조각들

전면의 중앙 파사드에서는 돔 지붕 위의 청동 조각상에 제일 먼저 눈길이 갑니다. 자세히 보니 머리에는 투구를 쓰고, 가슴에는 메두사의 머리가 장식된 흉갑胸甲을 걸쳤습니다. 그리고 손에는 승리의 여신 니케를 들고 있군요. 바로 전쟁의 여신이자 지혜의 여신인 아테나입니다. 그녀는 공예·기술·방직·요리·도예 분야도 관장하는 것으로 알려져 있습니다. 자연사박물관 지붕에 서 있는 태양신 헬리오스가 자연의 빛을 인류에게 준다면, 아테나는 문명의 빛을 주는 존재입니다. 그러니 인류의 지혜와 문화적 소양이 집합된 장소인 박물관에 그녀만큼 어울리는 신도 없을 것입니다.

아테나 여신

전면 파사드의 중앙 돔 양쪽에는 사각형의 탑이 있고, 그 안에 각각 남녀의 좌상이 있습니다.

왼쪽에 앉아 있는 남자는 머리에 월계관을 쓰고, 손에 종이를 들고 있습니다. 계관시인桂冠詩人(월계관을 쓸 정도로 위대한 시인)을 연상시키는 것으로 보아, 문학을 의인화한 것으로 보입니다. 그리고 오른쪽에 앉아있는 여인은 악기를 들고 있으니, 음악을 의인화한 것일 겁니다.

파사드의 중간 부분, 즉 창문이 있는 곳의 양쪽에는 남녀 한 쌍씩의 조각상이 있습니다. 왼쪽은 '파우스트와 헬레나'이며, 오른쪽은 '에로스와 프시케'입니다. 두 조각 다 사랑을 상징하며, 미술사박물관이 담고 있는 예술과 사랑은 서로 밀접한 관계가 있다는 뜻으로 보입니다.

파우스트와 헬레나는 괴테의 『파우스트』에 등장하는 인물들로, 헬레나는 그리스 신화 속 절세미인이지만 파우스트가 악마 메피스토펠레스의 도움으로 만나 사랑하게 되는 여인입니다.

에로스와 프시케는 그리스 신화에 나오는 인물들로, 사랑의 신 에로스의 사랑을 받은 프시케가 에로스의 당부를 어기고 그의 모습을 훔쳐본 뒤 버림받지만 결국 다시 만나 신들의 축복 속에 결혼했다고 합니다.

그리고 출입문 좌우에는 여인의 좌상이 설치되었는데, 회화와 조각을 의인화한 것입니다. 이는 건물 후면의 같은 위치에 설치된 공예 및 건축을 의인화한 조각상과도 연관되는 것이며, 앞에서 살펴본 지붕 위의 좌상과도 관련이 있습니다. 모두 예술의 한 분야인 것입니다.

전면 왼쪽
골리앗의 목을 벤 다윗
사자의 입을 찢는 삼손
카를로스 6세
카를로스 5세

자, 이제 건물 좌우에 있는 장식도 살펴봅시다. 보는 이의 입장에서 왼쪽 부분 상단 원형 공간에는 성서 속 인물이 새겨져 있고, 그 아래 벽감에는 신성로마제국의 황제들이 서 있습니다.

왼쪽 원형 공간에는 골리앗의 목을 벤 다윗이, 그리고 오른쪽 원형 공간에는 사자의 입을 찢는 삼손이 보입니다. 그리고 그 아래에 서 있는 사람들은 카를로스 6세와 카를로스 5세입니다.

소년 다윗은 이스라엘을 괴롭히던 거인 장수 골리앗을 물리친 일로 민심을 얻어 사울 왕의 뒤를 이어 왕이 되었으며, 훗날 지혜로운 왕의 대명사가 되는 솔로몬을 낳았지요. 사자의 입을 찢는 삼손은 슈테판 대성당 전면 부조에서 이미 보았으며, 미술관 안으로 들어간 뒤 1층 11번 방에 걸려 있는 '삼손과 델릴라'를 보며 다시 설명할 예정입니다.

신성로마제국의 황제이자 합스부르크 제국의 황제였던 카를로스 5세는 친가(오스트리아)와 외가(스페인)로부터 물려받은 영토만으로 거대한 제국을 이룩했던 인물입니다. 그는 유럽 대륙의 대부분 땅은 물론이거니와 외가인 스페인 왕실이 식민지로 개척한 신대륙까지 상속받았으므로 역사상 가장 방대한 영토를 다스린 군주로 평가됩니다. 그리고 카를로스 6세(혹은 카를 6세)는 마리아 테레지아 여제의 아버지로, 그 자신이 유능한 군주는 아니었지만 '여자는 왕위 계승자가 될 수 없다.'는 당대의 편견을 깨고 딸 마리아 테레지아를 후계자로 삼았습니다. 그녀가 합스부르크 제국의 부흥을 이루었으니, 카를로스 6세의 제일 중요한 업적은 아마도 훌륭한 딸을 백성에게 선사한 일이 아닐까 합니다.

건물 오른쪽의 원형 공간에는 괴수 퇴치 설화의 두 주인공 성 조지 St. George와 지그프리트 Siegfried가 보입니다. 왼쪽이 '악룡을 퇴치하는 성 조지'이고, 오른쪽이 '괴수를 퇴치하는 지그프리트'입니다.

성 조지는 사람들을 괴롭히던 악룡을 무찌른 다음 그것이 그리스도의 뜻이었음을 밝혀 왕과 백성들을 개종시켰다고 합니다. 그 뒤 기독교를 전파하기 위해 노력하다가 기독교를 박해하던 디오클레티아누스 Diocletianus 황제 때 체포되어 잔혹한 고문을 당한 끝에 순교하지요. 그런 이유로 그는 기독교의 성인으로 추앙받습니다.

지그프리트는 게르만 전설 속의 영웅으로, 괴수를 퇴치한 것으로 알려졌습니다. 그는 괴수를 퇴치할 때 그 피로 온몸을 적셔 죽지 않는 몸이 되었는데, 다만 등 쪽만 피가 묻지 않아 훗날 적의 창에 그곳을 찔려 죽고 말았다고 합니다.

그리고 아래에 서 있는 인물은 합스부르크 왕가가 대제국으로 도약할 수 있는 기틀을 마련하고 신성로마제국의 황제를 역임한 루돌프 1세이며, 오른쪽은 프랑크 왕국을 통일한 카를 대제(프랑스에서는 샤를마뉴로 불림)입니다.

전면 오른쪽

악룡을 퇴치하는 성 조지 / 괴수를 퇴치하는 지그프리트

루돌프 1세 / 카를 대제

1장 **미술사박물관**

후면 왼쪽 부분
히드라를 퇴치하는 헤라클레스
켄타우로스를 제압하는 테세우스
아우구스투스
알렉산더 대왕

미술사박물관 후면의 조각들

이어서 외관 후면의 장식들을 살펴보겠습니다. 미술사박물관을 관람하면서, 건물 뒤쪽까지 관심을 갖고 보는 이는 드물 것입니다. 그러나 뒷면의 조각상은 문화 예술과 관련되는 내용들이고, 그렇지 않더라도 당대 사람들이 중요하게 생각한 것이 반영되어 있기 때문에 살펴볼 필요가 있습니다.

먼저, 후면의 왼쪽 부분을 봅시다. 위쪽의 원형 공간에 부조로 뭔가를 새겨놓았는데, 왼쪽은 머리가 여러 개 달린 괴물 뱀 히드라Hydra를 퇴치하는 헤라클레스이고 오른쪽은 켄타우로스를 제압하는 테세우스입니다.

헤라클레스는 하나의 머리를 베어내면 곧바로 두 개의 머리가 새로 돋아나는 히드라의 머리를 베고 즉시 불로 그 자리를 지져버리는 방법으로 처치했습니다. 이 부조를 자세히 보면 헤라클레스가 한쪽 손에 횃불을 들고 있는 것을 알 수 있습니다.

켄타우로스를 제압하는 테세우스에 대해서는 중앙 계단에서 만나게 되는 대리석 조각품과 주제를 같이 하므로 그곳에서 관련된 이야기를 하도록 하겠습니다.

그리고 아래쪽의 동상은 왼쪽이 로마 제국의 초대 황제였던 아우구스투스이며, 오른쪽은 동방에 대제국을 건설했던 알렉산더 대왕입니다.

중앙 부분에는 그리스 신화와 그리스 역사 속 인물들이 새겨져 있습니다.

왼쪽 원형 속 인물은 갈라테아를 조각한 키프로스의 조각가 피그말리온입니다. 피그말리온은 문란한 키프로스의 여인들에게 혐오감을 느껴 여자를 멀리하고 자신이 이상적으로 생각하는 아름다운 여인을 조각한 다음 그것을 진심으로 사랑했다고 합니다. 피그말리온의 진심을 이해한 아프로디테가 조각상을 실제의 여인으로 만들어 주어 둘은 행복하게 살았다고 하는데, 갈라테아는 바로 피그말리온이 사랑한 여인입니다.

오른쪽은 아마도 아테나 여신이 헤파이스토스의 대장간을 찾은 장면으로 보입니다. 무기 제작을 부탁하기 위해 찾아온 아테나를 헤파이스토스가 겁탈하려다 미수에 그친 사건이 있었다고 하지요.

어쨌든 이들은 모두 예술(혹은 공예)과 관련이 있으므로, 미술사박물관에 새겨질 자격이 있습니다.

그 아래의 동상은 페리클레스Perikles와 페이시스트라토스Peisistratos입니다. 페리클레스는 고대 아테네 도시국가 당시 민주정치의 전성기를 이끈 훌륭한 정치가이며, 페이시스트라토스 또한 고대 아테네의 정치가로서 아테네의 번영을 가져온 위대한 인물입니다. 오스트리아 사람들이 타국의 정치가인 두 사람을 미술사박물관에 세운 것은 정치·경제·문화 면에서 그들이 이룬 것을 선망했기 때문으로 보입니다.

그리고 출입문 양쪽에 앉아있는 여인들은 공예와 건축이 의인화된 것입니다.

1장 미술사박물관

이제 후면 오른쪽의 조각들을 살펴봅시다. 먼저 상단 왼쪽에서는 천마 페가수스를 타고 키마이라를 퇴치하는 벨레로폰을 볼 수 있는데, 이에 관련된 이야기는 14번 방에서 키마이라를 설명할 때 하겠습니다.

오른쪽에는 메두사의 목을 벤 페르세우스가 보입니다. 제우스가 반할 정도로 아름다웠던 다나에를 세리푸스섬의 폴리데크테스 왕이 좋아하게 되었습니다. 그러나 다나에의 아들인 페르세우스가 어머니의 곁을 굳게 지켜 도무지 마음을 전할 기회를 잡지 못하게 되자, 왕은 공연한 트집을 잡아 페르세우스에게 메두사의 목을 베어오라는 명령을 내렸지요. 아테나의 미움을 사 머리카락이 모두 뱀으로 변한 메두사는 보는 사람마다 공포감으로 심장이 멎었다고 하니, 폴리데크테스의 속마음은 페르세우스가 죽기를 바랐던 것입니다. 페르세우스가 메두사의 목을 베는 장면은 여러 미술 작품과 이야기를 통해 잘 알려져 있습니다. 위 부조 속에서 그가 들고 있는 방패는 아테나가 준, 거울처럼 잘 닦은 청동 방패일 것입니다. 메두사를 직접 보는 사람은 심장이 멎어 돌로 변했기에, 방패에 간접적으로 비춰 본 것입니다. 페르세우스는 아테나의 방패를 돌려줄 때 메두사의 머리를 붙여서 돌려주었다고 합니다. 그때부터 아테나의 방패는 천하무적의 병기가 되었다지요. 그 방패를 보기만 해도 숨이 멎어 돌로 변해버리니, 아테나에게 대적할 상대가 없게 된 것입니다.

그 아래로는 폴리크라테스Polykrates와 미니아스Minyas의 동상이 서 있습니다. 폴리크라테스는 BC 6세기 무렵에 사모스섬을 지배한 군주로, 토목 공사를 일으키고 문예를 장려했다고 합니다. 미니아스는 그리스 신화에 나오는 인물로 오르코메노스 왕국의 조상이며 많은 보물을 소유한 부자였다고 합니다.

미술사박물관 중앙 홀 ③

빈 미술사박물관 안으로 들어가 정면에 보이는 계단을 올라서면 중앙 홀에 해당하는 곳이 나옵니다. 그곳에는 천장과 천장 가까운 곳의 벽면에 눈여겨볼 만한 그림들이 있으므로, 잠시 발길을 멈추는 것이 좋습니다.

Mihály von Munkácsy, '르네상스의 신격화'

    먼저, 천장을 올려다봅시다. 거기에는 헝가리 출신의 화가 미하이 문카치Mihály Munkacsy가 그린 '르네상스의 신격화Apotheosis of the Renaissance'가 있습니다. 문화 예술 분야에서 활발한 활동이 이루어졌던 르네상스 당시의 모습을 상상할 수 있는 그림입니다.

    그런데 이 그림을 자세히 살펴보면, 르네상스 당시 인물들의 모습을 찾아볼 수 있어 재미있습니다.

    먼저, 건물 발코니 의자에 앉아 측근들과 뭔가를 의논하는 인물은 교황 율리오 2세Pope Julius II(재위 1503~1513년)입니다. 그는 라파엘로, 미켈란젤로, 브라만테 등의 천재성을 알아보고 후원해 순 르네상스 예술의 촉진자였지요.

1장 미술사박물관 | 349

발코니 아래에서 그림 지도를 하고 있는 이는 티치아노Tiziano, Titian(16세기 중엽 서양 미술의 중심지로 떠오른 베네치아에서 활동한 대표적인 베네치아 화파의 화가)이고, 왼쪽 벽에 그림을 그리고 있는 이는 베로네세Veronese(티치아노, 틴토레토와 함께 후기 르네상스 시대를 대표하는 베네치아 화파의 화가)이며, 계단 왼쪽에 서 있는 두 명의 남자는 레오나르도 다 빈치Leonardo da Vinci(르네상스 시대 이탈리아가 낳은 위대한 천재 예술가)와 라파엘로Raffaello, Raphael(이탈리아 르네상스를 대표하는 3대 화가 중의 한 명)입니다. 그리고 오른쪽 난간에 기대어 뭔가 심각한 고민에 빠진 듯한 자세를 하고 있는 남자는 손에 조각용 망치를 들고 있는데, 미켈란젤로Michelangelo(레오나르도 다 빈치, 라파엘로와 함께 이탈리아 르네상스 3대 화가로 손꼽히며, 회화보다 오히려 조각에서 더 위대한 업적을 남긴 것으로 봄)입니다.

천장화 아래의 반원형 공간에는 유명 화가들을 주제로(두 점은 개념을 의인화한 그림) 한스 마카르트Hans Makart가 그린 그림이 있습니다. 네 방향에 각각 석 점씩, 모두 열두 점입니다.

그리고 그 아래로 코린트 양식의 대리석 기둥 상단에 구스타프 클림트, 에른스트 클림트, 프란츠 마슈가 그린 작품들이 있습니다.

동쪽 방향에 그려진 세 작품은 모두 에른스트 클림트Ernst Klimt가 그렸으며, 독일의 르네상스, 스페인과 네덜란드의 르네상스, 이탈리아의 르네상스를 의미하고, 남쪽 방향은 세 작품 모두 프란츠 마슈Franz Matsch의 작품으로, 고딕 양식, 낭만주의 양식, 카롤링거 및 부르군트 양식을 의미합니다.

그리고 서쪽 방향은 왼쪽부터 차례로 구스타프 클림트(15~16세기 피렌체 양식), 프란츠 마슈(바로크와 로코코 양식), 에른스트 클림트(네덜란드와 플랑드르 양식)의 작품이며, 마지막으로 북쪽 방향은 세 작품 모두 구스타프 클림트의 작품인데, 15세기(르네상스 초기) 로마와 베네치아, 고대 그리스와 고대 이집트, 이탈리아 고전 예술을 주제로 했습니다.

각각의 그림들은 다음 2페이지에 모아서 보여드립니다.

남쪽
프란츠 마슈

| 고딕 양식 | 낭만주의 양식 | 카롤링거 및 부르군트 양식 |
| 한스 홀바인 | 법과 진리의 알레고리 | 알브레히트 뒤러 |

서쪽: 이탈리아 르네상스 / 레오나르도 다 빈치 / 디에고 벨라스케스 / 스페인과 네덜란드 플랑드르 양식 / 반 다이크 / 안토니스 반 다이크

동쪽: 라파엘로 / 15~16세기 피렌체 양식 / 구스타프 클림트 / 바로크와 로코코 양식 / 프란츠 마슈 / 네덜란드의 플랑드르 양식 / 에른스트 클림트 / 페테르 파울 루벤스 / 렘브란트

한스 마카르트
종교와 세속의 알레고리

| 티치아노 | | 미켈란젤로 |
| 이탈리아 고전 예술 | 고대 그리스와 고대 이집트 예술 | 로마와 베네치아 르네상스 |

구스타프 클림트
북쪽

1장 미술사박물관 | 351

동쪽

반다이크　　　　　　　　디에고 벨라스케스　　　　　　　레오나르도 다 빈치

에른스트 클림트_독일 르네상스, 스페인과 네덜란드 르네상스, 이탈리아 르네상스

남쪽

한스 홀바인　　　　　　　법과 진리의 알레고리　　　　　　알브레히트 뒤러

프란츠 마슈_고딕 양식, 낭만주의 양식, 카롤링거 및 부르군트 양식

서쪽

라파엘로   렘브란트   페테르 파울 루벤스

구스타프 클림트_   프란츠 마슈_바로크와 로코코 양식   에른스트 클림트_네덜란드와 플랑드르 양식
15~16세기 피렌체 양식

북쪽

미켈란젤로 부오나로티   종교와 세속의 알레고리   티치아노

구스타프 클림트_로마와 베네치아 르네상스, 고대 그리스와 고대 이집트 예술, 이탈리아 고전 예술

Antonio Canova, '켄타우로스를 죽이는 테세우스'
키스로 프시케를 깨우는 큐피드(루브르박물관)
마리아 크리스티나의 영묘(아우구스틴 교회)

    중앙 계단을 올라가면 바로 만나게 되는 대리석 조각 '켄타우로스를 죽이는 테세우스'는 안토니오 카노바의 작품입니다. 그는 이탈리아 출신의 천재 조각가로 루브르박물관에 소장된 '키스로 프시케를 깨우는 큐피드'가 유명하며, 빈에서는 아우구스틴 교회의 '마리아 크리스티나의 영묘'에서 그의 빼어난 솜씨를 볼 수 있습니다.

    '켄타우로스를 죽이는 테세우스'는 그리스 신화에서 소재를 따왔습니다. 아테네의 왕이었던 테세우스는 친구이자 라피타이의 왕인 페이리토스의 결혼식에 하객으로 참석했는데, 그때 신랑의 형제뻘 되는 켄타우로스들도 참석했습니다. 잔치가 무르익었을 때 술에 취한 켄타우로스들이 신부를 납치하겠다고 난동을 부리다가 싸움이 벌어지는데, 용맹스러운 테세우스가 주축이 되어 켄타우로스들을 제압했다고 합니다. 안토니오 카노바의 조각은 바로 그 내용을 표현하고 있는 것이지요.

이 작품을 애초에 주문한 사람은 프랑스의 황제였던 나폴레옹 1세로 알려졌습니다. 무지와 폭력을 상징하는 켄타우로스를 이성적인 존재인 테세우스가 제압하는 모습을 통해 낡은 옷을 벗고 새로운 시대로 나아가려는 열망을 표현한 것으로 보입니다. 그러나 나폴레옹이 실각하면서 이 작품은 오스트리아의 프란츠 1세 소유가 되었고, 그는 이 작품을 폴크스가르텐의 테세우스 신전 앞에다 설치해 두었다고 합니다.

세월이 흐르면서 보존 문제가 제기되어 현재는 미술사박물관의 중앙 계단 위에 설치되어 박물관을 찾는 관람객을 제일 먼저 맞이하는 역할을 하고 있습니다.

미술사박물관 평면도

LEVEL 0.5

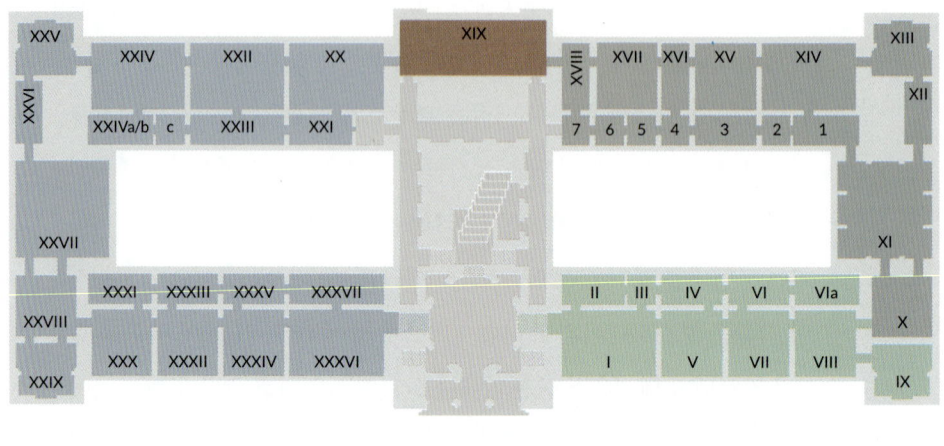

- 고대 이집트-오리엔트
- 고대 그리스-로마
- 특별 전시
- 쿤스트캄머
  * 진기한 사물(수집품)을 모아놓은 방

LEVEL 1

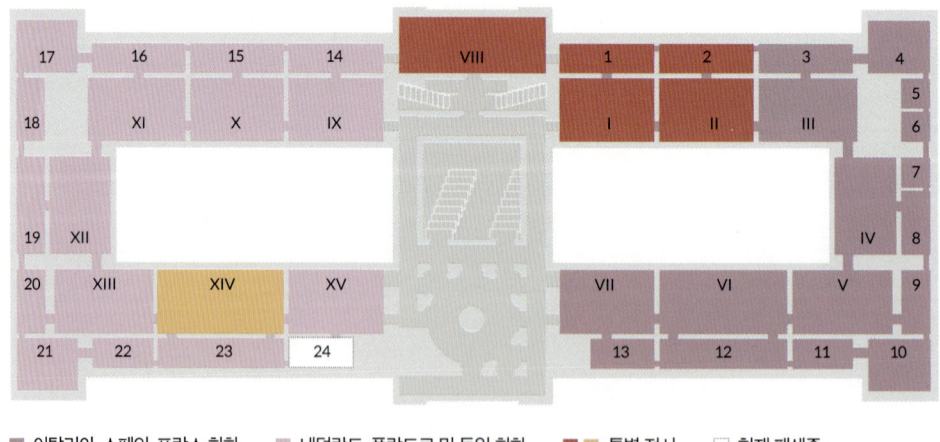

- 이탈리아, 스페인, 프랑스 회화
- 네덜란드, 플랑드르 및 독일 회화
- 특별 전시
- 현재 패쇄중

※ 전시 작품의 위치는 방문시기에 따라 달라질 수 있습니다.

미술사박물관 소장품 ❹

빈 미술사박물관은 독일의 건축가 고트프리트 젬퍼의 설계로 1891년 개관했으며, 16세기 이후 합스부르크 왕가에서 수집한 미술품을 기반으로 차츰 소장품의 수를 늘렸습니다. 0.5층의 고대 이집트 관련 유물과 그리스·로마 시대의 조각품이 인상적이고, 1층의 회화 컬렉션은 루브르박물관 및 프라도미술관과 어깨를 나란히 하는 수준입니다.

먼저 미술사박물관 안으로 들어서 오른쪽으로 난 계단을 올라가면 이집트에서 가져온 유물들을 전시한 방이 차례로 나옵니다. 그곳을 0.5층으로 계산하며, 맨 처음 방이 I번 방입니다. 이곳부터 시작해 빈 미술사박물관의 소장품들 중 이야깃거리가 있는 작품들을 살펴보겠습니다.

0.5층으로 들어가는 입구   0.5층의 I번 방

F0.5 / ROOM I-V
아누비스

I번 방부터 V번 방에는 이집트 유물이 전시되어 있습니다. 유물의 양과 수준이 상당한 편이라, 이것들을 수집한 합스부르크 제국의 힘을 느낄 수 있지요. 이곳에서는 먼저 이집트 신화에 대해 간략히 알아보겠습니다.

이집트 신화에서는 빛의 신 아툼Atum이 제일 먼저 등장합니다. 끝없이 어두운 바다 눈Nun(혹은 누Nu)에서 스스로 생겨났다고 하지요. 아툼은 슈Shu(건조한 공기의 신), 테프누트Tefnut(습기의 여신), 하토르Hathor(사랑, 아름다움, 결혼, 모성 등을 관장하는 여신)를 낳았습니다. 그중 슈와 테프누트는 서로 사랑하여 결혼하였고, 그들 사이에서 하늘 신 누트Nut와 땅의 신 게브Geb가 태어났습니다. 대부분의 신화에서 하늘 신은 남성으로, 땅의

E. A. Wallis Budge, '하늘 신 누트와 땅의 신 게브'

신은 여성으로 보는 것과 달리, 이집트 신화는 누트를 여성으로, 게브를 남성으로 생각했습니다. 땅의 신 게브 위로 하늘 신 누트가 몸을 구부리고 있는 모습으로 표현되지요. 그들 사이에 있는 신은 슈입니다. 게브와 누트가 너무 사랑한 나머지 딱 붙어 있어 생물이 살 수 없게 되자, 아툼의 명령으로 슈가 그들 사이를 떼어 놓았다고 합니다.

누트와 게브 사이에서 장남 오시리스Osiris, 장녀 이시스Isis, 차남 세트 Seth, 차녀 네프티스Nephthys, 삼남 대 호루스大 Horus(후대의 호루스와 구별하기 위해 붙인 이름)가 태어났습니다. 이상의 신들(아툼, 슈, 네프누트, 하토르, 누트, 게브, 오시리스, 이시스, 세트, 네프티스, 대 호루스)이 이집트 신화의 첫 장을 차지하는 신들이며, 하토르와 대 호루스를 뺀 아홉 신을 엔네아드 Ennead(신성한 아홉 신)라고 합니다.

누트와 게브의 장남인 오시리스는 누이인 이시스를 사랑하여 결혼했으며, 세트와 네프티스도 결혼했습니다.

그런데 세트는 성품이 난폭하고 질투심이 많았습니다. 그는 이집트를 다스리는 신이 된 형 오시리스를 질투한 나머지 그를 죽이고 자신이 그 자리를 차지할 생각을 하였습니다. 세트는 계략을 써서 오시리스를 죽인 다음 시신을 여러 조각으로 나눠 이집트 땅 여기저기에 숨겨놓았습니다. 다시는 살아나지 못하게 하려고 그런 것입니다.

남편이 죽은 뒤 이시스는 여동생 네프티스의 도움을 받아 오시리스의 시신 조각들을 찾아냅니다. 이 조각들을 모아 오시리스를 되살려낸 것이 바로 아누비스Anubis인데, 그런 이유로 아누비스는 맨 처음 미라를 만든 신으로 여겨지며, '죽은 자들의 신'으로 숭배되었습니다. 고대 이집트 사람들은 아누비스가 저승으로 향하는 문을 열어 죽은 자의 영혼을

오시리스의 법정으로 인도하며, 그곳에서 죽은 자의 심장을 저울에 달아 생전의 죄를 판단한다고 믿었습니다.

아누비스의 생김새는 대개 자칼의 머리에 남자의 몸을 한 것으로 그려지는데, 때로는 자칼 그대로의 모습일 때도 있습니다.

이집트-오리엔트 컬렉션이 있는 방들에는 아누비스의 모습을 볼 수 있는 작품이 여러 점 있으므로 소개합니다.

F0.5 / ROOM 1
호루스

호루스는 오시리스가 아누비스의 도움으로 부활하였을 때 이시스를 가까이하여 낳은 아들이라고 합니다. 호루스가 잉태된 후 오시리스는 죽음의 세계로 떠나 그곳의 왕이 되었지요.

이집트 사람들은 호루스를 태양의 신으로 여겼습니다. 그를 그린 그림을 보면 머리 위에 붉은색 원이 그려진 경우가 많은데, 이는 태양신으로서의 그의 정체성을 알려주는 것입니다. 호루스는 대개 매의 머리에 사람의 몸을 가진 형태나 매 자체의 모습으로 표현됩니다.

아누비스(아래)는 미라를 만들고, 호루스(위)는 죽은 자들을 심판하는 일을 주관하고 있다.

1번 방에서 볼 수 있는 다양한 호루스

영국박물관 소장 '사자의 서'

세트를 죽임으로써 아버지 오시리스의 원수를 갚은 호루스는 통일 이집트 왕국의 왕이 되어 어진 통치로 세상을 평화롭게 만들었다고 합니다. 그래서 이후의 이집트 왕들은 '살아 있는 호루스'라고 불렸지요.

호루스는 살아서는 왕으로서 이집트를 다스렸지만, 죽은 뒤에는 아버지 오시리스를 도와 죽은 자들이 생전에 지은 죄를 심판하는 역할을 맡았다고 합니다.

미술사박물관 못지않게 이집트 유물을 많이 소장하고 있는 영국박물관에는 저승 세계인 오시리스의 법정에서 죽은 영혼이 심판받는 절차를 일목요연하게 그린 '사자死者의 서書'(고대 이집트 사람들이 죽은 자를 위해 만들어 관 속에 넣어주던 사후세계의 안내서로, 대개 파피루스에 글과 그림으로 적은 두루마리 형태임)가 있습니다.

거기에는 죽은 자의 영혼을 저승 세계로 데리고 와 저울에 죄를 다는 아누비스와 그 절차를 기록하는 토트Thoth(따오기의 모습을 한 지혜와 기록의 신), 그리고 그 결과를 저승 신 오시리스에게 보고하는 호루스가 그려져 있습니다. 고대 이집트 사람들이 생각한 죽음과 저승의 모습을 이해할 수 있는 그림이므로 소개합니다.

Part 3 빈의 박물관과 미술관

F0.5 / ROOM III
샤브티

Ⅲ번 방에는 아이들 장난감처럼 보이는 작은 인형들이 많이 전시되어 있습니다. 이것의 이름은 샤브티shabti로, 이집트 사람들이 죽은 사람을 위해 부장품으로 넣었던 것입니다.

이집트 사람들은 살아서의 삶도 중요하게 생각했지만, 죽은 뒤의 삶에 더 깊은 관심을 가졌습니다. 그래서 죽은 사람의 영혼이 깃들 미라를 만들고, 죽은 사람의 집인 무덤 장식에 많은 공을 들인 것입니다. 현재 남아 있는 이집트의 유물을 살펴보면, 죽음과 관련된 것이 압도적으로 많습니다.

샤브티도 그런 인식에서 나온 것입니다. 즉, 사람이 죽으면 저승에서도 이승에서와 같은 생활을 한다고 생각하여, 가급적이면 편하게 살 수 있도록 일꾼을 만들어 무덤 속에 넣어준 것이 샤브티입니다.

샤브티

'샤브티'는 '대답하는 사람'이라는 뜻입니다. 주인이 일을 시키기 위해 부르면 언제든지 대답하는 사람이라는 뜻이지요.

아마도 이집트 사람들은 죽은 사람의 무덤 속에 많은 샤브티를 넣어주면서, 그가 저승에서는 편하게 살 수 있을 거라고 믿으며 위안을 받았을 것입니다.

그런데 샤브티와 비슷한 것으로 우리나라에는 '토우'란 것이 있었습니다. 토우는 흙으로 만든 작은 인형인데, 이것은 순장 제도와 관련이 있습니다. 이야기가 나온 김에 순장 제도에 관한 설명을 좀 하겠습니다.

순장이란, 신분이 높은 사람이 죽으면 그를 모시던 사람들을 함께 묻는 것을 말합니다. 저승에서도 살아있을 때와 똑같은 생활을 하도록 하기 위해서였지요.

그러나 산 사람을 묻는 것은 너무 잔인한 일이기에 그런 풍습은 점차 사라집니다. 그 대신 흙으로 빚은 인형을 넣어주는 것으로 바뀌었는데, 이 인형을 토우라고 하는 것입니다. 그러니까 우리나라의 토우는 이집트의 샤브티와 같은 목적으로 만든 것이지요.

순장 풍습은 우리나라에만 있었던 것은 아니고, 고대 오리엔트 지역에서부터 시작되었다고 합니다. 또한 중국에서도 순장 풍습이 확인되고 있으며, 그 밖의 여러 지역에서도 순장의 흔적이 발견됩니다. 삶과 죽음에 대한 생각이 지금과 달랐던 옛날의 끔찍한 풍습인 것입니다.

F0.5 / ROOM XI
테세우스의 미로

그리스 신화에서 헤라클레스에 버금가는 영웅으로 나오는 테세우스는 두 번의 활약으로 명성을 얻었는데, 공교롭게도 미술사박물관에 그 두 가지 활약과 관련된 작품들이 있습니다. 앞에서 보았던 안토니오 카노바의 조각 '켄타우로스를 죽이는 테세우스'가 그중 하나이며, XI번 방에서 볼 모자이크 그림 '테세우스와 아리아드네'가 나머지 하나입니다. 이 작품은 바닥에 설치되어 있으므로 유심히 보아야 합니다.

XI번 방바닥에 설치된 '테세우스와 아리아드네' 모자이크 그림

1장 미술사박물관

테세우스는 아테네의 왕자였습니다. 그러나 어머니의 나라인 트로이젠에서 태어나 자랐고, 청년이 될 때까지 아버지의 존재를 알지 못했습니다. 그의 아버지는 아테네의 왕 아이게우스였지요.

나중에 어머니로부터 자신의 출생에 얽힌 비밀을 들은 다음, 아버지를 찾아 아테네로 가는 동안 여러 괴물을 물리침으로써 영웅의 명성을 얻었습니다.

그가 아버지의 나라 아테네에 도착했을 때는 크레타의 괴물 소 미노타우로스에게 먹잇감으로 보낼 젊은이를 뽑는 문제로 어수선했습니다. 힘이 장사였던 테세우스는 자청하여 크레타에 갔고, 크레타의 공주 아리아드네의 도움을 받아 미궁 속 미노타우로스를 퇴치하고 무사히 나올 수 있었습니다. 아리아드네는 테세우스에게 반한 나머지, 실꾸리를 이용해 미궁을 빠져나오는 방법을 알려주었다고 합니다.

그러나 결혼을 약속하고 크레타를 떠난 두 사람은 낙소스섬에 잠시 들렀을 때 잠든 아리아드네를 두고 테세우스가 떠나버린 까닭에 사랑이 이루어지질 않습니다. 테세우스가 은인 아리아드네를 버린 이유에 대해서는 여러 가지 설이 있는데, 낙소스섬의 주인인 술의 신 디오니소스가 아리아드네를 부인으로 맞기 위해 테세우스에게 혼자서 떠나도록 종용했다는 이야기도 있습니다. 어찌 되었든 아리아드네는 낙소스섬에 혼자 남았다가 디오니소스와 결혼하였고, 테세우스는 그 뒤로 여러 명의 부인을 맞지만, 다 비극으로 끝나는 불운의 주인공이 됩니다.

XI번 방의 모자이크는 테세우스가 아리아드네의 도움으로 미궁 속 식인 소 미노타우로스를 처치한 뒤 함께 아테네로 가다가 낙소스섬에 아리아드네를 두고 가는 이야기를 차례로 표현했습니다.

❶ 실꾸리를 테세우스에게 전해주는 아리아드네
❷ 미궁 속 미노타우로스를 처치하는 테세우스
❸ 함께 아테네로 떠나는 테세우스와 아리아드네
❹ 테세우스가 떠난 뒤 낙소스섬에 혼자 남은 아리아드네

F0.5 / ROOM XV
프리아포스

XV번 방은 신화 속 인물들의 청동 조각상이 주로 전시된 곳입니다. 이곳에는 작아서 눈에 잘 안 띄지만 유심히 보면 꽤 민망할 작품이 하나 있는데, 남근이 과장되게 표현된 이 조각상의 주인은 프리아포스Priapus 입니다.

프리아포스는 그리스 신화에서 풍요와 생산력을 관장하는 신입니다. 그의 거대한 남근은 왕성한 생산력을 상징하며, 때로 발기된 남근 위에 곡식과 과일을 한아름 갖고 있는 모습으로 표현되는 까닭은 사람들이 그를 가축, 벌, 과수나무 등의 수호자로서 풍성한 수확을 가져오는 존재로 여겼기 때문입니다. 보는 이를 당혹스럽게 만드는 외모와는 달리, 인간들에게 꼭 필요한 존재였던 것입니다.

프리아포스(XV번 방)   프리아포스와 함께 있는 아프로디테 (스플릿 고고학박물관)   아프로디테와 에로스(XIX번 방)

그런데 프리아포스는 뜻밖에도 미의 여신 아프로디테에게서 태어났다고 합니다. 아버지가 아레스인지 헤르메스인지에 대해서는 의견이 엇갈리지만, 어머니가 아프로디테라는 점에는 대체로 의견이 일치합니다. 가장 아름다운 여신에게서 망측스런 외모의 아들이 태어난 것입니다. 스플릿 고고학박물관에 소장된 조각상을 보면, 아프로디테 옆에 작은 프리아포스가 서 있습니다. 프리아포스를 아프로디테보다 훨씬 작게 표현한 것은 모자母子 관계임을 알려주려는 의도이며, 프리아포스의 발기된 남근 위에 곡식과 과일을 새겨놓아 그의 정체성을 확실히 드러내고 있습니다.

프리아포스와 관련된 신화 속 이야기를 더 들어봅시다. 아프로디테는 자신의 아들이 매우 흉한 모습을 한 것을 보고는 실망하여 내다 버렸다고 합니다. 버려진 아기를 발견한 것은 양치기들로, 그들의 보호를 받으며 자란 프리아포스는 훗날 디오니소스를 섬기는 시종이 되었다고 하는군요.

그런데 미술사박물관의 XIX번 방에는 아프로디테가 아들 에로스와 단란한 한 때를 보내는 조각상이 있습니다. 추하게 생겼다는 이유로 아들 프리아포스를 버린 비정한 어머니 아프로디테가, 또 다른 아들 에로스는 사랑스럽게 바라보는 걸 보면 아마도 신들의 세상에도 외모 지상주의가 있었던가 봅니다.

F0.5 / ROOM XVI
아우구스투스의 카메오

　XVI번 방에는 '아우구스투스의 카메오'라고 불리는 장식품이 있습니다. 카메오cameo란, 마노瑪瑙나 산호, 조개껍데기 등에 양각 기법으로 조각한 장신구를 말합니다. 음각 기법으로 만든 것은 인탈리오intaglio이며, 두 가지를 포괄하는 용어는 젬마gemma라고 하지요.

　아우구스투스의 카메오는 로마 제국의 2대 황제인 티베리우스Tiberius 때 만든 것으로, 티베리우스의 개선을 그의 양부養父이자 초대 황제인 아우구스투스가 환영하는 내용입니다. 작품 이름에 아우구스투스를 내세웠지만, 실제로는 티베리우스의 업적을 과시하는 것이 목적이었던 것입니다.

　이 작품은 일반적인 카메오 작품에 비해 크기가 큰 편이며, 내용도 매우 복잡하고 정교합니다. 위와 아래의 단으로 나뉘어 있는데, 먼저 윗부분을 살펴봅시다.

　의자에 앉아 있는 아우구스투스(1번)는 '온 세상'을 의인화한 개념인 오이쿠메네Oikoumene(3번)로부터 승리를 상징하는 월계관을 받고 있습니다. 아우구스투스가 거대한 로마 제국의 백성들로부터 황제로 인정받는다는 의미일 것입니다. 아우구스투스 옆에 앉아 있는 여신(2번)은 투구를 쓰고 창을 든 모습으로 보아 로마 신화 속 전쟁의 여신인 벨로나Bellona로 보입니다. 그리고 화면 오른쪽의 인물들은 바다의 신(5번)과 대지의 여신(6번)으로 추측됩니다. 티베리우스(7번)는 승리의 여신 빅토리아(4번)가 모는 마차에서 내리고 있습니다. 개선식에 참석하기 위해서일

아우구스투스의 카메오(XVI번 방)

것입니다. 8번의 인물은 군인 복장인 것으로 보아 티베리우스를 수행하는 부관이 아닐까 짐작합니다.

아래 단 왼쪽은 트로파에움Trophaeum(고대 도시 이름)을 건설하는 모습이고, 오른쪽은 전쟁 포로들을 끌고 오는 모습입니다. 로마 신화 속 인물인 사냥의 여신 디아나(13번, 창을 들고 있음)와 전령신 메르쿠리우스(14번, 페타소스를 쓰고 있음), 전쟁 신 마르스(15번. 투구를 쓰고 있음)가 보이고, 주피터(제우스)의 쌍둥이 아들인 카스토르와 폴룩스(16번과 17번)도 보입니다. 신화 속 인물들이 총출동하여 티베리우스가 정복 전쟁에서 거둔 승리를 빛내주고 있는 것입니다.

9번의 염소자리는 아우구스투스의 탄생 별자리이고, 20번의 전갈 장식 방패는 티베리우스의 탄생 별자리가 전갈자리인 것을 나타내며, 10번의 독수리는 주피터를 상징하는 것으로 보입니다. 그리고 11번과 12번은 전쟁 포로, 18번은 로마의 병사일 것입니다.

F0.5 / ROOM XXIX
첼리니의 소금 그릇

첼리니의 소금 그릇Cellini Salt Cellar은 아마도 현존하는 소금 그릇 중에서 가장 유명하고 값비싼 물건이 아닐까 합니다. 정확한 가치를 환산하기는 어렵지만, 약 1,000억 원 정도로 추산한다는 이야기가 있습니다.

이 작품은 르네상스 시대에 피렌체에서 활동한 금 세공가인 벤베누토 첼리니Benvenuto Cellini가 1543년에 프랑스 국왕 프랑수아 1세에게 헌정하기 위해 만들었다고 합니다. 첼리니는 피렌체 시뇨리아 광장의 로자 데이 란치에 있는 '메두사의 목을 벤 페르세우스'를 조각한 사람입니다.

소금 그릇은 바다의 신 넵투누스(그리스 신화의 포세이돈)와 대지의 여신 케레스(그리스 신화의 데메테르)가 마주보고 있는 형태로 되어 있습니다. 여기에서 넵투누스는 소금을 만들 수 있는 바닷물을 제공하는 존재이며, 케레스는 바닷물을 받아 말릴 수 있는 땅을 제공하는 존재입니다. 한편, 그리스 신화 속에서 포세이돈은 누이인 데메테르에 반해 말馬로 변신한 후 사랑을 나누었다고 하니, 남녀의 사랑을 아름답게 묘사한 것으로 보아도 좋을 듯합니다.

넵투누스 옆에 있는 배 모양의 그릇은 소금을 담는 것이니, 이 작품의 이름은 그로부터 비롯된 것입니다. 그리고 케레스 옆에 조각된 황금 신전은 후추를 담는 용도라고 합니다.

이 작품은 2003년에 도난당했다가 되찾은 아슬아슬한 이력을 갖고 있습니다. 미술사박물관이 리모델링 중이라 어수선할 때 이 작품을 훔쳐간 범인은 나중에 자수하면서 숨겨놓은 장소를 알려주었다고 합니다.

첼리니의 소금 그릇
소금을 담는 곳
후추를 담는 곳

하마터면 이 귀한 작품을 영영 못 볼 뻔했다고 생각하니 더욱 각별한 느낌이 듭니다.

F1 / ROOM IV
디아나와 칼리스토

자, 이제 0.5층의 관람을 모두 마치고, 1층으로 올라왔습니다. 1층은 주로 회화 작품들이 전시된 곳입니다.

1층 IV번 방에 걸려 있는 이 그림은 티치아노의 작품으로, 임신한 사실을 들킨 칼리스토가 디아나(그리스 신화의 아르테미스)에게 끌려가 준엄한 질책을 받는 장면을 그린 것입니다. 무슨 사연이 담긴 그림일까요.

칼리스토는 아르테미스의 시녀였습니다. 태양신 아폴론과 쌍둥이 남매였던 아르테미스는 처녀신으로서 순결 문제에 결벽증이 있었습니다. 그녀는 자신의 순결을 굳게 지키는 것에 그치지 않고 자신의 시녀들에게도 순결을 지키겠다는 맹세를 하게 했는데, 칼리스토 또한 예외가 아니었지요. 그런데 하필 바람둥이 제우스가 청순한 그녀를 보고 반한 게 문제가 됩니다.

제우스가 유혹하자 칼리스토는 당연히 펄쩍 뛰었습니다. 순결을 잃으면 어떻게 될지 너무나 잘 알고 있었으니까요. 그러나 한번 점찍은 여자를 포기하는 법이 없는 제우스가 칼리스토에게 거절당했다고 하여 뜻을 꺾을 리 만무합니다.

아르테미스의 아버지인 제우스는 딸로 몸을 바꾸어 칼리스토에게 접근합니다. 제우스는 여자를 유혹할 때 몸을 바꾸는 경우가 흔했는데, 이번에는 아르테미스로 변신한 것입니다. 자신을 부르는 이가 제우스일 거라고는 상상도 못 한 칼리스토는 아르테미스(라고 생각한 제우스)의 시중을 들었습니다.

Titian, '디아나와 칼리스토'(IV번 방)

그리고 얼마 후 칼리스토의 배가 불러오기 시작합니다. 제우스의 아이를 가진 것입니다. 여기서 잠깐, 제우스가 아르테미스로 변했다는 말은 여자로 변했다는 뜻인데, 어떻게 칼리스토가 임신을 할 수 있었을까 궁금한 사람이 있을까 봐 설명을 덧붙이겠습니다. 제우스는 청동 탑에 갇혀 있는 다나에를 만나기 위해 빗물로 몸을 바꿔 찾아간 일이 있습니다. 다나에는 단지 비를 맞았을 뿐인데 임신을 했고, 그녀가 낳은 아들이 바로 영웅 페르세우스입니다. 황금의 비로 변한 제우스의 사랑을 받는 다나에를 그린 티치아노의 그림이 IV번 방에 있으니 함께 감상하면 좋을 것입니다.

Titian, 'Danae'(IV번 방)

어찌 되었든 뒤늦게 자신이 임신한 사실을 알게 된 칼리스토는 어디다 하소연할 수도 없었습니다. 아르테미스가 눈치챌까 봐 전전긍긍할 뿐이었지요. 동료 시녀들도 그녀의 딱한 처지를 이해하고 감춰주려 애쓴 것으로 보이지만, 아르테미스를 속일 수는 없었습니다. 결국 칼리스토는 임신 사실을 들키고 맙니다. 앞에서 본 그림이 바로 그 순간을 그린 것으로, 칼리스토의 임신 사실을 알고 분노하는 아르테미스와 자신의 운명을 직감하고 절망하는 칼리스토의 모습을 볼 수 있습니다.

결국 순결을 잃었다는 죄목으로 칼리스토는 암곰으로 변하게 됩니다. 혹자는 아르테미스가 아니라 제우스의 오입질에 화가 난 헤라가 그리 만들었다고도 하는데, 티치아노는 아르테미스가 한 일로 본 것입니다.

하여간 칼리스토는 곰으로 변했다가 아들 아르카스와 함께 밤하늘의 별자리가 되었다고 합니다. 아르카스가 곰으로 변한 어머니를 알아보지 못하고 화살을 쏘려 하자 제우스가 안쓰럽게 여겨 모자를 함께 하늘로 불러올려 별자리로 만들어 주었다고 하는군요.

F1 / ROOM IV, XI, XV
루크레티아

빈 미술사박물관에는 유독 한 여인과 관련된 그림이 많습니다. 그녀가 겁탈당하는 장면을 그린 그림이 있는가 하면, 그녀가 단검으로 자신의 가슴을 찌르는 장면을 그린 그림들도 있습니다. 그녀의 이름은 '루크레티아Lucretia'입니다.

Hans von Aachen, '타르퀴니우스와 루크레티아'(XI번 방)

Titian, '루크레티아의 자결'(IV번 방)

Paolo Veronese, '루크레티아'(XV번 방)

이 작품들을 제대로 감상하기 위해서는 그녀가 누구이며, 왜 스스로 목숨을 끊었는지를 알아야 합니다. 그리고 많은 화가들이 같은 주제를 즐겨 다룬 이유도 함께 알면 좋을 것입니다.

루크레티아는 로마 왕정 시기의 귀부인으로, 아름답고 정숙하기로 이름 높았습니다. 그녀의 남편은 당시 왕이었던 타르퀴니우스와 인척간이었다고 합니다.

그런데 그녀의 미모에 반한(혹은 정숙한 부인을 둔 친척에 대해 질투심을 느낀) 섹스투스 타르퀴니우스(타르퀴니우스 왕의 아들)가 그녀를 겁탈하는 사건이 벌어집니다. 여인이 정절을 잃는 것을 가문의 수치로 알던 시절이었기 때문에 루크레티아는 자신이 당한 수치스럽고 억울한 일의 자초지종을 유서에 적은 다음 자결합니다. 젊은 여인이 단도로 가슴을 찌르는 그림들은 대개 자결하는 루크레티아를 그린 것입니다.

정숙한 루크레티아의 자결 소식은 로마 시민들에게 금세 알려졌고, 분노한 시민들이 들고 일어나 타르퀴니우스 왕을 축출함으로써 로마의 왕정은 문을 닫게 됩니다. 공화정이 시작되는 것이지요. 그 뒤로도 로마 시민들은 왕정에 대한 거부감이 매우 강해, 영웅 카이사르마저 왕이 되려한다는 의심을 품고 암살할 정도였습니다. 루크레티아의 비극적 죽음은 로마의 역사를 바꿀 정도였던 것입니다.

그렇다면 화가들이 루크레티아를 즐겨 그린 까닭은 무엇일까요? 물론 정숙한 여인의 억울한 죽음을 통해 불의에 저항하는 고귀한 정신을 표현하려 했다고 볼 수도 있습니다. 그러나 성서 속의 여인들인 밧세바와 수산나를 내세워 여인의 누드를 그리려고 시도했던 것과 같은 이유로 겁탈당하는 루크레티아를 통해 섹슈얼한 장면을 표현하려 한 것이 아닐까 짐작할 수 있습니다.

F1 / ROOM 10
마르가리타 테레사 공주

    스페인의 화가 디에고 벨라스케스Diego Velazquez는 '시녀들Las Menina'이란 유명한 작품을 남겼습니다. 마드리드 프라도미술관에 소장된 그 그림 속의 공주가 바로 마르가리타 테레사Margarita Teresa입니다.

    '시녀들'은 마르가리타 공주가 시녀들과 함께 벨라스케스의 화실을 방문했을 때를 그린 것입니다. 벨라스케스는 공주의 부모인 펠리페 4세와 그의 두 번째 왕비 마리아나의 초상화를 그리고 있는 중으로 보입니다. 국왕 부처의 모습이 벽에 걸린 거울에 비치고 있는데, 화가의 시선이 거울의 맞은편을 향하고 있기 때문입니다. 아마도 마르가리타는 아버지와 어머니를 보러 화실을 찾았을 텐데, 그림 속의 이 사랑스러운 공주를 미술사박물관 10번 방에서도 만날 수 있답니다.

Diego Velazquez, '시녀들'(프라도미술관 소장)

Diego Velazquez, '마르가리타 테레사' 연작(10번 방)

(루브르박물관 소장)　(프라도미술관 소장)

    이 작품들을 보면 짐작할 수 있듯이, 벨라스케스는 마르가리타 테레사의 초상화를 여러 점 남겼습니다. 해마다 그린 것으로 보아도 될 것입니다. 다른 박물관에 소장된 다른 작품도 함께 감상해 봅시다.

Part 3 빈의 박물관과 미술관

그렇다면 마르가리타 테레사는 누구이며, 벨라스케스는 왜 그녀의 초상화를 해마다 그렸던 것일까요?

마르가리타는 스페인 합스부르크 왕가의 국왕 펠리페 4세의 딸이었습니다. 당시 합스부르크 왕가는 스페인과 오스트리아로 나뉘어 있었는데, 혈통의 순수성을 보존한다는 뜻에서 왕족끼리의 근친결혼이 계속되었습니다. 마르가리타도 마찬가지여서 훗날 신성로마제국의 황제가 되는 레오폴트 1세와 어린 시절 약혼을 하였지요. 외삼촌인 레오폴트와 약혼할 당시 그녀의 나이는 겨우 2살이었습니다.

스페인 합스부르크 왕가에서는 마르가리타의 시댁인 오스트리아 합스부르크 왕실에 해마다 마르가리타의 초상화를 그려서 보냈다고 합니다. "당신들의 며느릿감이 이렇게 건강하고 예쁘게 잘 자라고 있다."고 알려주려 한 것으로 보입니다. 그런데 펠리페 4세가 가장 총애한 화가가 벨라스케스였으므로, 공주의 초상화를 그가 그린 것입니다.

마르가리타는 15세에 레오폴트와 결혼함으로써 신성로마제국의 황후가 됩니다. 황제 부처의 금슬은 좋았다고 하지만, 마르가리타는 22세의 나이로 사망(1651~1673년)합니다. 그녀의 많은 형제들이 유아기를 넘기지 못하고 사망한 것을 생각한다면 오래 살았다고 볼 수도 있지만, 꽃다운 나이의 아까운 죽음이었습니다.

사랑스러운 공주의 초상화를 보면서 문득 인생무상을 떠올리게 됩니다.

F1 / ROOM VI
클레오파트라의 죽음

 이집트 프톨레마이오스 왕조의 마지막 통치자였던 클레오파트라 7세는 미인의 대명사이자, 팜므파탈의 이미지를 갖고 있는 여인입니다. 그녀가 죽음을 선택한 순간을 그린 그림이 1층 VI번 방에 있는데, 독사에 물리는 방법으로 자살했다는 이야기를 충실하게 표현한 작품이지요.

 클레오파트라는 아버지 프톨레마이오스 12세가 사망한 후, 동생이자 남편인 프톨레마이오스 13세와 함께 공동 통치자가 되었습니다. 남매

Guido Cagnacci, '클레오파트라의 죽음'(VI번 방)

간의 결혼이라니 현재의 상식으로 보면 납득하기 어렵지만, 왕실에서의 근친혼은 당시로서는 적법한 것이었습니다.

8세 연하의 남편 프톨레마이오스 13세가 어릴 때는 클레오파트라가 권력을 행사하는 것이 당연시되었지만, 그가 청년이 된 뒤에는 상황이 달라졌습니다. 신하들이 여자인 클레오파트라보다는 남자인 프톨레마이오스 13세를 지지하고 나선 것입니다. 정치적 야망이 컸던 것으로 보이는 클레오파트라에게 큰 위기가 닥친 것이지요.

그 무렵, 로마의 권력자 카이사르가 정적政敵인 폼페이우스를 추격해 이집트까지 오게 됩니다. 미모와 학식을 두루 갖추었던 클레오파트라는 카이사르의 도움을 받아 권력을 되찾기로 결심하고, 그를 유혹하기 위해 공을 들입니다. 전하는 이야기에 따르면, 알몸의 클레오파트라를 양탄자로 감싸 카이사르에게 보냈다고 합니다. 평범한 선물인 줄 알고 받은 양탄자에서 알몸의 미인이 나오자 카이사르는 당황했겠지만, 그러한 인상적인 만남을 통해 두 사람은 가까워집니다. 장 레옹 제롬이 두 사람이 만나는 순간을 그린 그림을 보면 그 당시 상황을 짐작할 수 있습니다. 마침내 클레오파트라는 카이사르의 아들 카이사리온('작

Jean-Léon Gérôme, '카이사르 앞의 클레오파트라'

은 카이사르'란 뜻)을 낳고, 권력을 되찾는 데도 성공합니다. 클레오파트라는 내심 카이사리온이 카이사르의 후계자가 되어 장차 로마의 지배자가 되는 것을 꿈꾸었던 것으로 보입니다.

그러나 카이사르가 암살당하면서 클레오파트라의 입지도 다시 흔들리게 됩니다. 뿐만 아니라 이집트의 독립마저 위협받게 되자, 클레오파트라는 다시 승부수를 던집니다. 이번에는 카이사르의 부하이자 유력한 후계자로 떠오른 안토니우스를 유혹하는 것이었습니다.

안토니우스는 클레오파트라의 미모와 학식에 반해 부인과 이혼하면서까지 클레오파트라와의 사랑을 선택했는데, 이는 치명적인 실수였습니다. 그가 이혼한 부인 옥타비아는 카이사르의 후계자 자리를 놓고 경쟁하던 옥타비아누스의 누이였던 것입니다.

자신의 누이를 버리고 클레오파트라를 선택한 안토니우스에게 분노한 옥타비아누스는 로마 시민들을 향해 안토니우스가 로마를 배신했다고 선전했으며, 그 영향으로 백전노장의 전쟁 영웅 안토니우스의 인기는 한없이 추락했습니다.

결국 안토니우스와 옥타비아누스는 악티움에서 운명을 건 한판 승부를 겨루게 되고, 패전한 안토니우스는 자살합니다. 사랑하는 남자의 자살 소식을 들은 클레오파트라도 그 뒤를 따랐다고 하지요.

클레오파트라가 죽은 뒤 이집트는 독립을 상실하고 로마의 식민지가 되었습니다. 조국의 독립을 지키기 위해 고군분투한 클레오파트라의 노력이 물거품이 된 것입니다.

F1 / ROOM VI
쿠마에의 무녀와 아이네아스

저승이란 본디 하데스Hades가 다스리는 세상이라, 인간이 소풍삼아 다녀올 수 있는 곳은 못됩니다. 그곳은 오직 죽음의 신 타나토스Thanatos의 안내를 받아야만 갈 수 있으니, 이는 곧 죽어야만 갈 수 있는 곳이 저승이란 뜻입니다.

여기서 잠깐, 타나토스에 대해 알아봅시다. 그는 밤의 여신 닉스Nyx와 어둠의 신 에레보스Erebus의 아들로, 잠의 신 히프노스Hypnos와 형제간입니다. 그는 죽은 사람의 영혼을 하데스에게로 데려갈 때 형제인 히프노스와 힘을 합치는데, 아마도 옛 사람들은 죽음을 깊은 잠에 빠지는 것과 같다고 여긴 것 같습니다.

트로이 전쟁에서 트로이와 손잡고 그리스 연합군에 맞섰던 리키아의 왕 사르페돈Sarpedon이 죽었을 때, 타나토스와 히프노스가 그의 영혼을 하데스에게 데려가는 모습이 그리스 도기 겉면에 그려져 있습니다(386쪽 사진 참조). 이 그림에서 특이한 것은 타나토스와 히프노스를 지휘하는 인물이 헤르메스라는 점인데, 올림포스산의 신들 중에서 오직 헤르메스만이 저승을 마음대로 드나들 수 있기 때문에 그런 것입니다. 이 말은 신들조차도 저승은 마음대로 드나들지 못했다는 뜻이지요.

신이든 인간이든, 하데스의 세상을 마음대로 드나들 수 없는 것이 세상의 질서임에도 불구하고 저승을 다녀온 몇몇 사람의 이름이 그리스 신화에 등장합니다. 오르페우스, 프시케, 헤라클레스, 시시포스 등이 그들인데, 아이네아스Aeneas도 그중의 한 사람이지요.

제우스의 전령신인 헤르메스의 지휘를 받아 타나토스와 히프노스가 사르페돈을 옮기고 있다.

Giuseppe Crespi, '아이네아스, 무녀, 카론'(VI번 방)

미의 여신 아프로디테와 트로이의 왕족 안키세스Anchises 사이에서 태어난 아이네아스는 트로이가 멸망하던 날, 어머니 아프로디테의 도움을 받아 아버지 안키세스와 아들 아스카니오스를 이끌고 불바다가 된 트로이성을 탈출했지만, 유민들과 함께 새로운 나라를 찾아 떠돌던 중, 아버지 안키세스를 여의었습니다.

이때 쿠마에의 무녀(쉰브룬 궁전 160쪽에서 먼저 만나본 바 있음)가 실의에 빠진 그를 저승에 있는 안키세스에게 데려가 앞날에 대해 물어볼 수 있도록 도와줍니다. 무녀는 안키세스의 부탁을 받고 함께 저승까지 동행하는데, 저승 강의 뱃사공 카론이 "살아 있는 자는 배에 태울 수 없다."고 거절하자 미리 준비한 황금의 가지를 배 삯으로 건넸다고 합니다. 이 장면을 그린 그림이 미술사박물관의 VI번 방에 있는 주세페 크레스피의 '아이네아스, 무녀, 카론'입니다.

아이네아스는 아버지 안키세스의 망령을 만나 "현재는 고생을 하지만, 너의 후손이 세우는 대제국은 세계를 제패하게 될 것"이라는 예언을 듣고 다시 이승 세계로 나왔다고 합니다. 실제로 아이네아스의 후손 중에서 로마를 건설하는 로물루스가 태어나니, 안키세스의 예언이 맞은 것이지요.

F1 / ROOM IX
제인 시모어의 초상화

　영국 왕 헨리 8세의 결혼과 파경에 관한 이야기는 많은 사람들의 흥미를 끌었습니다.

　반드시 아들을 낳아 왕권을 강화해야 한다는 강박 관념에 사로잡혔던 헨리 8세는, 첫 번째 부인 '아라곤의 캐서린'이 딸 메리를 낳은 뒤 아들을 낳을 가능성이 없어 보이자 강제로 이혼(혹은 결혼 무효 선언)합니다. 그녀와의 이혼을 허락하지 않는 교황과의 갈등으로 가톨릭을 버리고 영국 성공회를 창시한 것은 유명한 사건입니다.

　영국의 국교를 바꿀 정도로 요란한 이혼을 한 뒤 재혼한 두 번째 부인 앤 불린은 3년 뒤 간통으로 몰아 처형했습니다. 그녀가 실제로 간통의 죄를 지었는지는 확실하지 않지만, 아들을 낳지 못하자 초조해진 헨리 8세가 다른 여자와 재혼하기 위해 누명을 씌웠을 가능성이 높습니다. 앤 불린이 낳은 딸이 훗날 대영제국의 기초를 닦는 엘리자베스 1세입니다.

　IX번 방에 초상화가 걸려 있는 제인 시모어Jane Seymour는 앤 불린을 처형한 직후 헨리 8세가 부인으로 맞은 여인입니다. 헨리 8세의 유일한 아들을 낳았지만, 산욕열로 출산 직후 세상을 떠나는 비운의 여인이기도 합니다. 그녀가 낳은 아들 에드워드가 헨리 8세의 후계자가 되어 훗날 에드워드 6세로 즉위하지만, 16세의 어린 나이에 병사합니다. 그가 죽은 뒤 왕위는 메리 1세를 거쳐 엘리자베스 1세에게 전해집니다.

　비록 제인 시모어의 자손이 대대손손 왕위를 계승하지는 못했지만, 아들 집착증이 몹시 강했던 헨리 8세에게 그녀는 소중한 존재였습니다.

Hans Holbein the Younger, '잉글랜드의 왕비, 제인 시모어'(IX번 방)

그러면 제인 시모어가 사망한 뒤, 헨리 8세의 결혼 생활은 순탄했을까요? 네 번째로 맞이한 '클레베의 앤'은 용모가 마음에 안 든다는 이유로 이혼하였고, 다섯 번째 부인인 캐서린 하워드는 간통죄로 참수하였으며, 마지막 여섯 번째 부인인 캐서린 파는 헨리 8세가 먼저 사망하는 바람에 유일하게 비극적인 일을 당하지 않았습니다. 참으로 파란만장한 헨리 8세의 가정사가 아닐 수 없습니다.

F1 / ROOM X
바벨탑

X번 방에는 피터르 브뤼헐Pieter Bruegel의 풍속화가 여러 점 있습니다. 김홍도의 풍속화가 우리나라 사람들에게 의미 있듯이, 브뤼헐의 풍속화도 유럽 사람들에게는 그림이 그려질 당시의 생활 모습을 짐작할 수 있는 귀한 자료가 될 것입니다. 특히 그가 활동한 16세기의 플랑드르 화단은 이탈리아 르네상스 화풍을 모방하며 개성을 잃어가고 있었는데, 그는 평범한 사람들의 일상을 사실적으로 표현하는 독자적인 화풍을 선보여 16세기 플랑드르 최고의 화가라는 평가를 받습니다.

여기에서는 스토리텔링에 주안점을 두고 회화 작품을 설명하고 있기 때문에 풍속화는 설명을 생략하고 감상하는 것으로 대신하겠습니다.

Pieter Bruegel the Elder, '바벨탑'(X번 방)   Pieter Bruegel the Elder, '바벨탑'
(로테르담의 보이만스 반 뵈닝겐 미술관)

    같은 방에 걸려 있는 '바벨탑'이란 제목의 작품은 유명하기도 하거니와 성서 속의 이야기를 담고 있어 주목할 만합니다.

    먼저, 바벨탑에 대해 알아봅시다.
    『구약성서』〈창세기〉편에 의하면, 인류는 초기에는 같은 언어를 사용했다고 합니다. 그런데 어느 순간 오만해진 인간들이 하늘에 닿고자 하는 욕망에서 높고 거대한 탑을 쌓기 시작하자, 분노한 신이 사람들의 말을 서로 다르게 만들어 의사소통을 할 수 없게 만들었다고 하지요. 말이 안 통하는 상황에서 거대한 탑을 쌓는 일은 불가능해졌고, 그로 인해 불화하게 된 사람들은 이리저리 흩어지게 되었다는 것입니다. 인류가 서로 다른 언어를 사용하게 된 계기에 관한 성서적 설명이기는 합니다만, 이러한 극적인 이야기는 화가들의 영감을 자극했습니다. 피터르 브뤼헐 역시 바벨탑과 관련된 그림을 석 점 이상 남겼다고 하는데 현재는 두 작품이 남아 있습니다. X번 방에 있는 작품이 그중의 한 점인 것이지요. 참고로, 로테르담의 보이만스 반 뵈닝겐 미술관Museum Boijmans Van Beuningen이 소장하고 있는 또 다른 작품을 나란히 보여드리니, 함께 감상해 보시기 바랍니다.

역사학자들은 성서 속의 바벨탑이 고대 메소포타미아 문명권에서 건설되었던 지구라트ziggurat(하늘에 닿을 듯 높이 쌓은 탑을 말하며, 고대 메소포타미아 지역 사람들이 신과 인간을 연결하기 위해 쌓은 신전으로 추정함)를 의미하는 것 아닌가 생각하며, 바벨탑의 실패 이야기는 거대한 지구라트에 대한 이스라엘 사람들의 열등의식이 반영된 것으로 추정하기도 합니다.

F1 / ROOM XIV
4대륙의 의인화

XIV번 방에는 페테르 파울 루벤스가 그린 '4대륙'이란 작품이 있습니다. 아시아, 아프리카, 유럽, 아메리카 대륙과 그 대륙을 대표하는 강을 의인화하여 그린 것입니다.

화면 아래쪽에 악어와 호랑이가 보입니다. 악어는 아프리카 대륙을, 그리고 호랑이는 아시아 대륙을 대표하는 동물입니다. 그러니까 악어 위쪽으로 등을 보인 채 비스듬히 앉아 있는 노인은 아프리카를 대표하는 나일강의 신이고, 호랑이 위쪽의 노인은 아시아를 대표하는 갠지스강의 신입니다. 이들이 기대고 있는 물단지는 강의 신임을 알려주는 장치입니다. 나일강의 신 옆에 있는 흑인 여성은 아프리카 대륙을 상징하

Peter Paul Rubens, '4대륙'(XIV번 방)

고, 갠지스강의 신 옆에 있는 여인은 아시아 대륙을 상징합니다. 나일강의 신 위쪽의 젊은 여성은 유럽 대륙을, 그녀의 곁에 앉아 있는 수염 덥수룩한 남자는 다뉴브강의 신이며, 아시아 대륙을 상징하는 여인 뒤쪽의 남녀는 아메리카 대륙과 라플라타강의 신이라고 합니다. 공통적으로 대륙은 젊은 여인으로, 각 대륙의 대표적인 강은 늙수그레한 노인으로 표현되었음을 알 수 있습니다.

네 개의 대륙, 혹은 각 대륙을 대표하는 강을 의인화하여 표현한 예는 다른 곳에서도 볼 수 있습니다. 로마 나보나 광장 중앙에 설치된 베르니니의 분수대에는 나일강, 갠지스강, 다뉴브강, 라플라타강을 상징하는 인물들이 노인으로 표현되어 있습니다.

4대륙의 대표적인 강이 노인으로 표현된 나보나 광장의 베르니니 분수

그리고 프랑수아 뒤부아François Dubois의 그림 '대륙의 알레고리Allegories of the continents' 속에서는 4대륙이 젊은 여인으로 표현되어 있습니다. 페테르 파울 루벤스의 작품과 비교하며 보면 좋을 듯하여 소개합니다.

F1 / ROOM 23
삼손과 델릴라

그리스 신화에 천하장사 헤라클레스가 있다면, 『구약성서』에는 삼손 Samson이 있습니다. 공교롭게도 두 사람 모두 사자를 퇴치한 일이 있기 때문에, 사자와 싸우는 사내를 표현한 미술 작품을 보면 그가 헤라클레스인지 삼손인지 헷갈립니다.

삼손은 신이 유대인을 위하여 특별히 선택한 사람이었습니다. 그는 누구도 따라올 수 없는 괴력을 타고났으면서도 현명했다고 합니다. 그가 사사士師(이스라엘의 초대 왕 사울이 등장하기 전까지 신에 의해 세워진 정치·군사 지도자, 혹은 재판관)였다는 사실은, 단순히 힘만 센 영웅이 아니라는 의미입니다.

그는 특별히 선택받은 유대인의 지도자였지만, 블레셋(필리스티아) 여인 델릴라를 만나면서 불행이 시작됩니다. 유대인과 적대적이었던 블레셋 사람들은 델릴라를 매수하여 삼손의 괴력이 어디에서 나오는지를 알아낸 것입니다.

그들은 삼손의 힘이 머리카락과 수염에서 나온다는 사실을 알아낸 다음, 그가 술에 취해 깊이 잠들었을 때 머리카락을 잘라버립니다. 그 순간 삼손은 자신이 신으로부터 받은 축복인 괴력을 잃어버리고 말았지요.

삼손을 두려워했던 블레셋 사람들은 삼손의 눈을 뽑아 장님으로 만들고, 쇠로 만든 족쇄를 채워 연자방아를 돌리도록 했다고 합니다. 23번 방에 걸려 있는 반다이크의 작품을 보면, 델릴라에 의해 머리카락이 잘린 뒤 블레셋 사람들에게 끌려가는 삼손의 모습이 보입니다. 델릴라의

Anthony Van Dyck, '삼손과 델릴라'(23번 방)

발치에 가위와 삼손의 머리카락이 보이고, 사랑하는 여인으로부터 배신당했음을 깨달은 삼손은 절망적인 표정입니다.

그러면 그 후에 삼손은 어떻게 되었을까요? 연자방앗간에서 짐승 같은 대접을 받으며 생활하는 동안, 삼손의 머리카락은 다시 자랍니다. 그의 괴력이 점차 회복되는 것이지요. 그러나 블레셋 사람들은 삼손이 종이호랑이가 되었다고 생각하며 안심하고 있었습니다.

블레셋 사람들의 축제가 있던 날, 삼손은 조롱거리가 되기 위해 신전으로 끌려옵니다. 그 자리에는 수천 명의 군중이 삼손의 초라한 꼴을 보려고 모여 있었습니다. 그 상황을 눈치챈 삼손은 신이 자신에게 준 마지막 기회를 놓치지 않고 온 힘을 다해 신전의 기둥을 뽑아버립니다. 무너지는 건물 더미에 깔려 그 자리에 있던 블레셋 사람들이 모두 죽었고, 삼손 또한 최후를 맞았다는 것이 『구약성서』〈사사기〉에 실린 삼손의 이야기입니다.

F1 / ROOM XV
기름 부음을 받는 다윗

『구약성서』에 사무엘Samuel이란 인물이 나옵니다. 그는 엘가나Elkanah와 한나Hanna의 아들로 태어났으며, 어렸을 적에 실로Shiloh의 대제사장 엘리Eli에게 맡겨졌습니다. 이는 자식을 낳지 못해 애태우던 한나가 "아들을 주시면 하느님께 바치겠다."고 약속했던 것에 따른 것이었습니다. 대제사장의 각별한 가르침을 받으며 자란 사무엘은 아브라함과 모세의 뒤를 잇는 선지자로 여겨질 정도로 신심이 깊은 인물이 됩니다.

미술사박물관 XV번 방에서 사무엘에 관한 이야기를 하는 까닭은, 그가 어린 다윗에게 기름을 붓는 장면을 그린 작품이 있기 때문입니다.

Paolo Veronese, '기름 부음을 받는 다윗'(XV번 방)

성서에서 누군가에게 기름을 붓는 행위는 그를 왕으로 선택한다는 말의 다른 표현입니다. 구세주救世主(세상을 죄와 죽음에서 구할 왕)를 의미하는 단어 메시아messiah는 '기름 부음을 받은 자'라는 뜻이라고 합니다. 그러니 사무엘이 다윗을 찾아가 기름을 부어준 것은 그가 장차 이스라엘의 왕이 될 인물임을 사람들에게 확인시키는 행위였지요.

그런데 사무엘은 다윗 이전에도 이스라엘의 왕이 될 인물을 선택하여(사실은 하느님이 지명한 인물을 찾아가) 기름을 부은 적이 있었습니다. 바로 초대 왕 사울Saul이 그인데, 사울 왕 이전의 이스라엘은 신이 대리자인 사사士師, judge를 통해 통치하는 신정 국가神政國家였습니다. 사무엘은 마지막 사사로 여겨지지요.

사무엘로부터 기름 부음을 받아 이스라엘의 왕이 된 사울은 처음엔 백성들의 기대에 부응하는 통치를 했으나 점차 신망을 잃은 끝에 결국 왕위를 잃게 됩니다. 블레셋과의 전투에서 패하고 자살한 사울의 뒤를 이어 이스라엘의 2대 왕이 된 이가 바로 사무엘로부터 기름 부음을 받았던 다윗입니다.

사무엘은 "이새Jesse의 아들로서 새 왕을 삼으리라."는 하느님의 계시를 듣고 이새의 집을 찾아가 여덟 명의 아들 중에서 막내인 다윗에게 기름을 부어줍니다. 사무엘의 추천을 받아 궁에 들어온 다윗을 본 사울 왕은 총명함과 용맹함을 갖춘 다윗을 아껴 곁에 둡니다. 그러나 신의 뜻이 자신을 떠나 다윗에게로 갔음을 알게 된 후 질투심을 느끼게 되며, 다윗이 블레셋의 장수 골리앗을 죽인 후 백성들의 칭송이 높아지자 그를 핍박하고 죽이려 합니다. 이 같은 행위는 신의 뜻을 거스르는 것으로, 사울의 종말을 앞당기는 역할을 했을 뿐이지요.

2장
그 밖의 박물관과 미술관

빈 자연사박물관 Naturhistroische Museum

빈 자연사박물관Naturhistroische Museum, Vienna Museum of Natural History은 1891년에 완공되었습니다. 미술사박물관을 설계한 고트프리트 젬퍼가 공사 책임을 맡았으며, 의도적으로 마주보는 두 건물을 쌍둥이처럼 보이게 설계했습니다.

자연사박물관은 자연과학에 관심이 많았던 신성로마제국의 황제 프란츠 1세(마리아 테레지아의 남편)가 수집한 다양한 암석과 보석 컬렉션을

자연사박물관

바탕으로 출발했으며, 동물·곤충·어류·화석 등의 표본도 세계 어느 자연사박물관에 뒤지지 않을 정도로 방대합니다. 또한 수집품의 분류와 보존에도 탁월한 솜씨를 보이고 있어 자연사박물관 운영의 모범적인 사례가 된다고 생각합니다.

자연사박물관이 특히 자랑하는 전시물은 구석기 시대에 제작된 '빌렌도르프의 비너스', 117kg에 달하는 초대형 토파스 원석, 약 1,500여 개의 다이아몬드와 수많은 유색 보석으로 장식된 '마리아 테레지아의 보석 부케' 등이 있습니다.

자연사박물관 내부로 들어가 제일 먼저 만나게 되는 공간인 중앙 홀은 인테리어가 미술사박물관과 거의 비슷합니다. 한스 카논Hans Canon이 그린 천장화가 있는데 제목이 '삶의 원Circle of Life'이고, 천장 아래 반원형 공간에는 '과학의 알레고리'란 주제로 그림이 그려져 있습니다. 그리고 사방 벽에는 과학자들의 동상이 서 있지요.

아마도 자연사박물관으로서 이 정도 아름다운 인테리어를 갖춘 곳은 없을 듯합니다. 하나하나의 의미를 따지기보다, 주옥같은 예술품 그 자체로 감상하면 충분할 거라고 생각합니다.

천장화와 벽면 장식

자연사박물관 전면의 조각들

자연사박물관은 미술사박물관과 마찬가지로 건물 외부에 다양한 의미를 갖는 장식을 설치해 놓았습니다. 미술사박물관이 문화 예술과 관련된 내용으로 장식되었다면, 자연사박물관은 당연한 이야기지만 자연과학과 관련된 내용들인 것이 다른 점이지요.

자연사박물관의 돔 지붕 위에도 청동 조각상이 있습니다. 미술사박물관의 경우엔 문명과 문화의 빛을 인류에게 선사한 아테나 여신이 자리 잡고 있고, 자연사박물관에는 자연의 빛(태양)을 인류에게 주는 태양신 헬리오스Helios가 있습니다. 헬리오스는 그리스 신화 속에서 아폴론 이전에 태양을 관장했던 티탄 신 계열의 신입니다.

중앙 돔 양쪽에 사각형의 탑이 있고, 그 안에 각각 남녀의 좌상이 있는 것도 미술사박물관과 똑같습니다. 다만 미술사박물관에 문학과 미술을 의인화한 조각상이 있었던 것과 달리, 자연사박물관은 우라니아Urania와 넵투누스Neptunus가 자리 잡고 있습니다. 우라니아는 무사이Mousai 중의 한 명으로 천문(즉, 하늘)을 관장하고, 넵투누스는 바다를 관장하는 신이지요. 자연사박물관다운 선택입니다.

파사드의 중간 부분, 즉 창문이 있는 곳의 양쪽에는 남녀 한 쌍씩의 조각상이 있습니다. 왼쪽은 '수학적 영감'을, 오른쪽은 '자연에 대한 탐구'를 상징합니다.

그리고 출입문 좌우에는 인물 좌상이 설치되었는데, 대륙을 의인화한 것입니다. 이는 건물 후면의 같은 위치에 설치된 조각상들과 연관되는 것이며, 왼쪽은 유럽, 오른쪽은 아메리카 대륙과 오스트레일리아를 의미합니다.

자연사박물관 전면 파사드 / 태양신 헬리오스 / 하늘을 관장하는 우라니아 / 바다를 관장하는 넵투누스 / 수학적 영감 / 자연에 대한 탐구 / 유럽을 의미하는 조각상 / 아메리카 대륙과 오스트레일리아를 의미하는 조각상

2장 그 밖의 박물관과 미술관

　건물 왼쪽 부분 상단 원형 공간에는 원예와 농업을 상징하는 꼬마 천사가 새겨져 있고, 그 아래 벽감에는 크리스토퍼 콜럼버스Christopher Columbus(왼쪽)와 바스코 다 가마Vasco da Gama(오른쪽)가 보입니다. 두 사람 다 탐험가로서 새로운 항로를 개척한 이들이지요.

　건물 오른쪽의 원형 공간에는 과수업(왼쪽) 및 목축업(오른쪽)을 상징하는 꼬마 천사가 보입니다. 그리고 아래에 서 있는 인물들은 탐험가인 마젤란Ferdinand Magellan(왼쪽)과 제임스 쿡James Cook(오른쪽)입니다.

자연사박물관 후면의 조각들

후면의 왼쪽 부분 위쪽의 원형 공간에는 곤충 연구(왼쪽)와 해양 생물 연구를 상징하는 꼬마 천사가 있고, 아래쪽의 동상은 왼쪽이 그리스 신화 속 인물인 이아손Iason이며, 오른쪽은 사모스섬의 콜라이오스Kolaios of Samos입니다.

이아손은 황금 양모를 구하기 위해 아르고호를 건조해 여러 영웅들과 함께 콜키스까지 모험을 떠난 인물이고, 사모스섬의 콜라이오스는 헤라클레스의 기둥Pillars of Hercules(이베리아 반도의 지브롤터 해협을 일컫는 말로, 옛 사람들은 그곳 너머를 바다의 낭떠러지라고 생각하여 접근하는 걸 두려워함) 너머까지 항해한 것으로 알려졌습니다.

중앙 부분 윗단에는 성서 속 인물인 노아Noah와 모세Mose의 조각상이 서 있고, 아래쪽에는 아시아 대륙과 아프리카 대륙을 상징하는 좌상이 설치되어 있습니다. 맨 윗부분의 원형 공간에는 두 곳 다 세 명의 여인을 새긴 부조들이 있는데, 정확한 의미를 알기 어렵습니다. 계절의 순환과 자연의 풍요로움을 의미하는 것이 아닐까 추측해봅니다.

아마도 노아는 대홍수 때 동물의 멸종을 막은 공로가 있고, 모세는 시나이산에서 신으로부터 십계명을 받아 인간들에게 전함으로써 신(자연)과 인간 사이의 중재자 역할을 한 공로를 인정받아 그 자리를 차지하지 않았나 생각합니다.

오른쪽에는 조류 연구와 야생 동물 연구를 상징하는 꼬마 천사들이 보이고, 그 아래로 알렉산더 대왕과 율리우스 카이사르의 동상이 서 있습니다. 흔히 정복 군주로만 생각하는 알렉산더 대왕은 자신의 이름을 딴 신도시 알렉산드리아에 연구소와 도서관을 세워 학자들이 마음 놓고 연구에 몰두할 수 있게 했는데, 특히 자연과학 분야의 성과가 높았다고 합니다. 또한 율리우스 카이사르는 이집트의 역법을 참고하여 새로운 달력을 만들었는데, 자연사박물관에 그들의 동상이 서 있는 것은 아마도 그런 까닭 때문이 아닐까 생각합니다.

후면 중앙 부분

후면 오른쪽 부분

2장 그 밖의 박물관과 미술관

자연사박물관의 주요 소장품

자연사박물관은 1층 오른쪽 1번 방부터 관람을 시작하는 게 올바른 순서인데, 광물 표본실이 제일 먼저 나옵니다. 자연사박물관이 애당초 프란츠 1세가 수집한 다양한 암석과 보석 컬렉션을 바탕으로 출발한 것과 무관하지 않을 것입니다.

광물 표본은 네 개의 방에 나누어 전시할 정도로 소장품의 숫자가 많고, 희귀한 것들도 많습니다.

보석과 광석, 운석을 망라한 다양한 전시물 중에서 제일 많은 관심을 받는 것은 아마도 4번 방에 있는 '마리아 테레지아의 보석 부케'일 것 같습니다.

수를 헤아리기 어려울 정도로 많은 다이아몬드와 유색 보석이 어우러진 보석 부케는 마리아 테레지아가 남편인 프란츠 1세의 세례명 축일 선물로 마련한 것이라고 합니다.

남편과의 금슬이 각별했던 마리아 테레지아 여제가 프란츠 1세가 추진한 제국의 경제 성장 촉진 정책(보석 광산 산업 육성)에 힘을 실어주기 위해 주문 제작하였다고 전해집니다.

빌렌도르프의 비너스는 비너스 캐비닛 방에 있습니다. ('비너스 캐비닛'이라는 방 이름은 빌렌도르프의 비너스Venus of Willendorf와 갈겐베르크의 비너스 Venus of Galgenberg 때문에 붙여졌을 것입니다.)

BC 25000~BC 20000년경에 조각된 것으로 보이는 이 작은 돌 인형은 1909년에 오스트리아의 빌렌도르프 지역에서 발견되었습니다.

마리아 테레지아의 보석 부케

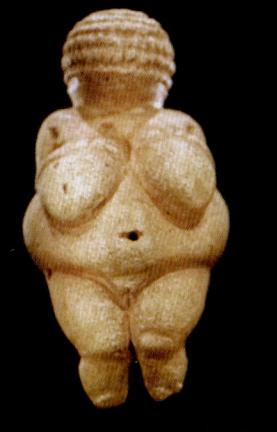

빌렌도르프의 비너스 앞면

갈겐베르크의 비너스

유방과 복부가 특히 과장되게 표현된 까닭은, 아마도 다산과 풍요를 기원하는 구석기인들의 바람이 담겼기 때문일 것입니다. 11cm의 작은 크기로 미뤄볼 때, 마스코트처럼 몸에 지니고 다니며 복을 기원하는 용도로 사용했으리라 추정됩니다.

같은 방에 있는 갈겐베르크의 비너스는 1988년 오스트리아의 갈겐베르크에서 발견되었기 때문에 이런 이름이 붙었습니다. 빌렌도르프의 비너스보다 크기가 더 작기 때문에 자세히 보지 않으면 무슨 물건인지 알아보기 어렵습니다.

초록색 사문석green serpentine을 깎아 사람 형태를 만들었는데, 얼핏 보아서는 남성인지 여성인지 구별하기가 어렵습니다. '비너스'란 이름을 붙인 사람은 아마도 성기性器 부분을 보고 여성으로 추정하지 않았나 생각됩니다.

BC 30000년경에 제작된 것으로 보이므로, 빌렌도르프의 비너스보다 제작 연대가 더 올라갑니다.

제체시온 Secession ②

빈 분리파의 산실인 제체시온Secession은 흰색의 아담하고 단아한 건물 위에 황금색 잎사귀로 이루어진 커다란 구球가 얹혀 있습니다. 흰색과 황금색이 묘한 조화를 이루며 보는 이의 눈길을 사로잡는 멋진 건물입니다.

1898년에 요제프 마리아 오블리히Joseph Maria Olbrich가 지은 아르누보 양식의 이 건물은 의심할 바 없이 빈 분리파의 상징입니다. 건물 입구 위쪽에 분리파의 주장이 간결한 문장으로 적혀 있지요.

제체시온 · 분리파의 주장이 적혀 있는 건물 상단

제체시온의 외관에서 발견할 수 있는 장식 요소들

'Der Zeit Ihre Kunst, Der Kunst Ihre Freiheit(모든 시대에는 그 시대의 예술을, 예술에는 자유를)'.

제체시온은 외관상 황금색 구가 가장 두드러지는 특징이지만, 건물을 한 바퀴 돌아보면 구석구석에서 예사롭지 않은 장식 요소를 발견할 수 있습니다. 건물 안으로 서둘러 들어가기 전에, 잠시만 시간을 내어 건물 자체를 감상하는 여유를 갖는 것도 좋을 것입니다.

제체시온의 전시실에는 분리파 화가들의 작품이 전시되어 있는데, 아마도 지하 전시실의 프리즈friez(그림이나 조각으로 장식된 띠 모양의 공간)에 그려진 그림이 가장 유명하지 않을까 생각합니다. 구스타프 클림트가

2장 그 밖의 박물관과 미술관

베토벤의 교향곡 제9번을 듣고 영감을 얻어 그렸다고 하여 '베토벤 프리즈Beethoven Frieze'라고 하는 그림이 그것입니다.

벌거벗은 여인들이 고통을 호소하며 행복해지기를 갈망하는 '행복의 추구'가 왼쪽 프리즈에, 공포와 추악함을 상징하는 고르곤 세 자매가 등장하는 '적대적인 힘'이 정면 프리즈에, 낙원에서 천사들이 부르는 합창을 들으며 연인이 포옹하고 키스하는 '온 세상에 보내는 입맞춤'이 오른쪽 프리즈에 있습니다.

분리파를 이끌었던 클림트는 세상의 어떤 고난과 역경도 예술의 힘으로 극복할 수 있다는 신념을 유려하며 관능적인 이 벽화에 담은 것입니다.

마지막으로, 빈 분리파에 대해 알아봅시다.

Secession은 '분리, 탈퇴'를 뜻하는 라틴어 Secessio에서 기원하며, 예술의 자유를 주장한 미술가들이 빈 예술협회를 탈퇴하여 새로운 예술 단체를 만들었기 때문에 분리파란 이름을 얻었습니다.

클림트를 비롯한 분리파 회원들은 회화, 건축, 공예를 포괄하는 총체적 예술 활동을 지향하며 '인생은 예술이며 예술을 곧 자유'라는 그들의 주장대로 관습과 전통에 구애받지 않고 다양한 예술 활동을 펼쳤습니다. 이들로 하여 빈의 문화·예술계는 풍요로워질 수 있었지요. 그들이 현대에도 높이 평가받는 것은 현실에 안주하는 고루한 태도를 거부하고 참신하고 획기적인 예술의 새 지평을 열었기 때문일 것입니다.

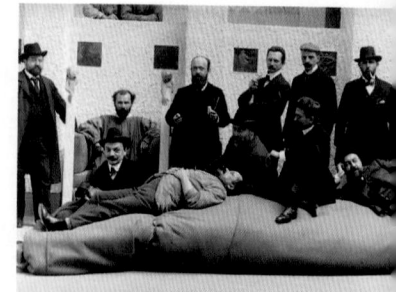

빈 분리파 회원들. 왼쪽 두 번째 의자에 앉아 있는 이가 분리파를 이끌었던 구스타프 클림트이다.

베토벤 프리즈가 있는 전시실

왼쪽 프리즈의 그림. 'Yearning for happiness(행복의 추구)'

정면 프리즈의 그림. 'Hostile powers(적대적인 힘)'

오른쪽 프리즈의 그림. 'This kiss to the whole world(온 세상에 보내는 입맞춤)'

훈데르트바서하우스와 쿤스트하우스 빈
Hundertwasserhaus & KunstHausWien ③

바르셀로나에 가우디가 있다면, 빈에는 훈데르트바서가 있습니다. 천진난만한 곡선과 알록달록 사랑스러운 색채의 사용, 그리고 자연의 일부처럼 느껴지는 편안한 형태의 건축물은 가우디의 구엘 공원이나 카사 바트요를 연상시키는 면이 있습니다. 타일을 폭넓게 사용하고, 일부러 깨뜨려 사용하는 방식도 그러합니다.

훈데르트바서의 독특한 건축 세계를 이해하자면, 그의 남다른 성장 과정을 먼저 알아야 합니다.

1928년에 빈에서 태어난 그는 제2차 세계대전 중에 69명의 외가 친척이 몰살당하는 비극을 겪었습니다. 그의 어머니가 유대인이었던 것입니다. 그는 다행히도 살아남았지만, 그때의 끔찍한 기억은 그로 하여금 평화와 박애에 대한 강한 신념을 갖게 하였습니다. 본명이 프리드리히 슈토바서Friedrich Stowasser였지만, 나중에 이름을 프리덴슈라이히 훈데르트바서Friedensreich Hundertwasser('평화롭고 풍요로운 곳에 흐르는 100개의 강'이라는 의미)라고 바꿀 정도로 평화를 염원했습니다. 그것은 그를 자연보호, 산림운동, 반핵운동 등 예술 밖에서도 활발하게 활동하도록 만든 원동력이기도 했지요.

프리덴슈라이히 훈데르트바서

훈데르트바서하우스

　우리는 훈데르트바서의 탁월한 건축물을 빈에서 볼 수 있습니다. 훈데르트바서하우스와 쿤스트하우스 빈, 그리고 슈피텔라우 쓰레기 소각장이 그것입니다.

　훈데르트바서하우스Hundertwasserhaus는 1983~1985년에 빈 시당국의 요청을 받아 작업한 공동주택 단지로, 52가구가 생활하고 있습니다. 일반 건축물과는 달리 직선은 전혀 찾아볼 수 없고, 부드러운 곡선이 물결치듯 이어집니다. 바닥조차도 평평하지 않은데, 훈데르트바서는 이를 두고 '평평하지 않고 굴곡이 있는 바닥은 발을 위한 신의 멜로디이다.'라고 말했다고 합니다. 선명하고 화사한 색채의 사용도 그의 건축에서 찾아볼 수 있는 중요한 특징입니다.
　현재 훈데르트바서하우스는 세계적인 문화유산 대접을 받지만, 건축 당시에 그는 무상으로 작업했다고 알려졌습니다. 그 자리에 흉측한 건물이 들어서는 것을 막은 것으로 충분하다는 것이 그의 주장이었다고 합니다.

　훈데르트바서하우스 앞에는 훈데르트바서 빌리지리는 건물이 있는데, 안에 들어가 보면 아기자기한 기념품을 파는 가게들입니다. 세상 어

❶❷ 훈데르트바서 빌리지 내부
❸❹ 쿤스트하우스 빈

디에서도 볼 수 없는 아름다운 기념품 가게들이므로 꼭 들러보길 권합니다.

쿤스트하우스 빈KunstHausWien(빈 예술회관)은 훈데르트바서하우스와 가까운 거리에 있기 때문에 함께 보면 좋습니다. 훈데르트바서가 가구 공장을 리모델링한 건물인데, 현재는 그의 미술 작품을 전시하는 갤러리로 사용하고 있습니다. 전시실 내부는 사진 촬영이 불가능하지만, 그의 미술 세계를 짐작할 수 있는 작품들이 체계적으로 전시되고 있어 유익한 시간을 보낼 수 있습니다.

미술 작품뿐만 아니라 전형적인 훈데르트바서 스타일로 개조된 건물 구석구석을 감상하는 즐거움도 함께 느낄 수 있으므로 빈을 여행할 때 꼭 방문하기를 권합니다.

슈피텔라우 쓰레기 소각장Müllverbrennungsanlage Spittelau은 훈데르트바서가 작업한 아름다운 외관에 놀라기 전에, 혐오시설로 분류되는 소각장을 도시 안에 건설한 점 때문에 먼저 놀라게 됩니다. 지역 이기주의가 만연하여 작은 시설을 설치하는 데도 늘 홍역을 앓는 우리나라의 현실을 생각하면 부럽기까지 합니다. 쓰레기소각장을 견학하기 위해 오는 외국인들이 줄을 잇는다니, 훈데르트바서는 참으로 대단한 사람이라는 생각이 듭니다.

마지막으로 훈데르트바서가 남겼다는 말을 소개합니다. 그의 철학과 염원을 담은 문장이 마음속에 오래도록 여운으로 남습니다. 그는 미술작품과 건축물만이 아니라, 진지하고 투철한 삶의 태도로도 우리에게 많은 교훈을 주는 사람입니다.

"우리가 혼자서 꿈을 꾸면 오로지 꿈에 그치지만 모두가 함께 꿈을 꾸면 그것은 새로운 세상의 시작이다." -훈데르트바서-

슈피텔라우 쓰레기 소각장

Part 4.
그 밖의 장소

1장

국회의사당
Parliament

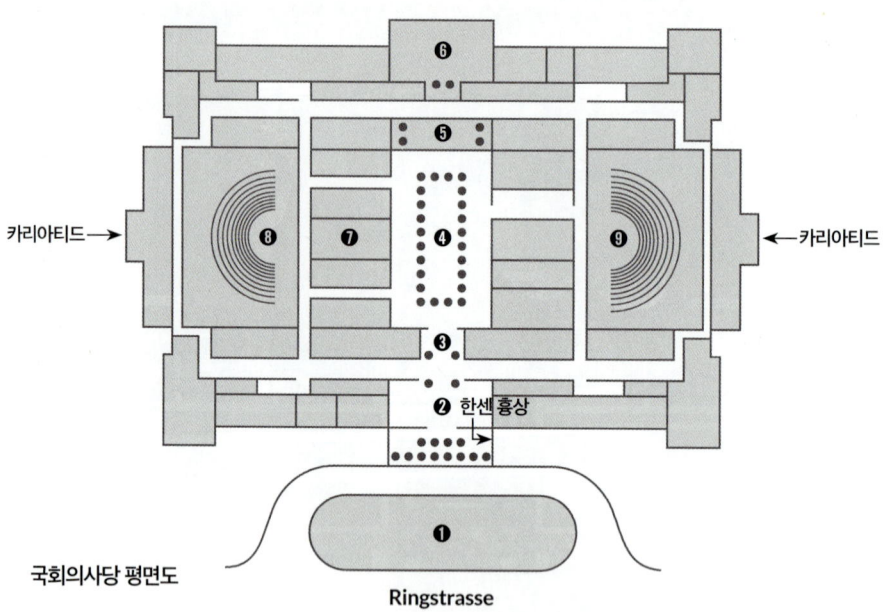

국회의사당 평면도

❶ 아테나 분수 ❹ 원주의 방 ❼ 상원 회의실
❷ 현관   ❺ 리셉션 룸 ❽ 하원 회의실
❸ 아트리움   ❻ 예산실   ❾ 제국 회의실

링슈트라세의 랜드마크 중 하나인 국회의사당 ①

자연사박물관과 시청사 사이에 오스트리아 국회의사당Parliament이 있습니다. 폴크스가르텐과는 링슈트라세를 사이에 두고 마주보고 있지요. 빈의 가장 중심이 되는 도로가 앞으로 지나가기 때문에 빈을 여행하다 보면 하루에도 몇 번씩 국회의사당을 지나가게 됩니다.

그리스 신전 양식의 이 건물은 덴마크 출신의 건축가 테오필 한센Theophil Hansen의 설계에 따라 19세기 후반에 지어졌습니다. 오스트리아-헝가리 제국에서 오스트리아 측을 다스렸던 제국의회를 위해 프란츠 요제프 1세의 명으로 착공되었다고 합니다. 민주주의 발상지인 그리스의 고전 건축 양식을 택함으로써 의회 민주주의가 정착되기를 바란 듯합니다. 테오필 한센은 그 무렵 그리스 신전 양식의 건축 설계 분야에서 명성을 얻었기 때문에 선택되었다고 하며, 우리는 그의 모습을 국회의사당 오른쪽 진입로 벽면에서 볼 수 있습니다.

테오필 한센의 흉상

합스부르크 제국 멸망 후 오스트리아 연방 공화국 건국을 선포하였던 역사적인 장소인 국회의사당은 제2차 세계대전 내 폭격으로 일부기 파괴되었는데, 종전 후 원래의 모습대로 복구하였습니다.

그리스 신전을 닮은 국회의사당 외부 ②

국회의사당 앞에 서면 그리스 신전을 닮은 웅장한 건물 자체에 압도당하게 됩니다. 국회의사당은 어느 나라에나 중요한 건물이므로 웅장하고 아름답기 마련이지만, 오스트리아는 특히 자랑거리가 되는 의사당 건물을 가진 것 같습니다.

국회의사당과 팔라스 아테나 분수

빈 시내를 굽어보는 팔라스 아테나 / 창과 니케를 들고 빈을 지키는 팔라스 아테나
입법과 사법의 의인화 / 행정의 의인화

건물을 훑어보고 나면 여행자의 시선은 자연스럽게 팔라스 아테나 분수Pallas Athene Brunnen로 향합니다. 건물을 등진 채 우뚝 서 있는 지혜와 전쟁의 여신 아테나는 위풍당당한 자세로 빈 시내를 굽어보고 있습니다. 왼손에는 창을, 그리고 오른손에는 승리의 여신 니케를 들고 있어, 빈을 침략하는 어떤 세력도 결코 용납하지 않겠다고 굳게 약속하는 것만 같습니다.

아테나 여신 아래로 기둥을 등지고 앉아 있는 두 여인의 모습이 보입니다. 앞쪽에서 보았을 때 왼쪽의 여인은 검과 저울을 갖고 있습니다. 저울은 법이 공평무사해야 함을 뜻하고, 검은 제정된 법률이 단호하게 집행되어야 함을 뜻하므로, 입법과 사법을 의인화한 것으로 보입니다. 그리고 오른쪽의 여인은 책(혹은 글자판)으로 보이는 물건을 들고 있는데, 국회의사당에서 제정한 법률을 시행하는 행정을 의인화한 것으로 볼 수 있습니다.

도나우강과 인강의 신   엘바강과 불타바강의 신

돌고래를 타고 노는 아기 천사들

　두 여인 아래쪽에는 앞뒤로 두 명씩의 인물상이 있습니다. 물 단지를 사이에 놓고 비스듬히 앉아 있는 것으로 보아 강의 신들입니다. 앞쪽은 빈의 도나우Donau강과 인스부르크의 인Inn강을 지키는 신들이고, 뒤쪽은 함부르크의 엘베Elbe강과 프라하의 블타바Vltava강을 지키는 신이라고 합니다. 함부르크(독일)와 프라하(체코)는 합스부르크 제국에 속한 도시였으므로 분수대에 같이 조각해 놓은 것입니다.

　강의 신들 옆으로 아기 천사들(케루빔)이 돌고래를 타고 노는 모습이 보이는데, 이것은 백성들이 평화롭게 살고 있는 것을 상징한다고 봅니다.

국회의사당 안으로 들어가기 위해서는 건물 좌우로 난 경사진 진입로를 따라 올라가야 하는데, 좌우 양쪽에 네 명씩의 인물 좌상이 설치되어 있습니다. 이들은 고대 그리스와 고대 로마의 위인들입니다. 이들이 누구인지 간략히 설명하겠습니다.

　먼저, 로마인들이 자리 잡고 있는 오른쪽을 살펴봅시다.
　앞쪽의 오른쪽은 카이사르, 왼쪽은 살루스티우스이며, 뒤쪽의 오른쪽은 타키투스, 왼쪽은 티투스입니다.

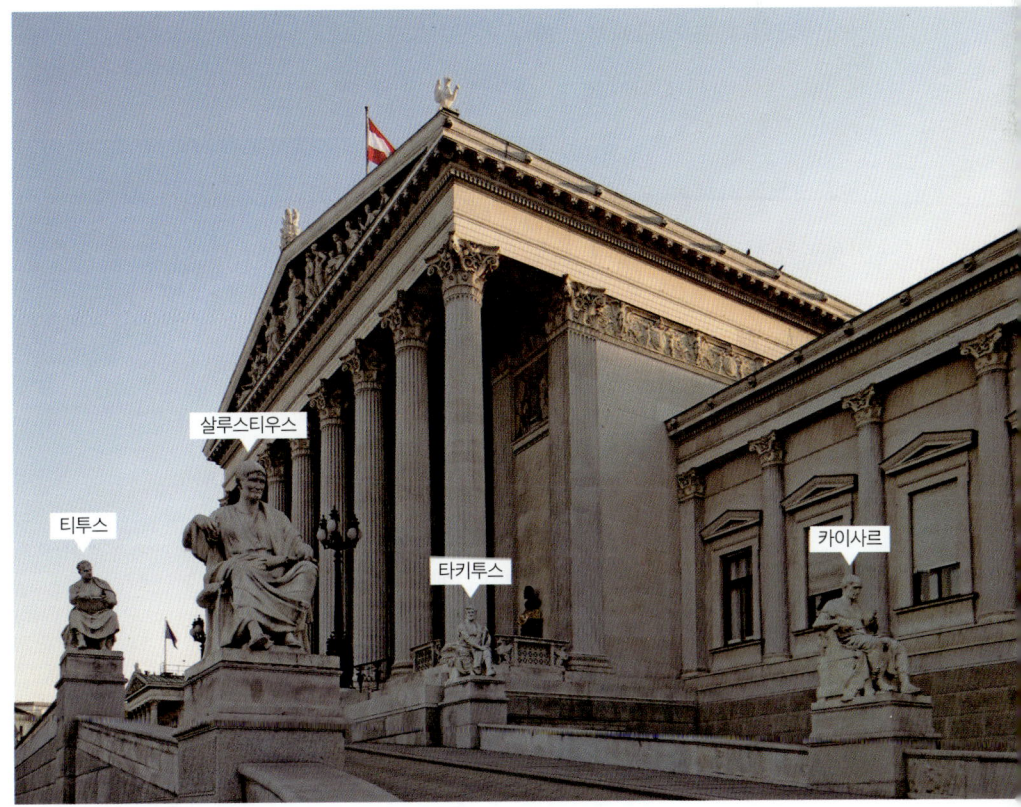

진입로 오른쪽의 인물상

| 카이사르 | 살루스티우스 | 타키투스 | 티투스 |

- 카이사르Julius Caesar : 로마 공화정 말기의 유명한 장군이자 정치인입니다. 권력을 한손에 잡았지만, 공화정의 몰락을 우려한 공화파에게 암살당합니다. 그의 후계자인 아우구스투스에 의해 로마는 공화정에서 제정帝政으로 바뀌게 되지요.

- 살루스티우스Sallustius : 로마 공화정 말기의 정치가이자 작가로 카이사르와 친분이 있었습니다.

- 타키투스Tacitus : 로마 제국의 정치가였지만, 역사가로서의 업적이 더 뚜렷하게 남았습니다. 저서 『연대기Annals』와 『역사Histories』가 유명합니다.

- 티투스Titus : 로마 제국의 황제로, 예루살렘을 함락해 유대인들이 나라 없이 유랑 생활을 하도록 만들었습니다. 로마의 대표적 유적인 콜로세움을 완성한 황제이기도 합니다.

왼쪽 진입로에는 고대 그리스의 인물들이 보이는데 앞쪽의 오른쪽은 투키디데스이고 왼쪽은 크세노폰이며, 뒤쪽의 오른쪽은 폴리비우스이고 왼쪽은 헤로도토스입니다.

- 투키디데스Thukydides : 고대 그리스의 역사학자, 철학자, 정치가, 군인입니다. 저서로 『펠로폰네소스 전쟁사History of the Peloponnesian War』가 유명합니다. BC 5세기 무렵에 발생한 스파르타와 아테네의 전쟁을 정리한 역사서로, 그는 '과학적 역사의 아버지'라고 불리기도 합니다.

- 크세노폰Xenophon : 고대 그리스의 역사학자로 소크라테스의 제자였습니다. 스승에 대한 기억을 담은 『소크라테스의 추억』과 페르시아 내전에 용병으로 참전했다가 귀환하는 과정에서 겪은 고난을 산문 형태로 쓴 『아나바시스Anabasis』가 널리 알려져 있습니다.

진입로 왼쪽의 인물상

투키디데스　　　　크세노폰　　　　　　폴리비우스　　　　　　　헤로도토스

- 폴리비우스Polybius : 헬레니즘 시대를 대표하는 고대 그리스의 역사가로, BC 220~BC 146년을 다룬 역사서 『역사Historia』를 남겼습니다. 헤로도토스, 투키디데스와 함께 그리스의 대표적인 역사가로 꼽힙니다.

- 헤로도토스Herodotos : 아테네 전성기에 활동한 역사가로, 페르시아 전쟁사를 다룬 『역사Historia』를 남겼습니다. 키케로가 그를 '역사의 아버지'라고 했다 하여 유명합니다.

국회의사당 지붕의 콰드리가. 모두 네 채가 설치되어 있다.

　이제 지붕 위를 올려다봅시다. 거기에는 네 마리의 말이 끄는 마차를 탄 니케(로마 신화의 빅토리아)가 있습니다. 이러한 형태의 조형물을 콰드리가quadriga라고 하는데, 고대 로마 시대의 전차 경주에 네 마리 말이 끄는 마차가 사용된 것이 기원입니다. 영화 〈벤허〉 속 전차 경주 장면을 생각하면 이해하기 쉬울 것입니다.

　콰드리가에 승리의 여신을 결합한 조형물은 전쟁의 승리를 기원하거나 기념하는 의미를 담은 것이므로 개선문 등에 즐겨 사용되었습니다. 런던의 웰링턴 아치, 베를린의 브란덴부르크 문, 파리의 카루젤 개선문, 로마의 비토리오 에마누엘레 2세 기념당 등에서 볼 수 있는데, 빈의 국회의사당 지붕에는 네 채나 설치된 것입니다. 의사당 앞마당에는 전쟁의 여신 아테나가 서 있고, 지붕에는 승리의 여신 니케가 모는 콰드리가가 네 채나 있으니, 빈은 난공불락의 도시가 될 것 같습니다.

국회의사당 측면의 카리아티드

아테네 아크로폴리스에 있는 에렉테이온 신전의 카리아티드

　국회의사당 안으로 들어가기 전에 마지막으로 건물 측면을 살펴봅시다. 건물 양쪽의 출입구에 카리아티드가 있습니다. 카리아티드란, 여인의 형상으로 만든 기둥을 말합니다. 이것은 아테네 아크로폴리스에 있는 에렉테이온 신전을 모방한 것으로 보이며, 설계자인 테오필 한센이 그리스 신전 양식에 깊은 관심을 가졌음을 보여주는 증거가 될 것입니다.

국회의사당 내부의 회의실과 방들 ③

국회의사당 내부를 보기 위해 견학 프로그램을 신청하면, 정해진 시간에 가이드를 만나 함께 이동하게 됩니다.

현관으로 이어지는 계단을 따라 올라가다 보면, 벽면 벽감에 그리스 신화 속 신들이 있습니다. 고대 조각품을 모각한 것으로, 아폴론, 아테나, 제우스, 헤라, 헤파이스토스, 헤르메스, 데메테르, 포세이돈, 아르테미스, 아레스 등입니다.

조각상들의 머리 위로는 빈 출신 화가인 알로이스 한스 슈람Alois Hans Schram이 그린 프리즈가 있습니다. 평화, 덕성, 애국에 대한 축복을 비유

계단 옆 벽면에 자리 잡은 그리스 신화 속 신들의 조각상

조각상 위의 프리즈에 그려진 벽화

프리즈 벽화

적으로 그린 것이라고 합니다.

　현관은 '원기둥의 방 Säulenhalle'으로 이어집니다. 우람한 원기둥들이 줄지어 서 있기 때문에 이런 이름이 붙었지요. 이곳 천장 아래 프리즈에

원기둥의 방 　　　　　제국 회의실

그려진 그림은 에두아르드 레비츠키Eduard Lebiedzke가 맡았으며, 의회의 의무가 무엇인지를 비유적으로 설명한 것이라고 하는군요.

국회의사당의 중앙에 위치한 이곳은 주로 하원의장이나 상원의장이 연회를 주관할 때, 혹은 관례적인 의회 리셉션을 베풀 때 사용됩니다.

원기둥의 방을 기준으로 왼쪽에는 상원Bundesrat과 하원Nationalrat의 회의실이 있고, 오른쪽에는 '제국 회의실Abgeordnetenhaus'이 있습니다. 상원과 하원의 회의실은 특별히 언급할 만한 것이 없지만, 제국 회의실은 내부가 웅장하면서도 특별한 행사가 열리는 중요한 곳이므로 소개합니다. 연방 대통령의 취임 선서식도 이곳에서 진행된다고 합니다.

회의실은 고대 아테네의 야외극장을 본떠 설계하였는데, 의장석 뒤 벽면에 열 명의 인물 조각상을 세웠습니다. 누마 폼필리우스Numa Pompilius(로마 왕정의 두 번째 왕), 신시나투스Cincinnatus(로마의 정치가), 퀸투스 파비우스 막시무스Quintus Fabius Maximus(로마 공화정 때의 정치가 겸 장군), 마르쿠스 카토Marcus Porcius Cato(로마 공화정 말기의 정치가), 가이우스 그라쿠스Gaius Gracchus(민중을 위한 개혁을 추진했던 로마 공화정 말기의 정치가), 마르쿠스 키케로Marcus Tullius Cicero(로마 공화정 당시의 정치가 겸 웅변가), 루키우스 만리우스 토르콰투스Lucius Manlius Torquatus(로마 공화정 말기의 정치가), 아우구스투스Augustus(로마 제국의 초대 황제), 루키우스 세네카Lucius Annaeus Seneca(로마 제국 당시의 정치가 겸 철학자), 콘스탄티누스 대제Constantine the Great(기독교를 공인하고 로마 제국의 수도를 콘스탄티노플로 옮긴 황제)로, 모두 고대 로마의 정치가들임을 알 수 있습니다. 이는 로마 제국을 계승했다고 주장하는 신성로마제국의 황제를 대대로 배출한 합스부르크 왕조의 자부심을 짐작할 수 있는 장면입니다.

그런가 하면 아우구스트 아이젠멩거August Eisenmenger가 그린 프리즈의 그림은 고대 그리스의 신화 및 역사와 관련되는 내용들로, 고대 그리스의 뛰어난 문화를 계승하고자 했던 당시 사람들의 열망을 반영한 것으로 보입니다.

의장석 뒤의 인물 조각상과 프리즈의 그림

2장

빈 중앙묘지
Central Cemetery

빈의 유명 인사들이 잠들다 1

    1874년에 조성된 중앙묘지 Zentralfriedhof, Central Cemetery 는 빈에 있는 50여 개의 공동묘지 중에서 그 규모가 제일 큰 곳입니다. 총 240만m²의 면적에 수를 헤아리기 어려울 정도로 많은 묘가 들어서 있어, 걸어서 돌아보는 게 어려울 정도입니다.

    19세기에 빈의 도시 규모가 커지면서 도심에 있던 공동묘지를 외곽으로 이전할 필요를 느끼게 되었습니다. 당시 빈 시장이었던 카를 뤼거 Karl Lueger 는 현재의 자리에 대규모 공동묘지를 조성하고, 중앙묘지라고 이름 붙였습니다. 이곳이 장차 빈에서 가장 규모가 크고 중요한 인물들이 묻히는 중심 묘지가 될 거라는 뜻을 담은 것입니다.

    그러나 당시 사람들은 거리가 멀어 방문하기 어렵다는 이유로 도시 외곽의 새로운 공동묘지에 가족의 묘를 쓰는 것을 꺼렸습니다. 그래서 찾은 해결책이, 유명한 사람들의 묘를 이장移葬하는 것이었습니다. 다른 곳에 묻혀 있던 베토벤과 슈베르트의 묘를 이곳으로 옮겼고, 묘의 정확한 위치를 알 수 없었던 모차르트의 경우는 가묘假墓를 만들면서까지 중앙묘지로 불러들였지요. 이것이 효과를 거둬 그 이후로 유명 인사들이 영원한 안식을 취하는 장소가 되었습니다. 특히 빈에서 활동하고 사망한 유명 음악가들이 대거 이곳에 묻히면서, 이제는 음악 애호가들과 관광객들의 발길이 끊이지 않는 명소로 자리 잡게 되었습니다.

본격적으로 중앙묘지를 둘러보기 전에, 카를 뤼거에 대해 간단히 알아보겠습니다. 그는 빈 시민들의 큰 사랑을 받은 정치인이면서, 한편으로는 반유대주의 정책 등으로 비난을 받는 인물입니다.

빈 대학교에서 법률을 공부한 뒤 변호사가 된 카를 뤼거는 빈 시의원을 거쳐 국회의원에 선출되었습니다. 그리고 1897년에는 빈 시장에 선출됩니다.

카를 뤼거

당시 빈 시장은 황제의 재가를 받아야만 임명될 수 있었는데, 황제였던 프란츠 요제프 1세는 카를 뤼거가 학생 시절에 제국주의를 반대하고 헝가리의 분리 독립을 주장하는 운동을 벌인 전력이 있어 임명을 망설였다고 합니다. 그러나 정치권의 강력한 요구를 거부하지 못하고 결국엔 그를 시장으로 임명하지요.

시장이 된 카를 뤼거는 여러 가지 공공사업을 벌여 시민들의 삶의 질을 향상시켰습니다. 도심에 있던 공동묘지를 외곽으로 이전한 것도 그런 사업의 일환이었습니다. 13년 동안 빈 시장으로 재임한 그는 시민들로부터 많은 사랑을 받았다고 합니다.

그러나 그는 반유대주의 정책을 폈고, 아돌프 히틀러가 그로부터 영향을 받았다고 알려져 비난을 받기도 합니다. 히틀러는 미술아카데미에 입학하고자 빈에 머무는 동안 카를 뤼거의 친서민 정책과 반유대주의 정책을 보며 공감했고, 그의 장례식에도 참석한 것으로 알려졌습니다.

제2차 세계대전이 끝난 후 나치 청산 작업이 벌어지면서 카를 뤼거에 대한 비난의 목소리가 높아졌지만, 빈의 발전에 기여한 공로가 인정되어 카를 뤼거 기념 교회 등은 그 명칭을 유지하게 되있다고 합니다.

중앙묘지에서 가장 큰 관심을 받는 음악가 묘역 ②

중앙묘지에서 가장 큰 관심을 받는 곳은 단연 음악가들의 묘역입니다. 중앙 문에서 카를 뤼거 기념 교회 Dr.-Karl-Lueger-Gedächtniskirche까지 쭉 뻗은 길을 따라가다 보면 왼쪽으로 나무들이 울창한 구역이 나옵니다. 표지판에 32A라고 표시된 구역이며, 그 앞에 음악가 묘역임을 알려주는 표지판이 서 있으므로 알아보기 쉽습니다.

음악가 묘역은 유명세를 반영해 묘를 배치한 인상을 줍니다. 비록 가묘일지언정, 빈이 자랑하는 천재 음악가 모차르트의 기념비가 중앙에 서 있고, 그 뒤로 베토벤과 슈베르트의 묘가 나란히 자리 잡고 있습니다.

음악가 묘역 위치 / 음악가 묘역 표지판

32A 구역 음악가 묘 배치도

베토벤, 모차르트, 슈베르트 묘역

요한 슈트라우스와 브람스 묘역

그리고 모차르트 기념비의 오른쪽에 요한 슈트라우스 2세와 브람스의 묘가 있습니다. 그 밖의 여러 음악가들 묘가 마치 병풍처럼 모차르트 기념비를 에워싸고 있는데, 처음부터 그런 계획을 가지고 음악가 묘역을 조성한 것처럼 보입니다.

1791년 12월 8일에 사망한 모차르트는 장크트 마르크스 공동묘지St Marx Friedhof에 매장되었습니다. 다만 그가 묻힌 정확한 위치를 아는 이가 없어 가묘를 만들고 표지판을 세워두었다고 합니다.

중앙묘지를 조성한 다음 유명 인사의 묘를 옮기는 문제를 의논할 때, 천재 음악가 모차르트는 당연히 최우선 순위로 떠올랐습니다. 그러나 장크트 마르크스 공동묘지에 묻었다는 사실만 분명할 뿐, 묘의 위치를

모차르트 기념비

모차르트 기념비의 여인 조각.
슬픈 표정의 여인이 리라와 악보를 들고 있다.

모르기 때문에 문제가 되었습니다. 결국 음악가 묘역의 가장 중앙에 그의 가묘(혹은 기념비)를 만드는 것으로 결정되었지요. 그것이 1888년의 일로, 같은 해 베토벤과 슈베르트도 이곳으로 옮겼습니다.

루트비히 판 베토벤Ludwig van Beethoven은 독일 본Bonn에서 태어나서 청년시절까지 고향에서 지냈지만, 음악가로서의 주된 활동을 빈에서 했고 빈에서 세상을 떠났기 때문에 이곳에 묻혔습니다. 그가 빈 근교의 하일리겐슈타트에서 살 때 '하일리겐슈타트 유서'라고 불리는 유서를 작성한 일은 유명한 일화입니다.

1801년에 의사로부터 청각을 잃을 수 있다는 진단을 받은 베토벤은 요양차 하일리겐슈타트로 갔지만, 병세가 전혀 나아지지 않자 죽음을 예감하고 유서를 썼다고 합니다. 자신이 겪고 있는 육체적 고통과 죽음에 대비하는 마음가짐 등을 솔직하게 적은 이 유서는 동생들에게 남기는 것으로 되어 있지만 부치지 않았고, 그가 죽은 뒤 발견되었습니다.

1827년 3월에 세상을 떠난 베토벤은 배링 공동묘지Friedhof Waehring에 묻혔다가 중앙묘지가 조성된 후인 1888년에 슈베르트와 함께 이장되었다고 합니다. 배링 공동묘지에 있던 그들의 묘는 방치되어 훼손이 심한 상태였기 때문에, 중앙묘지로 옮긴 것은 결과적으로 다행한 일이었습니다. 물론 그들이 이장되어 온 뒤로 중앙묘지에 대한 세간의 관심이 높아졌으니, 서로에게 득이 되는 결정이었던 셈입니다.

베토벤 묘   악기와 나비 문양이 새겨져 있다.

'가곡의 왕'이라고 불리는 프란츠 슈베르트Franz Schubert는 빈에서 태어나서 활동하고 빈에서 생을 마감한 음악가입니다.

1828년에 31세의 나이로 세상을 떠난 그는 자신이 평소에 존경했던 베토벤 곁에 묻히길 소망했기 때문에 배링 공동묘지의 베토벤 묘 바로 옆에 매장되었지요. 그는 1년 전 베토벤이 죽었을 때, 관을 옮기는 일을 자청했을 정도로 베토벤을 좋아했다고 합니다.

죽어서라도 베토벤 곁에 있고 싶어 했던 슈베르트의 소원은 배링 공동묘지를 거쳐 중앙묘지에서도 이루어졌으니 그는 만족스러워 할 것 같습니다.

배링 공동묘지에 세웠다는 슈베르트의 묘비에는 당대의 유명 시인인 프란츠 그릴파르처Franz Grillparzer가 썼다는 글이 적혀 있는데, 문장이 멋지기에 소개합니다.

슈베르트 묘

뮤즈로 보이는 여인이 슈베르트에게 월계관을 씌어주려 하고 있다.

'음악 예술은 여기에 부유한 재산, 그리고 그보다 훨씬 더 아름다운 희망을 묻었노라.'

젊은 나이에 아깝게 세상을 떠난 슈베르트에게 이보다 찬란한 찬사는 없을 것 같습니다.

요하네스 브람스Johannes Brahms는 독일 함부르크 출신이지만, 30대 중반에 빈으로 이주한 후 줄곧 그곳에서 활동하였습니다. 빈은 그가 음악가로서 활발한 활동을 한 곳이자 세상을 떠난 곳이므로 중앙묘지에 묻히게 된 것입니다.

브람스는 생전에도 요한 슈트라우스 2세와 친하게 지냈고, 죽어서도 나란히 묻히게 되었습니다. 생전의 우정을 죽은 뒤에도 변함없이 유지하는 것 같은 무덤 배치라서 재미있습니다.

브람스 묘   브람스가 고민에 빠진 표정으로 뭔가를 골똘히 생각하고 있다.

요한 슈트라우스 2세 묘

요한 슈트라우스 2세 묘비의 중앙부. 바이올린을 연주하는 아기 천사와 하프를 뜯는 여인의 조각이 새겨져 있다.

왈츠 곡 '아름답고 푸른 도나우강'을 작곡해 명성을 얻었던 요한 슈트라우스 2세Johann Strauss II는 세 번째 부인인 아델레와 함께 묻혀 있습니다. 1899년에 그가 사망했을 때는 이미 중앙묘지가 조성된 뒤였으므로, 다른 유명 음악가들이 이장되어 온 것과는 달리 처음부터 이곳에 묻히게 되었습니다.

'왈츠의 왕'이라고 불리던 그는 음악가들의 묘역 중에서도 유명인들이 묻힌 곳에 자리 잡을 수 있었는데, 당대에 높은 명성을 얻었기 때문으로 보입니다.

묘비에는 위쪽에 그의 얼굴이, 그 아래로 바이올린을 연주하는 아기 천사와 하프를 뜯는 여인(뮤즈로 짐작되는)이 조각되어 있습니다.

참고로, 요한 슈트라우스 2세의 아버지이자 '왈츠의 아버지'라는 별칭으로 불렸던 '요한 슈트라우스 1세'도 중앙묘지에 묻혀 있습니다.

카를 뤼거 기념 교회 ③

중앙묘지 정문을 들어서면, 널찍한 길이 곧게 뻗어 있고, 그 끝에 아름답고 웅장한 아르누보 양식의 교회가 서 있습니다. 1910년에 완공된 이 교회는 중앙묘지를 조성한 빈 시장 카를 뤼거를 기념하기 위해 '카를 뤼거 기념 교회'라고 하기도 하고, 성 카를 보로메오에게 봉헌된 교회이므로 '성 카를 보로메오 교회'라고도 합니다. 성 카를 보로메오는 앞에서

중앙묘지 한가운데에 있는 카를 뤼거 기념 교회

설명한 '카를 교회'를 봉헌 받은 바로 그 성인입니다. 그래서인지 두 교회의 외관에서 풍기는 이미지가 비슷합니다. 보로메오는 빈에서 특별한 존경과 사랑을 받은 성인이 아니었나 합니다.

이 교회는 본디 중앙묘지 한가운데에 있는 곳답게, 영결미사를 드리는 용도로 지었다고 합니다. 그러나 지금은 특별한 일이 있을 때는 일반 미사도 진행한다고 하는군요.

교회 안으로 들어가면, 제일 먼저 돔 천장 안쪽 장식이 눈길을 끕니다. 짙푸른 하늘을 떠올리게 하는 둥근 바탕에 태양의 빛살과 반짝이는 별을 연상시키는 황금색 무늬가 장관을 이룹니다. 그리고 돔 지붕을 받치고 서 있는 네 개의 기둥 위쪽에는 4대 복음서 저자를 표현한 그림이 있습니다. 저자들마다 머리 위에 각각의 상징을 지니고 있으므로 쉽게 구분할 수 있습니다.

그리고 중앙 제단이 보이는데, 제단 위 아치 안쪽에 '최후의 심판'을 담은 그림이 있습니다. 그림 중앙에 최후의 심판을 주재하는 예수가 앉아 있고, 양쪽에 성모 마리아와 세례자 요한이 무릎을 꿇고 있습니다. 그들은 최후의 심판을 그린 그림에서 예수의 옆을 지키는 모습으로 자주 등장합니다.

그림의 왼쪽(보는 이의 입장에서)에는 천사의 인도를 받아 천국으로 가는 영혼들이, 오른쪽에는 불칼을 휘두르는 대천사 미카엘에 쫓겨 지옥으로 떨어지는 영혼들의 모습이 보입니다.

2장 빈 중앙묘지

카를 뤼거 기념 교회 앞에 아담하고 간결하게 디자인된 원형의 공간이 있습니다. 특별한 표지판이 없어 휴식공간으로 여기기 쉽지만, 이곳은 오스트리아 공화국의 역대 대통령들이 안장된 묘소입니다.

대통령이 묻힌 곳이라고 하여 요란하게 장식한 것도 아니고, 묘지의 넓이가 더 넓은 것도 아닙니다. 둥글게 쌓은 야트막한 벽에 대통령의 이름과 생몰연대만 간략하게 적어놓았기 때문에 묘소라는 생각이 들지 않을 정도입니다. 무덤의 크기와 애도의 진정성이 꼭 정비례하는 건 아닌 것 같습니다.

오스트리아 역대 대통령 묘소

쿠르트 발트하임의 묘

묘소를 둘러보니 카를 레너 Karl Renner(1945~1950년 재임), 테오도르 쾨르너 Theodor Körner(1951~1957년 재임), 아돌프 샤프 Adolf Scharf(1957~1965년 재임), 프란츠 요나스 Franz Jonas(1965~1974년 재임), 루돌프 키르히슐레거 Rudolf Kirchschläger(1974~1986년 재임), 쿠르트 발트하임 Kurt Waldheim(1986~1992년 재임) 등의 이름이 보입니다.

그 가운데 쿠르트 발트하임은 유엔사무총장을 지냈던 인물로 우리 귀에 익숙한데, 그 직을 마친 후 오스트리아 공화국의 대통령 선거에 출마하여 당선되었습니다. 그러나 제2차 세계대전 당시 나치 독일의 육군 중위로 복무했다는 사실이 밝혀져 논란의 중심에 섰으며, 미국과 서유럽 국가들은 그를 페르소나 논 그라타 Persona non grata(외교 용어로 '기피 인물'이라는 뜻)로 선언하고 입국을 거부하기도 했습니다.

3장
함께 보면 좋은 곳

빈 시청사 Rathaus ①

  빈 시청사Rathaus는 1872~1883년에 건설된 네오 고딕(신고딕) 양식의 건물입니다. 고딕 양식으로 지어진 브뤼셀 시청사와 외관상 비슷한데, 건물 중앙에 날카롭고 드높은 첨탑을 세우고 꼭대기에 조각상을 설치한 것이나 건물 벽에 많은 인물 조각상을 설치한 것, 폭이 좁고 상하로 긴 창문을 설치한 것 등이 두 건물을 쌍둥이처럼 보이게 합니다. 브뤼셀 시청사가 1444년에 완공되었으니, 빈 시청사가 브뤼셀 시청사를 모방했다고 볼 수 있습니다.

빈 시청사

빈 시청사의 벽면
브뤼셀 시청사 브뤼셀 시청사의 벽면

    빈 시청사의 중앙 첨탑은 97.9m인데, 시청 옆에 있는 보티프 교회의 첨탑(99m)보다 높지 않게 하려고 일부러 그렇게 지었다고 합니다. 여기에는 이런 사연이 있다고 하는군요.

    빈 시청사를 새로 짓도록 지시한 것은 프란츠 요제프 1세로, 그는 새 건물의 첨탑이 보티프 교회보다 더 높은 걸 원치 않았습니다. 보티프 교회는 자신에 대한 암살 기도가 실패로 돌아간 것에 감사하며 동생인 막시밀리안이 세웠으니, 이는 곧 자신의 안위를 염려하는 의미가 담긴 것이었기 때문이지요.

    그래서 첨탑을 97.9m로 제한했는데, 문제가 생겼습니다. 첨탑 위에 5.4m짜리 조각상을 설치하려니 보티프 교회보다 높이가 높아진 것입니다. 이 문제를 놓고 의논을 거듭한 끝에, 조각상은 건물 높이와 별도로 계산하자는 주장이 우세하여 원래의 설계대로 첨탑을 지었다는 것입니다.

첨탑 위의 조각상은 라트하우스만Rathausmann('시청사람'이라는 뜻)이라고 불리는데, 기사 복장에 깃발을 매단 창을 들고 있습니다. 그의 복장은 막시밀리안 1세의 갑옷과 장비를 모델로 한 것이라고 하는군요. 막시밀리안 1세는 프랑스 측에 의해 감금되어 있던 '부르고뉴의 마리'를 구해내고 결혼한 까닭에 '마지막 기사'라는 별칭을 얻었으니, 빈을 지키는 상징적 존재인 라트하우스만이 그의 복장을 따른 것은 당연한 일로 여겨집니다.

시청 앞 광장은 아르카덴호프Arkadenhof라고 부르며, 다양한 문화 활동이 이루어지는 공간입니다. 오페라 공연이 없는 7~8월 여름철에는 필름 페스티벌이 열려 시민들이 자유롭게 공연을 관람할 수 있고, 겨울철에는 크리스마스 전후에 크리스마스 마켓Weihnachtdorf이 열리며, 그 밖의 기간에는 아이스링크가 설치되어 스케이트를 탈 수 있습니다. 시청 앞 광장에서 열리는 행사 중에서 가장 장관인 것은 12월 31일에 열리는 축제로, 오후 2시부터 다음날 새벽 2시까지 여러 가지 음악회가 열리고 자정에는 화려한 불꽃놀이가 펼쳐진다고 합니다.

❶ 빈 시청사 첨탑 위의 라트하우스만 동상
❷ 여름철 필름 페스티벌이 열리는 시청 앞 광장   ❸ 겨울철 크리스마스 마켓이 열리는 시청 앞 광장

부르크 극장 Burgtheater ②

빈 시청사 맞은편에 네오 바로크 양식의 단아하면서도 웅장한 건물이 서 있습니다. 마리아 테레지아 치세인 1741년에 황실 전용 극장으로 설립된 부르크 극장Burgtheater인데, 1888년에 현재의 자리로 옮겨 새로 지었고, 제2차 세계대전 때 공습과 화재로 크게 손상되어 1955년에 복구했다고 합니다.

부르크 극장 외관

독일어권에서는 가장 권위 있는 극장이란 평가를 받는 이곳은 모차르트가 오페라 〈후궁으로부터의 도주〉, 〈피가로의 결혼〉을 초연했으며 1800년 4월에는 베토벤의 '교향곡 1번'이 처음으로 관객에게 소개되었습니다.

현재도 활발하게 공연 활동이 이루어지는 부르크 극장은 1895년에 구스타프 클림트가 극장 계단 위에 그린 천장화 '디오니소스 제단 Altar of Dionysus'이 유명합니다.

디오니소스는 그리스 신화 속에서 술을 관장하는 신으로, 아테네 사람들이 그를 기리기 위해 디오니소스 제전에서 상연한 비극으로부터 고대 예술이 발생한 것으로 보기 때문에 극장을 장식하는 소재로 적절했을 것입니다. 같은 이유로 부르크 극장의 정면 파사드 위쪽에 디오니소스 축제 행렬을 부조로 표현했으리라 생각합니다.

'디오니소스 제단' 천장화가 있는 부르크 극장 내부

부르크 극장 정면 파사드
디오니소스 축제 행렬도
부르크 극장 옥상의 아폴론상
파리 오페라 극장 지붕 위 아폴론. 월계관을 쓴 채 리라를 높이 들고 있다
모스크바 볼쇼이 극장 정면 파사드의 아폴론. 월계관과 리라를 들고 있다.

디오니소스 축제 행렬도 위에 자리 잡고 있는 이는 월계관을 쓰고 리라를 들고 있는 것으로 보아 예술의 신 아폴론입니다. 그는 예술 전반을 관장하는 신이기 때문에 유럽의 중요한 극장에서 자주 볼 수 있습니다. 파리의 오페라 극장, 모스크바의 볼쇼이 극상 등이 대표적인 예이지요.

3장 함께 보면 좋은 곳

국립 오페라극장 Staatsoper ③

'슈테판 대성당이 빈의 영혼이라면, 슈타츠오퍼Staatsoper(국립 오페라극장)는 빈의 심장이다.'

이렇게 말하는 사람이 있을 정도로, 국립 오페라극장은 빈 사람들에게 중요한 곳입니다. 그 사실을 짐작할 수 있는 일화를 소개합니다.

제2차 세계대전이 막바지로 치닫던 1945년 3월, 국립 오페라극장은 연합군의 폭격을 받아 크게 파괴되었습니다. 그때 빈 사람들은 아직 폭격 중임에도 불구하고 달려 나와서 무너진 건물의 잔해들을 수습하여 소중히 간직했다고 합니다. 언젠가 복구 작업이 이루어질 때 필요할 것이라고 생각해서죠.

실제로 전쟁이 끝난 뒤 국립 오페라극장의 복구 계획이 발표되자, 빈 시민들은 자신들이 간직하고 있던 건물 잔해들을 들고 나와 복구 작업에 참여했다고 하는군요.

10년 동안의 복구공사를 마치고 1955년 11월 5일 다시 문을 열었을 때, 빈 시민들은 재개관 기념곡으로 선정된 베토벤의 〈피델리오Fidelio〉를 들으며 진정한 독립국가가 되었음을 실감했을 겁니다.

이렇게 빈 시민들이 사랑하는 건물이다 보니, 건설 초기에 비극적인 일도 있었습니다. 설계를 맡았던 건축가 중의 한 사람인 에두아르드 반 데어 뉠Eduard van der Null은 자신의 설계에 대해 시민들이 왈가왈부하자

국립 오페라극장

절망하여 스스로 목숨을 끊었고, 또 다른 설계자인 아우구스트 지카르트 폰 지카르드스부르크August Sicard von Sicardsburg는 그로부터 2개월 뒤 심장마비로 세상을 떠나고 맙니다.

  설계에 대해 왈가왈부한 시민들은 나름대로 관심이 많으니 그랬을 테고, 비난의 소리를 견디지 못하고 목숨을 끊은 설계자는 자신의 작업에 자부심을 갖고 있었기 때문에 그랬을 것이니, 이래저래 국립 오페라극장의 중요성을 알 수 있는 비극적 일화인 것입니다.

  건물은 규모가 굉장민큼 거시 한눈에 파악하기는 힘들기 때문에 정면에 해당하는 파사드 부분만 살펴보도록 하겠습니다.

국립 오페라극장 정면 파사드　　　　　페가수스를 탄 뮤즈

　먼저, 지붕 위의 기마상이 눈에 들어옵니다. 천마天馬 페가수스를 탄 뮤즈들입니다.

　예술의 신 아폴론을 섬기는 뮤즈들은 9명으로, 예술가들에게 영감과 재능을 불어넣는 역할을 한다고 여겨졌습니다. 그들은 각각 맡은 역할이 다른데, 칼리오페Calliope는 서사시를, 탈레이아Thaleia는 희극을, 멜포메네Melpomene는 비극을, 폴리힘니아Polyhymnia는 장엄한 종교 찬가를, 에라토Erato는 에로틱한 시를, 에우테르페Euterpe는 서정시를, 테르프시코레Terpsichore는 합창과 춤을, 클레이오Cleio는 역사를, 우라니아Urania는 천문학을 관장한다고 합니다.

　그녀들의 성격이 그렇다 보니 예술의 한 영역인 오페라가 공연되는 극장에 등장하는 것은 자연스러운 일입니다.

　그러면 페가수스는 오페라극장, 혹은 뮤즈와 어떤 관련이 있는 것일까요.

Simon Vouet, '아폴론과 뮤즈들'.
헬리콘산에서 아폴론과 뮤즈들이 음악을 즐기는 모습 뒤편으로 천마 페가수스가 보인다.

페가수스는 페르세우스가 괴물 메두사의 목을 베었을 때 흘러나온 피에서 태어났다고 합니다. 메두사는 바다의 신 포세이돈과 사랑을 나눈 적이 있기 때문에, 페가수스는 포세이돈의 자식으로 봅니다.

한번은 페가수스가 헬리콘산 정상에서 말발굽으로 힘차게 땅을 차자 샘이 솟았다고 합니다. 그 샘을 '히포크레네 샘'이라고 합니다. 헬리콘산은 뮤즈들이 사는 곳이므로, 그녀들은 종종 히포크레네 샘에 와서 노래를 부르거나 춤을 추었다고 하지요. 그런 까닭에 뮤즈들과 페가수스가 함께 있는 장면을 표현한 미술 작품들이 많이 있습니다. 페가수스를 탄 뮤즈를 오페라극장의 지붕에 세운 까닭도 거기에 있을 것입니다.

2층에 해당하는 곳에는 다섯 개의 아치로 된 로자loggia(지붕은 있으나 한 방향 이상의 벽이 없는 개방된 공간)가 보이고, 아치마다 조각상이 서 있습니다. 예술 분야를 의인화한 것입니다. 왼쪽부터 차례로, 영웅담heroism, 비극tragedy, 환상곡fantasy, 희극comedy, 연가love라고 합니다.

국립 오페라극장 내부 인테리어　　국립 오페라극장 대부 인테리어

　　오페라극장의 내부는 완공되기도 전부터 무대가 너무 깊다느니, 대기실이 너무 화려하다느니 하는 논란이 끊임없이 제기되었습니다. 최초의 설계자들이 비극적인 죽음을 맞은 것도 그런 것과 무관하지 않을 것입니다.

　　그러나 현재는 화려하다는 비난을 들었던 내부 인테리어조차 오페라극장의 가치를 높이는 역할을 하고 있으니 설계자들에게 뒤늦게나마 위안이 될지도 모르겠습니다.

Part 4 그 밖의 장소

지식 충전

빈을 사랑한 음악가, 구스타프 말러

빈은 누가 뭐래도 음악의 도시입니다. 빈 중앙묘지의 음악가 묘역에 묻힌 쟁쟁한 음악가들-모차르트, 베토벤, 슈베르트, 브람스, 요한 슈트라우스 등-은 말할 것도 없고, 그 이후로도 제각각의 개성을 가진 뛰어난 음악가들이 빈을 무대로 활동했습니다. 구스타프 말러Gustav Mahler도 그중의 한 사람이지요.

1860년 합스부르크 제국에 속했던 보헤미아에서 태어난 구스타프 말러는 15세 때 빈 음악원에 입학하여 음악을 공부했고, 18세 이후에는 빈 대학에서 역사, 철학, 음악사 등을 공부했다고 합니다.

빈 궁정극장 지휘자 시절의 구스타프 말러(1905년)

프라하, 부다페스트, 라이프치히, 함부르크 등에서 활동하던 말러는 1898년 10월 빈 국립 궁정극장(현재의 국립 오페라극장) 음악 감독이 되어 음악의 도시 빈에 정착합니다. 그러나 유대인이라는 그의 혈통 때문에 활동에 어려움을 겪었던 것으로 보입니다. 1897년에 빈 시장에 취임한 카를 뤼거가 반유대주의자였으므로, 빈의 전체 분위기는 유대인인 말러에게 우호적이지 않았던 것입니다.

그런 사회 분위기 속에서도 그는 명 지휘자로 이름을 떨쳤고, 10곡의 교향곡과 '탄식의 노래'를 비롯한 여러 편의 가곡을 작곡했습니다. 그의 음악 세계는 낭만주의 성향을 띤 것으로 평가됩니다.

1910년 말러가 미국으로 떠나게 된 것은 유대인에 대한 박해가 심해지던 당시 유럽의 분위기에다 가정적으로 불행한 일이 겹쳤기 때문으로 보입니다. 첫 딸이 어린 나이에 사망한 데다가 곧이어 부인이 외도를 하는 등 그로서는 견디기 어려운 상황이 연속되었던 것입니다.

뉴욕으로 삶의 터전을 옮긴 뒤 뉴욕 필하모닉 오케스트라의 지휘자와 메트로폴리탄 오페라의 단장을 맡아 활동하던 그는 건강이 나빠지자 빈으로 돌아가고 싶어 했다고 합니다. 결국 1911년 빈으로 돌아가 빈에서 사망하고 빈에 묻혔으니, 그에게 빈은 영원한 마음의 고향이었던 것입니다.

반유대주의가 사라진 후 빈은 그에 대한 평가를 다시 하여 대가大家에 대한 적절한 대접을 해주었습니다. 그가 음악 감독으로 있었던 빈 국립 오페라극장에는 모차르트의 <마술 피리>에 나오는 장면을 표현한 호화로운 고블랭의 태피스트리가 걸려 있어 '고블랭의 방'이라고 부르던 방이 있었는데, 지금은 구스타프 말러 홀Gustav Mahler Hall이라고 합니다. 빈에 대한 그의 사랑에 대한 보답인지도 모릅니다.

참고로, 그의 부인이었던 알마 말러Alma Mahler에 대해 간단히 언급하겠습니다.

당대의 유명한 화가였던 에밀 야콥 쉰들러의 딸이었던 알마는 구스타프 말러와 결혼하기 전에 이미 구스타프 클림트를 비롯한 많은 예술가와 염문을 뿌렸고, 말러와 결혼 생활을 하는 중에도 건축가 발터 그로피우스와 스캔들을 일으켰습니다. 진심으로 그녀를 사랑했던 말러에게 정신적인 고통을 준 사건이었지요.

그녀는 말러가 사망한 후 많은 남자들을 사귀었는데, '3명의 남자와 결혼하고, 15명 이상의 남자와 사랑을 나누었다'는 것이 정설입니다. 그런데 그녀와 사귀었던 남자들은 모두 당대의 쟁쟁한 화가, 음악가, 작가, 건축가, 학자, 의사 등이었으며, 심지어 요하네스 홀른슈타이너는 18세 연상의 알마를 선택하기 위해 가톨릭 사제의 길을 버렸다고 합니다. 게다가 그 남자들은 한결같이 알마에 대해 지극한 찬사를 보냈다고 하니, 놀랍습니다.

빈의 화가 오스카 코코슈카는 그녀와 사귈 때 '바람의 신부'란 그림을 그려 헌정했는데, 그럼에도 불구하고 결혼에는 이르지 못했습니다.

그라벤 거리와 페스트 기념탑 ④

그라벤 거리는 슈테판 대성당에서 가까운 곳에 있습니다. 슈테판 대성당에서 성 베드로 성당이나 오페라극장에 가려는 여행자라면 그라벤 거리를 지나가게 될 것입니다.

'그라벤Graben'이란 단어는 '파낸 곳'이라는 뜻이라고 합니다. 로마 제국 시대에 군대가 주둔하면서 참호를 팠던 곳이기 때문에 그런 이름이 붙었다는 설이 유력합니다. 현재는 빈의 중심으로 현지인뿐만 아니라 여행자들로 항상 북적이는 곳이지요.

그라벤 거리

그라벤 거리에서 꼭 봐야할 것은, '페스트 기념탑Pestsäule, Plague Column' 이라고 하는 조형물입니다.

중세 이후 유럽은 페스트로 인해 극심한 피해를 입었습니다. 전체 인구의 1/3이 희생되었다는 통계가 있을 정도입니다. 빈도 사정은 마찬가지였습니다. 1541년과 1679년에 발생한 페스트로 도시가 황폐해졌는데, 발병 원인과 치료 방법을 모르던 때이기 때문에 속수무책으로 당할 수밖에 없었습니다. 당시 사람들은 페스트의 창궐을 '인간의 타락에 격노하여 신이 내리는 징벌'로 생각했다고 합니다.

당시 신성로마제국의 황제였던 레오폴트 1세는 "만일 역병이 물러가면 하느님에게 감사하는 의미로 기념탑을 세우겠다."고 약속했는데, 그 이후로 페스트가 잠잠해지자 약속을 지켜 이 기념탑을 세웠다고 합니다. 혹은 1692년에 오스만튀르크의 침략을 막아낸 것을 기념하여 세웠다고 말하는 사람도 있습니다. 당시 빈 사람들에게 오스만튀르크는 페스트만큼 두려웠을 테니, 둘 다 일리 있는 말이라는 생각이 듭니다.

페스트 기념탑의 구성 요소를 살펴보겠습니다.

이 탑은 성 삼위일체 탑이라고도 합니다. 성 삼위일체(성부 하느님, 성자 예수, 성령)에게 감사하며 바친 기념탑이기 때문입니다. 탑의 맨 꼭대기에 성 삼위일체가 보입니다. 성령은 비둘기로 표현하는 것이 일반적입니다.

성 삼위일체 아래로 불칼을 휘두르는 대천사 미카엘이 보입니다. 미카엘은 악천사(사탄)나 악룡 등 사악한 존재들을 물리치는 대천사인데, 옛사람들은 페스트를 미카엘이 물리쳐줄 수 있는 사악한 존재로 생각한 듯합니다.

미카엘 아래로, 무릎을 꿇고 신에게 간구하는 레오폴트 1세가 보입니다. 아마도 페스트(혹은 오스만튀르크의 군대)가 물러가게 해달라고 빌고 있을 것입니다.

그리고 맨 아래쪽에 괴기스러운 존재를 물리치는 성모 마리아와 아기 천사가 있습니다. 페스트로 보이지만, 오스만튀르크를 형상화한 것일지도 모릅니다. 옛사람들은 성모 마리아가 인간과 신 사이의 중재자로서, 인간의 염원을 신에게 전달해줄 거라고 믿었습니다.

앙커 시계 Ankeruhr

유럽의 도시들은 특별한 시계를 자랑거리로 내세우는 경우가 있습니다. 런던의 빅벤, 프라하의 천문 시계 등이 그런 예입니다. 빈에는 앙커 시계가 있는데, 아르누보 양식의 화사하고 아름다운 시계이지만 겨우 100여 년 전에 만들어져 역사적 가치는 떨어지는 편입니다.

앙커 시계는 앙커 보험회사의 두 건물 사이에 설치되었으며, 그 길이가 10m에 달해 크기로 일단 시선을 사로잡습니다. 그리고 오스트리아

앙커 시계

7시에 숫자판 앞을 지나가는 막시밀리안 황제.
인물 위의 로마자 숫자는 해당 시를, 그 위의 아라비아 숫자에
표시된 화살표는 분을 가리킨다. 현재 시각이 7시 22분쯤 된다.

시각마다 지나가는 인물들

역사에서 중요한 위치를 차지하는 인물들이 숫자판 앞을 지나가도록 만들어 여행자들을 불러 모으지요. 표지판에 쓰인 설명에 따르면, 시각마다 지나가는 인물은 다음과 같습니다.

- 1시 : 마르쿠스 아우렐리우스 황제(KAISER MARCUS AURELIUS). 로마 제국 5현제五賢帝 중 마지막 황제이자 『명상록』을 남긴 후기 스토아 학파의 철학자
- 2시 : 카를 대제(KAISER KARL DER GROSSE). 프랑크 왕국을 통일하고 기독교를 국교로 삼아 중세 유럽의 기초를 닦음
- 3시 : 레오폴트 6세(HERZOG LEOPOLD VI D GLOR U GEMAHLIN). 바벤베르크 왕조의 열한 번째 통치자로, 그의 치세 때 빈에 신도시가 건설됨

- 4시 : 발터 폰 데어 포겔바이데(HERR WALTHER VON DER VOGEL-WEIDE). 중세 독일의 음유시인으로, 괴테 이전의 최고 시인으로 불림
- 5시 : 루돌프 폰 합스부르크 왕(KÖNIG RUDOLF VON HABSBURG U GEMAHLIN). 합스부르크 왕조 최초의 신성로마제국 황제
- 6시 : 한스 푹스바움(MEISTER HANS PUCHSBAUM). 슈테판 대성당 건축에 공이 큰 장인
- 7시 : 막시밀리안 1세(KAISER MAXIMILIAN D I). '부르고뉴의 마리'와 결혼함으로써 합스부르크 왕조를 중흥시킨 후, 자손들의 결혼을 통해 거대 제국 건설을 실현한 신성로마제국 황제
- 8시 : 안드레아스 폰 리벤베르크 시장(BÜRGERM ANDREAS VON LIEBENBERG). 1680~1683년에 빈 시장을 지냈으며, 터키와의 전쟁에 대비하여 빈 성곽을 보수하고 확충함. 그를 기리는 기념비가 빈 대학교 건너편에 세워져 있음
- 9시 : 뤼디거 폰 슈타렘베르크 백작(GRAF RÜDIGER VON STARHEMBERG). 1683년의 2차 빈 공성전 때 군대를 지휘했으며, 1692~1701년에 최고군사위원장 역임
- 10시 : 사보이의 오이겐 공(PRINZ EUGEN VON SAVOYEN). 프랑스에서 태어났으나 합스부르크 왕조를 위해 헌신한 군인으로, '유럽 역사에서 가장 탁월하며, 성공한 군사 지도자 중 한 명'이라는 평가를 받음
- 11시 : 마리아 테레지아 여제(KAISERIN MARIA THERESIA U GEMAHL). 신성로마제국의 황제 카를 6세의 장녀로 태어났으며, '국사 조칙'에 따라 합스부르크 왕조 역사상 유일한 여성 통치자가 됨
- 12시 : 요제프 하이든(MEISTER JOSEPH HAYDN). '교향곡의 아버지'로 불리며, 18세기 후반의 빈 고전파를 대표하는 오스트리아의 작곡가

숫자판의 그리스 신화 속 상징물

높은 곳에 있어 육안으로는 구별하기 어렵지만, 시계의 숫자판을 보면 숫자 대신 그리스 신화 속 신들의 상징물이 새겨져 있습니다. 그리스 신화의 영향을 강하게 받은 흔적으로 재미있기에 소개합니다.

1시 : 올빼미-지혜의 여신 아테나
2시 : 카두케우스(헤르메스의 지팡이)-전령신 헤르메스
3시 : 시계의 태엽-시간의 신 크로노스
4시 : 망치와 집게-대장장이 신 헤파이스토스
5시 : 빵-곡물과 수확의 여신 데메테르
6시 : 와인 잔과 포도-포도주의 신 디오니소스
7시 : 심장을 뚫은 화살-사랑의 신 에로스
8시 : 연극용 가면-예술의 요정 뮤즈
9시 : 리라-예술의 신 아폴론
10시 : 비둘기-미의 여신 아프로디테
11시 : (알 수 없음)
12시 : 투구-전쟁의 신 아레스

시립공원 Stadtpark ⑥

　빈 시립공원Stadtpark은 1862년에 빈에 조성된 첫 번째 시립공원으로, 넓은 면적에 아름답게 조성되어 시민들의 휴식 공간으로 사랑받고 있습니다.
　요한 슈트라우스가 바이올린을 켜고 있는 모습을 새긴 황금빛 조각상은 이곳의 대표 이미지이며, 그밖에도 다양한 장르의 예술가들을 기리는 조형물이 공원 내부에 흩어져 있습니다. 공원 입구 쪽에 있는 건물은 요한 슈트라우스의 왈츠 연주회가 열렸던 쿠어살롱Kursalon입니다.

시립공원　　　　　　　　　　　쿠어살롱

시립공원 배치도

공원 안에 있는 인물 조각상에 대해 간략하게 소개합니다.

시립공원 정문 쪽으로 가다 보면 오른쪽에 한스 카논Hans Canon 의 조각상이 있습니다. 시립공원을 사각형으로 본다면 시내 쪽 모서리에 해당하며, 쿠어살롱과 가까운 위치입니다.

한스 카논은 빈에서 태어나서 빈에서 공부하고 활동하다 빈에서 세상을 떠난 빈 토박이 화가였습니다. 빈 자연사박물관 천장에 '삶의 원 Circle of Life'이란 그림을 그렸고, 천장 아래 반원형 공간에 '과학의 알레고리'란 주제로 그림을 그린 화가입니다.

한스 카논 　　　　　　　프란츠 레하르

　시립공원에 들어서서 제일 먼저 만나는 인물은 프란츠 레하르Franz Lehár입니다. 그는 헝가리 출신 작곡가로 빈에서 활동하며 명성을 얻었습니다. 〈빈의 여인들〉, 〈메리 위도우Merry Widow(유쾌한 미망인)〉, 〈금과 은〉 등의 작품이 널리 알려져 있습니다.

　'왈츠의 왕' 요한 슈트라우스 2세Johann Strauss II의 조각상은 시립공원을 찾는 사람들에게 가장 강한 인상을 남깁니다. 마치 그곳의 주인인 양 공원 입구에서 관람객들을 맞이하지요. 왈츠를 연주하는 듯한 그의 자연스러운 자세와 황금빛 찬란한 외양이 눈을 뗄 수 없게 만드는데, 쿠어살롱에서 왈츠를 연주한 내력이 있으므로 지금의 자리에 기념비를 세웠다는 설이 있습니다. 그렇지 않다 해도, 오스트리아 사람들이 국가國歌

| 요한 슈트라우스 2세 | 에밀 야콥 쉰들러 |

다음으로 사랑한다는 '아름답고 푸른 도나우강'의 작곡가로서 그 자리를 차지할 자격이 충분하다고 생각됩니다.

요한 슈트라우스 뒤의 아치형 조형물에 새겨진 여인들은 도나우강의 요정들이라고 합니다. 아마도 요한 슈트라우스가 지금 연주하는 곡도 그의 대표작인 '아름답고 푸른 도나우강'일 것입니다.

에밀 야콥 쉰들러Emil Jakob Schindler는 빈에서 태어난 화가로, 풍경화를 주로 그렸습니다. 빈이 사랑한 예술가 중 한 사람인 그는 빈 중앙묘지의 제 14구역에 잠들어 있지요. 당대의 유명한 화가였던 한스 마카르트와 친분이 깊었다고 알려져 있습니다.

안톤 브루크너　　　　로베르트 슈톨츠　　　　　　　　　　한스 마카르트

안톤 브루크너Anton Bruckner는 오스트리아의 작곡가이자 오르간 연주자였습니다. 바그너의 영향을 강하게 받았다고 하며, 미사곡, 교향곡, 합창곡 등에서 두각을 나타냈습니다. 19세기 후반 교회 음악가로서는 최고라는 평가를 받습니다.

로베르트 슈톨츠Robert Stolz는 오스트리아 그라츠에서 태어났으며, 음악가 가정에서 태어나 자연스럽게 음악가의 길로 들어선 것으로 보입니다. 요한 슈트라우스 2세에게 지도를 받았고, 오페레타operetta(소형 오페라) 작품을 다수 발표하면서 명성을 얻었습니다. '빈 오페레타의 마지막을 장식한 작곡가'란 평을 듣기도 합니다.

프란츠 페터 슈베르트　　　　　　슈베르트 기념비 하단의 부조

한스 마카르트Hans Makart는 잘츠부르크에서 태어나 빈에서 활동한 화가입니다. 베네치아화파의 파올로 베로네세Paolo Veronese로부터 영향을 받아 역사적 주제나 우의적인 내용을 화려하고 대담하게 표현하기를 즐겼습니다. 이와 같은 화풍을 '마카르트 스타일'이라고 할 정도로 자신만의 개성을 인정받았습니다.

프란츠 페터 슈베르트Franz Peter Schubert는 빈에서 활동한 음악가들 중에서도 높은 명성을 얻은 편에 속합니다. 초기 낭만파 음악의 대표적 작곡가이며, '가곡의 왕'이라는 평가를 받습니다. 슈베르트의 기념비는 하단에 있는 여신들의 부조도 매우 아름다우므로 함께 감상하면 더 좋습니다.

프리드리히 폰 아멜링   안드레아스 첼린카

　프리드리히 폰 아멜링Friedrich von Amerling은 빈 출신의 화가입니다. 페르디난트 발트뮐러Ferdinand Waldmüller와 함께 19세기 오스트리아를 대표하는 초상화가로 평가받습니다. 그의 대표작으로는 신성로마제국의 마지막 황제이며 오스트리아 제국의 초대 황제인 프란츠 2세의 초상화가 손꼽히며, 이 작품으로 그는 궁정화가의 지위를 얻게 됩니다.

　마지막으로 빈 시장을 지낸 안드레아스 첼린카Andreas Zelinka의 기념비를 봅시다. 그는 성품이 인자하여 시민들로부터 '파파 첼린카'라는 애칭으로 불렸다고 합니다. 그가 시장으로 재임할 때 시립공원이 조성되었으므로 공원 안에 기념비를 세운 것으로 보입니다.

위키미디어 및 ⓒⓒ 참고 그림 목록

Andrew Nash 37, B. Welleschik 35 36 37, Bwag 37 199 208 454, Carole Raddato 368, Dennis Jarvis 126 128 129 130, Dguendel 476, Didier Grau 146, G.dallorto 212, g.orzel 114, Herbert Josl 455, Herzi Pinki 168, Hubertl 224, Jorge Royan 460, Mary2605 109, mt 23 124, Oliverrode 209, PictureObelix 114, Pimpinellus 280, Pommfritz 433, Ralf Roletschek 125, Roger Wollstadt 130, Steve Collis 460, Wolfgang Sauber 202

일러두기

이 책에 등장하는 인명, 지명 등 외래어 표기는 해당 국가(지역)의 발음을 기준으로 하되, 〈표준국어대사전〉에 따랐습니다. 단, 이미 널리 사용되고 있는 표기가 있는 경우 더 일반적인 것을 따랐습니다.

Index

Number

4대 교부 288
4대륙 392
7년 전쟁 333
30년 전쟁 13

한국어

ㄱ

가수의 문 221
가시를 빼는 남자 211
가이우스 무키우스 스카이볼라 165
갈겐베르크의 비너스 409
거인의 문 210
겟세마네 동산의 기도 230
고딕 양식 203
구스타프 말러 461
구스타프 클림트 190, 411
국립 도서관 103
국사 조칙 18, 329, 332
그리핀 211
글로리에테 166

ㄴ

나이트하르트 푹스의 묘지 219
나치에 대한 저항 표지 213
나폴레옹 14, 29, 110
나폴레옹 1세 143
나폴레옹 2세 73, 145
네포무크 272
넵투누스 169, 372

ㄷ

다나에 347
다윗 397
대공작 215

대 그레고리우스 290
대천사 미카엘 309
대천사 미하엘 94
델릴라 395
도로테아 250
디아나 374
디에고 벨라스케스 379
디오니소스 454

ㄹ

러시아-오스트리아 연합군 143
레오 243
레오폴트 1세 12, 381
레오폴트 4세 257
레오폴트 6세 93
레오폴트 동 58
레오폴트 미술관 194
레판토 해전 19
로마네스크 양식 200
로마의 폐허 171
로스 하우스 96
루돌프 1세 13, 15, 70
루돌프 2세 66
루돌프 4세 201, 214
루크레티아 154, 377
루키우스 아우렐리우스 베루스 55
루트비히 판 베토벤 440
르네상스의 신격화 349
리시포스 49
링슈트라세 34

ㅁ

마르가리타 공주 17, 379
마르스 164
마르코 다비아노 314
마르쿠스 아우렐리우스 55
마르틴 루터 312
마리 루이즈 60, 110, 145
마리아 크리스티나의 영묘 107

마리아 테레지아 17, 112, 139, 332
마리아 테레지아의 보석 부케 408
마리 앙투아네트 140
막시밀리안 80, 83, 86, 318
막시밀리안 1세 16, 321
머큐리 160
메테르니히 72
멕시코 황제 318
멜레아그로스 159
모차르트 94, 264, 294, 439
모차르트 기념비 110
뮤즈 458
미네르바 164
미하엘 교회 93
미하엘 동 89
미하엘 문 91

ㅂ

바람의 신부 194
바벨탑 390
바칸테 157
바쿠스 155
발타사르 카를로스 17
베스탈 158
베스트팔렌 조약 14
베토벤 프리즈 412
벨로나 164
보로메오 273, 299
보주 78
부르고뉴의 마리 16, 80, 82
부르크가르텐 109
부르크토어 27
부르크플라츠 58
분리파 37
브루투스 154
빈 공성전 259
빈 분리파 412
빈 소년합창단 88
빌렌도르프의 비너스 408

ㅅ

사모트라케 46
사모트라케섬의 니케 47
사무엘 398
사보이의 오이겐 공자 177, 180, 295
사자의 서 362
살라 테레나 184
살루스티우스 426
삶의 원 401
삼손 210, 395
삼위일체 255
샘의 요정 173
샤를마뉴 76
샤브티 363
선제후 69
섭리의 눈 94
성녀 바르바라 262
성녀 카타리나 262
성 세바스찬 253
성 스테판 211, 270
성 요셉 제단 256
성 조지 340
성창 79
성 프란시스 286
세례자 요한 252
세상을 보는 눈 305
세실리아 284
세트 359
셀수스 도서관 50
쇤브룬 173
슈피텔라우 쓰레기 소각장 417
슐레지엔 332
스위스 궁 62
시시 97
시시 박물관 59, 89
신성동맹 함대 19
신성로마제국 68
쌍두 독수리 문장 226

ㅇ

아누비스 358, 362
아돌프 로스 95
아르누보 35, 36
아르침볼도 67
아르테미시아 154
아리아드네 365
아말리엔부르크 58
아슈페른-에쓸링 전투 29
아스클레피오스 161
아스파시아 156
아우구스투스 370
아우구스티누스 290
아우구스틴 교회 105
아우크스부르크 화의 13
아이네아스 155, 385
아폭시오메노스 48
아폴로 157
안키세스 155
안토니오 카노바 107, 354
안토니우스 384
안톤 필그람 282, 288, 293
알마 말러 191, 194, 462
알마 쉰들러 191
알베르티나 108
알브레히트 2세 70, 201
알브레히트 뒤러 108
암브로시우스 291
암피온 165
앙게로나 155
야누스 164
얀 3세 소비에스키 20
에게리아 173
에곤 실레 192
에밀 야콥 쉰들러 473
에페소스 박물관 42
엘리자베트(시시) 113
엘리자베트 황후 97, 137
예수의 수난 234
예수의 일생 227
오스만튀르크 19, 224, 258

오스카 코코슈카 194
오스타리치 13
오스테를리츠 전투 110, 143
오스트리아 국가 조약 14, 177, 186
오스트리아 왕위 계승 전쟁 332
오스트리아-헝가리 제국 137
오시리스 359
오이겐 공자 30
오토 1세 68
오토 3세 13
오토 바그너 35
옴팔레 156
왕궁도서관 103
왕실예배당 87
요제프 1세 97
요제프 2세 99
요제프 광장 99
요하네스 브람스 443
요한 슈트라우스 470
요한 슈트라우스 2세 444, 472
유겐트스틸 36
은식기 박물관 59, 89
이교도의 탑 209
이사벨 여왕 83
이시스 359
이아손 156
일곱 가지 자비로운 행동 310

ㅈ

정략결혼 81, 82
제1차 세계대전 113, 149, 182
제2차 세계대전 28
제국도서관 103
제국 보물실 64
제국 수상 관저 59
제인 시모어 387
제체시온 37, 410

조피 초테크 182
조피 프리데리케 72, 97, 136
지그프리트 340
지기스문트 70

ㅊ
척도 표시 213
첨두아치 204
치통의 그리스도 233, 278

ㅋ
카롤링거 왕조 77
카를 1세 14, 18, 147
카를 5세 82
카를 6세 17
카를 대공 30
카를로스 1세 17, 82
카를로스 2세 17
카를로스 5세 13, 86, 339
카를 뤼거 437
카리아티드 430
카메오 370
카이사르 383, 426
카이저포룸 27, 33
카타콤 279
칼리스토 374
칼리오페 154
케레스 155
케리케이온 52
켄타우로스를 죽이는 테세우스 354
콰드리가 102, 429
쿠마에의 무녀 160
쿠어살롱 470
쿤스트하우스 빈 416
크리오포레스 52
크세노폰 427
클레오파트라 7세 382

ㅌ
타키투스 426
탈라리아 52
테세우스 343, 365
테오필 한센 421
토트 362
투키디데스 427
티투스 426

ㅍ
파르티아 원정 54
파리스 158
파비우스 막시무스 쿵크타토르 162
팔라스 아테나 분수 423
페가수스 459
페르디난트 1세 71
페르디난트 2세 14
페르세우스 162, 163, 347
페리클레스 344
페스트 299, 464
페이시스트라토스 344
페타소스 52
페테르 파울 루벤스 392
펜스터구커 293
펠리페 1세 16
펠리페 2세 17
펠리페 4세 17, 381
펠리페 5세 17
폰 슈미트의 흉상 225
폴리비우스 428
푀츄의 마돈나 248
프란시스 하비에르 286
프란츠 1세 60, 110, 112
프란츠 1세의 동상 58
프란츠 2세 14, 18, 60, 70, 71, 110
프란츠 레하르 472
프란츠 슈베르트 442
프란츠 슈테판 18

프란츠 요제프 71
프란츠 요제프 1세 14, 113, 135
프란츠 요제프 1세에 대한 암살 기도 318
프란츠 페르디난트 177, 182
프란츠 페터 슈베르트 475
프랑스 대혁명 136
프로이센 333
프리드리히 2세 201
프리드리히 3세 267, 276
프리아포스 368
플로라 157, 163
피그말리온 344
피터르 브뤼헐 389

ㅎ
하드리아누스 56
하인들의 성모 265
한니발 159, 163
한스 마카르트 475
한스 카논 401, 471
헤라클레스 162, 343
헤로도토스 428
헤르마 52
헤르메스 52
헤파이스토스 344
헨리 8세 387
헬덴플라츠 27
호루스 361
황금양모기사단 85
황실 납골당 316
황제의 아파트먼트 59
황태자 암살 사건 182
후아나 16, 81, 84
훈데르트바서 414
훈데르트바서 빌리지 415
훈데르트바서하우스 415
히게이아 158
히에로니무스 291